KB091006

조선 왕, 그리고 리더십

LEADER SHIP

조선 왕, 그리고 리더십

김윤태 지음

BM (주)도서출판 성안당

뜻밖에 518년

조선이 518년 동안이나 왕국을 유지했다는 사실은 정말 뜻밖이다. 외세의 침략이 끊이지 않았던 힘없는 조선이 어떻게 500년이란 긴 세월을 견뎌냈을까?

그 이유를 찾아가는 과정 속에서 나는 조선을 이끈 임금과 양반 관료들의 리더십에 집중했고, 역사적 사실을 통해 현재 우리에게 전해지는 메시지에 나의 통찰을 담아 책을 구성하게 됐다.

긴 시간 동안 조선을 유지하게 한 원동력은 복합적이고 다양한 이유가 존재하겠지만, 나의 시각에서는 조선 왕조가 유지될 수 있었던 데는 '균형'이라는 힘이 매우 크게 작용했다고 본다.

조선에는 국왕의 인사권까지 견제할 수 있었던 대간(대관, 간관)

제도가 있었다. 또한 간쟁과 토론을 통해 임금의 정치적 보조 역할을 수행하며 왕을 끊임없이 비판하고 권력을 견제했다. '아니되옵니다'로 대변되는 대간 제도는 균형을 위한 조선의 훌륭한 시스템이라고 볼 수 있다. 국가의 지배 계층인 사대부들은 신권을 강화하기 위해 끊임없이 노력했으며, 군주와의 줄다리기는 팽팽한 긴장감을 유지시켰다.

　　당시 강국이었던 명나라는 황제 권력에 대한 직언과 견제가 약했다. 그러면서 황실의 부정부패는 늘어나고 국가에 대한 충성도가 떨어지면서, 환관들이 또 다른 권력 집단이 되어 국정 농단을 일으켰다. 결국 300년도 못 되어 명 왕조는 무너졌다. 이에 비하면 조선 시대 대간들의 직언은 권력에 대한 견제와 균형을 넘어 왕조를 더욱 건강하게 유지할 수 있는 원동력이 됐다는 역사적 의미를 갖는다. 조선 왕조가 500년을 유지한 것은 결코 우연이 아니라 이런 균형의 힘이 밑바탕이 되었다고 볼 수 있다.

리더십은 영향력을 의미한다

Leadership은 '리더(LEADER) + 배(SHIP)'의 합성어로 '배를 이끌고 목적지에 도달하게 하는 능력'을 말한다. 즉, 리더십은 구성원들의 판단과 행위를 리더가 원하는 방향으로 이끌어 가는 힘이다. 리더는 목적지에 도달하기 위해 어떤 영향력을 발휘할 것인지, 어떤 방식으로 구성원들을 참여시킬 것인지 결정해야 한다.

조직 구성원들을 믿어 주고 소통하는 리더, 분명한 목표를 제시하고 그 방향으로 이끄는 리더, 위기를 극복하고 성과를 만들어 내는 리더 등 리더십을 발휘하는 모습과 방법은 다양하다. 그렇지만 성과를 위해서 구성원들을 참여시키고 어떤 방향으로 집중할 것인지 선택해야 한다. 결국 리더십의 속성은 '성과'라는 목표로 귀결된다.

이 책에서는 조선 왕 27명 중 9명의 왕을 선택해 그들의 리더십을 다뤘다. 시대적으로 다른 환경과 상황 속에서 그들은 어떤 선택을 하고, 그 선택은 어떤 결과를 낳았는지 찾아볼 수 있다.

조선의 천재 리더 세종과 정조는 학문에 매우 뛰어났고 누구보다 백성을 사랑한 애민 군주라는 공통점이 있다. 하지만 그들은 매우 다른 리더십으로 위대한 성과를 만들어 냈다.

세종은 회의를 통해 신료들에게 아이디어를 제시하게 하고 이를 수렴했다. 임금인 자신도 생각이 부족할 수 있기에 신료들의 생각이 필요하다고 공개적으로 말했다. 또한 적극적인 논쟁을 통해 사안의 명(明)과 암(暗)을 살펴보고 방향을 개척했다. 논쟁에 참여하지 않거나 소극적인 자세로 대세를 따르겠다는 회의 분위기를 매우 싫어했다. 세종은 유연한 사고를 가진 군주였기에 용기 있게 직언할 수 있도록 분위기를 유도하고 정책을 추진할 때는 신하들에게 주도권을 주고 맡기는 소통 위임형 리더였다.

반면 정조는 개혁 군주로서 신하들의 반대에 시달렸다. 개혁을 반대하는 신하들의 강한 목소리를 제한하고 견제하면서 개혁의 필요성을 설득하는 리더였다. 태산 같은 반대에 부딪치더라도 포기하지 않고 악법을 고치고 새로운 제도를 만드는 것에 주저하지 않았다. 정조는 세종과 달리 강하게 드라이브하는 주도형 리더였다.

세종과 정조는 입장이 매우 달랐다. 아버지에게 안정적인 조선을 물려받은 세종은 특유의 성실함과 천재성으로 모든 분야를 발전시키며 조선의 르네상스를 일궈 냈다. 하지만 정조는 죄인의 아들이라 칭하며 자신의 즉위를 반대한 신하들과 마주하며 개혁의 정치를 꿈꿨다. 정조의 집념과 천재성은 결국 다시 한번 조선의 르네상스를 이끌어 냈다.

본문에서 확인할 수 있겠지만 세종과 정조, 두 임금은 수백 년 전 인물이지만 '인간의 존엄성'을 깨달아 진정성을 가지고 백성을 위한 정치를 실현했다. 그래서 더욱 위대하다.

역사라는 거울을 통해 현재를 바라보고 미래를 조망하다

조선 왕 27명을 평가할 때 단편적인 사건과 기록에 의거해 평가하는 것은 위험성이 크다. 인간을 평가할 때도 마찬가지다. 성품이 좋다고 해서 인격을 갖췄다고 할 수 없고, 착하다고 해서 성숙한 것도 아니며, 지식을 갖췄다고 해서 지혜롭다고 얘기할 수 없다. 결국 그들의 삶을 통해 나타난 결과에 그 사람이 추구한 가치가 녹아 있는가 바라봐야 하고 시대적 상황에서 인정받을 수 있는지 판단해야 한다.

나는 집필을 위해 3년간 조선을 대표하는 9명의 왕과 그 시대적 배경을 애정을 가지고 바라보았다. 그들에게 진정 배워야 할 것과 반면교사로 삼아야 할 것들을 정리하며 역사라는 거울을 통해 현재를 바라보고 미래를 조망할 수 있는 지혜를 얻을 수 있기를 바라는 마음으로 글을 다듬었다. 과거는 종종 미래를 바꿀 수 있는 답이 되기도 하기 때문이다. "역사는 자유로워지기 위해서 배운다."라고 한 유발 하라리의 얘기처럼 당시 사대부와 백성들이 너무나도 자연스럽게 받아들였던 철학이나 대중에 대한 억압이 현재 시점에서는 얼마나 어이없는 것인지 깨닫고 객관화하면서 현재를 살아가는 우리에게도 당연하다고 생각하는 것이 꼭 그렇지 않을 수도 있다는 깨달음을 준다면 더 나은 삶을 위한 계기를 역사를 통해 얻게 되는 것이다. 이 책을 구성하면서 『조선왕조실록』은 물론 당시 기록을 담은 다양한 작품들을 살펴보며 진실되고 사실적인 조선을 찾으려 했고 시대를 이끈 왕들의 리더십을 관찰했다.

책과 자연은 보는 사람의 것이란 말이 있다. 자연을 보며 감성을 채우듯 책을 보면서 지성을 채우는 행복한 시간이 되길 바란다.

저자 김윤태

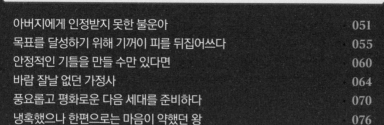

Chapter 6

유능과 무능함의 경계선, 선조

Chapter 7

뛰어났으나 때를 잘못 만나다, 광해군

Chapter 8

절반의 성공, 절반의 실패, 영조

Chapter 9

누구보다 백성을 사랑한 왕, 정조

출중한 무력으로 전투마다 승리를 이끌어 낸 능력 있는 무장.

성과로 자신을 증명하고, 병사와 백성에게 인기를 얻은 실력파 장수.

22세까지 원나라人으로 살았던 그에게 고려보다 중요한 것은

살기 좋은 나라였다.

대업을 이루는 것과 이루어 낸 업적을 번영시키는 것은 또 다른 목표였지만,

다음을 위한 목표와 비전을 그리지 못해 쓸쓸한 노년을 맞았다.

최고 리더의 자리는 미래를 바라보고 준비하는 리더십이어야 했다.

Chapter 1

대업을 이뤘으나 불행했던 왕, 태조 이성계

太祖 李成桂

야망을 가진 자

세상은 누구나에게 기회가 찾아온다고 하지만 실력을 갖추지 못한, 준비되지 않은 사람은 그 기회를 알아보지도, 잡지도 못할 것이다. 다시 말하면 준비된 자에게 기회가 찾아오고, 준비된 자만이 그 기회를 발견할 수 있다는 것이다.

원나라가 약해지고 명나라가 강해지는 원명 교체기인 이즈음 고려 공민왕은 반원 정책의 기조로 개혁을 추진했다. 공민왕 10년 (1361) 한족의 반란군인 홍건적이 10만 대군을 이끌고 고려를 침범하면서 청년 이성계에게 기회가 찾아왔다. 청년 시절부터 이성계는 무인으로서 실력과 경험을 쌓아 자기 분야에서 확실히 이름을 낼 만큼 인정받는 무장이었다.

삽시간에 남하한 홍건적은 수도인 개경을 함락했고 공민왕은 경북 안동으로 파천(播遷)하게 된다. 고려는 참지정사(參知政事) 안우를 상원수로 삼아 20만 대군을 출병시켰다. 이성계(1335~1408)는 휘하의 친병 2천명을 이끌고 선봉에 섰다. 당시 전투에 참여한 대부분의 군사들은 공병(公兵, 국가의 급여를 받고 복무하는 병사)으로 복무 기간이 끝나면 고향으로 내려갔다. 반면 이성계의 부대인 가별초(家別抄)는 가문에 예속된 군사들로 공병과는 다르게 충성심이 강하고 용맹했으며, 활쏘기와 말타기에 능한 기마 부대로 전투 경험도 많았다. 이 전투에서 이성계는 탁월한 활솜씨를 뽐내며 적을 물리치고 개경으로 가장 먼저 입성하는 공을 세웠다. 이듬해 원나라 장수 나하추(納哈出)가 동북면 쌍성(雙城)을 치고자 침입했을 때, 아버지 이자춘의 관직이었던 동북면 병마사로 임명된 이성계는 함흥평야에서 그를 격퇴했다. 20대부터 아버지 이자춘과 함께 전장을 누빈 변방 장수 이성계는 이 두 번의 전투로 중앙 정계에 이름을 알리게 된다. 스타 탄생의 신호탄이었다.

이성계는 우왕 6년(1380) 지리산 부근 운봉에서 벌어진 황산대첩(荒山大捷)에서 고려를 유린한 소년 장수 아지발도를 죽이고 전국구 스타가 됐다. 왜구가 지역을 옮겨 다니며 노략질을 일삼자 조정은 이성계를 양광(楊廣)·전라·경상 삼도도순찰사(三道都巡察使)에 임명하고 왜구 토벌 작전에 나서게 한다. 이때 이성계의 시선을 사로잡은 자가 있었다. 백마 탄 장수가 움직일 때마다 고려의 병사들이 추풍낙엽처럼 떨어져 나가는 것이 아닌가. 무력이 출중하다고 소문난 15세 소년 장수 아지발도였다. 누구에게도 뒤지지 않을 탁월한 활 솜씨를 가진 이성계지만 얼굴까지 투구로 감싼 아지발도를 공략하기란 쉽지 않았다. 이때 여진족 출신의 의형제 이지란과 눈빛을 교환한다.

이성계는 이지란에게 "내가 아지발도의 투구를 맞춰 벗길 테니 네가 얼굴을 쏴라." 하고 둘의 양공 작전이 시작됐다. 힘껏 활시위를 당긴 이성계의 눈빛은 강렬했다. 이성계의 활에서 출발한 화살은 그의 눈빛을 담고 강하게 날아가 아지발도의 투구를 벗겨 버렸다. 그 순간 기다리고 있던 이지란의 활은 강한 시위 소리를 내며 화살을 뿜었고, 아지발도는 쓰러졌다. 이성계는 이 전투에서 2만 왜구를 물리치고 대승을 거뒀다. 이성계의 황산대첩은 최영의 홍산대첩(鴻山大捷)과 함께 왜구 토벌의 양대 사건으로 불리며, 이를 기점으로 왜구의 기세가 약해졌다.

당시 북쪽에서는 홍건적이, 남쪽에서는 왜구의 침입이 잦았다. 계속된 전투로 무장들의 활약이 이어지면서 장수들이 출세를 하던 시기였다. 그들 중 단연 돋보였던 무장은 최영과 이성계였다. 둘은 백성들의 신망을 한몸에 받았으며, 무예가 출중하고 강한 군사력을 지녔다. 홍건적을 물리치면서 처음 등장한 이성계는 변방 장수의 이미지를 벗고 무장으로서의 커리어를 쌓았으며, 황산대첩에서 크게 활약해 중앙 정계와 백성들에 믿음을 주는 스타급 장군이 됐다.

철저한 문벌 귀족 사회였던 고려 사회에서 개경 출신이 아닌 소외된 함경도 출신으로 집안도 내세울 것 없었던 이성계가 중앙 정계에 이름을 내고 출세가도를 달리게 된 것은 엄청난 행운이었다. 하지만 그 행운을 잡을 수 있었던 것도 무장으로써 탁월한 실력을 갖추고 있었기 때문이다. 이성계의 출신 지역은 오랫동안 원나라와 조선이 번갈아 차지하며 통치했던 변방이었다. 개혁 군주 공민왕이 고려의 옛 땅인 쌍성총관부를 수복하려 할 때 이성계의 아버지 이자춘은 내응(고려와 내통을 함)을 하며 공을 세우고 동북면 병마사가 됐다. 원나라 지방관에서 고려 지방관이 된 것이다. 이때부터 20대 청년 이성계는 고려인과 여진족을 수하로 두고 장수로서 자질을 키워 나갔다. 이성계가 출세할 수 있었던 것은 당시 국제 정세가 요동치면서 무장 이성계의 군사력이 필요한 전투가 많았기 때문이라고 볼 수 있다.

또한 고려 26대 충선왕의 셋째 아들인 덕흥군이 원나라를 등에 업고 고려 왕이 되겠다고 군사를 일으켰다. 덕흥군은 의주를 점령하고 기세를 이어 남하하던 중 평안북도 정주에서 최영과 이성계에게 패하고 돌아갔다. 이를 기점으로 청년 장수 이성계는 두각을 나타냈고, 잇따라 왜구를 막아 내며 출신 지역과 가문으로는 도저히 출세할 수 없었던 그가 중앙 정계에 진출하게 된 것이다. 난세에 영웅이 나타난다는 말이 바로 그를 두고 한 말인 것처럼 무장으로서 자신의 능력을 마음껏 뽐낼 수 있도록 하늘이 준 기회를 이성계는 놓치지 않았다.

킹메이커 등장

　　조선 개국 9년 전인 1383년 가을(우왕 9년), 정치 낭인이었던 정도전은 함주(현재 함흥)로 향한다. 고려의 영웅이라 불리던 이성계 장군을 만나기 위해서다. 야인과 변방 장수의 만남이다. 정도전(1342~1398)이 이성계를 찾은 이유는 무엇일까? 이때부터 조선 창업과 역성혁명에 대한 꿈을 꾼 것일까? 그렇지 않다. 당시 정도전의 상황과 기반으로는 상상하기 어려운 일이었을 것이다.

　　고려 말 공민왕의 개혁 정치기에 신흥 관료로 중앙 정계에 진출한 정도전은 임금의 총애 아래 빠르게 성장했다. 하지만 개혁 군주 공민왕이 사망하고 우왕이 집권하면서 보수 친원 정책으로 회귀하자, 이를 반대하다 유배를 떠나게 된다. 3년간의 유배 생활은 정도전이 사상가로 또 정치가로 확고한 자기신념을 정립하게 되는 매우 중요한 변화의 시기였다. 유배 생활동안 백성들의 삶을 직접 체험했던 정도전은 백성들에게 부끄러움과 고마움을 표하는 글을 남기며 자신의 정치적 신념을 굳혀 갔다. 이후 그는 3년간의 유배 생활을 마무리했지만, 중앙 정계로 복귀하지 못했다. 보수파의 집권으로 정도전과 같은 진보적 신진 사대부가 자리할 공간이 없었기 때문이다.

정도전은 야인으로 지방을 전전하며 새로운 길을 계속 도모했다. 그는 부패한 고려 사회를 개혁하고 싶었으며, 그것이 바로 이성계를 찾은 이유였다. 그렇다면 정도전이 당시 중앙 정계의 중심에 있던 최영 장군이 아닌, 이성계를 찾은 이유는 무엇일까? 42세의 젊은 정도전은 부족할 것 없는 68세의 최영보다 기회가 필요했던 49세의 젊은 변방 장수를 선택한 것이다. 황금 보기를 돌같이 하라는 교훈을 아버지로부터 듣고 자란 최영은 개인적으로는 청렴했지만, 그 당시 부패의 원흉이었던 이인임과 같은 정치 노선을 걸었고 정도전에게는 타도 대상이었던 권문세족들과도 연결돼 있었다. 반면 이성계는 함경도 변방의 장수로 기득권 세력과 연결돼 있지 않았다는 점은, 정도전이 이성계를 선택하게 된 중요한 요인이었다.

이성계의 막사를 찾은 정도전은 군사들의 군기와 질서에 감탄했다. 그리고 이성계에게 의미 있는 한 마디를 던졌다.

"군사들이 참 훌륭하군요. 이런 군대로 무슨 일인들 못 하겠습니까?"

"그게 무슨 말이오?"

"음⋯. 왜구를 격퇴할 수 있겠다는 말이지요."

정도전은 왜구를 물리칠 수 있다는 말이라고 얼버무렸지만, 이성계는 이 말이 무슨 뜻인지 알았을 것이다. 다른 뜻을 가진 사람이라면 이 말은 상당히 위험한 말이며, 경계해야 할 사람이다. 하지만 이 만남 이후로 이성계와 정도전은 더욱 가까워진다. 이 날은 정도전의 민본 사상(민심을 근본으로 하는 정치사상)을 실현시킬 수 있는 무력과 손을 잡은 운명적인 날이었다. 정도전은 그날의 만남에 대한 소회를 시로 남겨 소나무 껍질에 새겼다.

題咸營松樹 (제함영송수, 함주 군영의 소나무[1])
"아득한 세월 한 그루 소나무 몇만 겹 산 속에 자랐구나
잘 있으시오 훗날 서로 만날 수 있으리까
인간 세상이란 잠깐 사이에 묵은 자취인 것을"

– 용비어천가

이러한 정도전과 이성계의 의미 있는 만남을 주선한 사람은 바로 정몽주였을 것으로 보인다. 정몽주는 정도전보다 5살이 많은 형이었으며, 이색의 성리학 제자로서 함께 동문수학하며 우정을 나눈 관계이다. 당시 관직과 토지 등을 독점하며 고려 후기 지배 세력

---

1 이성계를 뜻한다.

이라 불리던 권문세족에 대항하는 신진 사대부(신흥 사대부)의 핵심이 바로 정몽주와 정도전, 그리고 그들과 함께 수학했던 동문들이었다. 그들은 원나라에서 들어온 신학문인 성리학의 사상으로 무장했으며, 백성들의 삶을 책임져야 한다는 책임 의식을 강조했다. 20대의 정도전은 절친이었던 정몽주에게 선물 받은 『맹자(孟子)』라는 책을 통해 군주가 옳지 못하면 군주를 바꿀 수 있다는 역성혁명에 대한 정치 철학을 가지게 된다. 이런 걸 아이러니라고 해야 하나? 정몽주는 그 책을 전하며 훗날 자신을 겨누는 칼이 되어 돌아올 것을 알지 못했을 것이다.

무장으로서 이름을 낸 이성계였지만 정도전과의 만남은 새로운 생각과 시야를 갖게 되는 출발점이 됐다. 이성계에게 킹메이커가 나타난 것이다. 그들은 1170년 무신란(武臣亂)을 통해 정중부를 중심으로 한 무인들이 정권을 장악하고 100여 년간 고려를 지배한 사실을 기억했을 것이다. 또한 고려가 개혁으로 바뀔 수 없음을 인지하고 혁명이 필요하다는 것을 공감했을 것이다. 무인 이성계와 사상가 정도전의 만남은 혁명을 향한 출발점이 됐다.

무엇이든 혼자 다 잘하는 사람은 없다. 자신의 부족함을 채워줄 조력자가 없다면 한계에 부딪칠 수밖에 없다. 심지어 자신이 무엇이 부족한지 깨닫기도 어렵다. 그러나 재능 있는 자와 함께하면 이런 부분들을 해결하며 위대한 업적을 이룰 수 있다. 훌륭한 참모는 리더의 능력에 대해 확신을 불어 넣어 가능성을 확장시킨다. 역사적으로도 위업을 남긴 왕들에게는 항상 훌륭한 참모들이 존재했다. 태종에게는 하륜이 있었고, 세종에게는 황희라는 파트너가 있었다. 또한 세조에게는 한명회라는 참모가 있었기에 그가 왕위에 오를 수 있었다.

　　이렇듯 누구와 함께 하는가는 결과에 매우 중요한 역할을 한다. 자질을 갖춘 리더가 자신의 능력을 100% 발휘할 수 있도록 돕는 훌륭한 조력자를 만난다면 엄청난 시너지가 발생한다. 이성계에게는 정도전이라는 훌륭한 참모가 있었다. 아마도 이성계가 정도전을 만나지 못했다면 왕이 되겠다는 꿈은 가지지 못했을 것이다. 정도전은 새로운 왕조 건설에 대한 당위성을 제시하고 무력만으로는 완성할 수 없다는 것을 확신했다. 반드시 구체제보다 나은 새로운 사상적 가치와 백성들의 삶에 영향을 미칠 수 있는 정책으로 지지를 얻어야 한다고 생각했다. 그것이 새로운 왕조에 대한 청사진이었다. 그 역할을 충실히 수행한 '정도전'이란 참모가 있었기에 조선 왕조 500년의 사상적 기틀이 완성될 수 있었다.

어떤 선택을 할 것인가

정도전이란 천군만마를 얻고 세력을 다져 나가던 이성계에게 결정적 순간이 찾아왔다. 중원을 지배하던 몽골족의 원나라가 홍건적의 난 등으로 혼란에 빠졌던 것이다. 이 틈을 타 남경에서 명나라를 세운 주원장이 홍건적의 반란 세력을 이끌고 원나라를 북쪽으로 밀어내며 중원을 차지했다. 그러면서 고려가 차지하고 있는 철령(鐵嶺) 이북 지역이 본래 원나라의 땅이었다는 이유로 내놓으라고 했다. 고려 조정은 분개했지만, 그 땅이 역사적으로 고려의 영토였다는 사실을 설득하기 위해 노력했다. 하지만 주원장은 고려의 설득 시도를 묵살했다. 그리고 군사를 보내 관아와 역참을 설치하고 철령 이북을 명나라에 귀속시킨다는 공고문을 붙였다. 고려는 화친을 위해 경제가 휘청일 정도의 진상 요구를 들어주었건만 명의 이러한 일방적인 처사에 격분했다. 결국 국운을 걸고 대응할 수밖에 없었다.

시중(侍中) 최영은 무인답게 요동 정벌을 주장했다. 우왕도 자신의 정치적 후원자였던 최영의 강경론에 힘을 보탰다. 하지만 부총리격인 수시중(守侍中) 이성계는 요동 정벌을 반대하며 이른바 '4불가론'을 내세운다.

"작은 나라가 큰 나라를 치는 것은 옳지 못하며, 여름에 군사를 일으키는 것 또한 옳지 못합니다. 또한 군사를 동원해 멀리 정벌에 나서면 왜구의 공격에 대비하기 어려우며, 지금은 장마철이므로 활의 아교가 풀어지고 많은 군사가 전염병을 앓을 수 있으니 옳지 못합니다."

- 『고려사』, 우왕 14년 4월 1일

이성계의 반대 속에서도 최영은 요동 정벌이 충분히 승산 있는 싸움이라고 판단했고, 이를 추진한다. 하지만 최영은 중대한 실책을 하고 만다. 요동 정벌을 반대한 이성계에게 정벌군을 맡긴 것이다. 최영은 그만큼 이성계의 무장으로서의 능력을 믿고 있었다.

요동 정벌을 위해 출병한 5만의 고려군은 위화도에 도착했다. 위화도는 고려와 요동의 경계에 위치한 압록강 위의 작은 섬이다. 처음부터 이 전투에 대해 회의적이었던 이성계는 고민했다. 요동 정벌에 실패한다면 결국 지휘관이 책임을 져야 하기 때문이다. 또한 승리를 하더라도 병력 손실이 적지 않을 것을 알았다. 1388년 5월 22일, 요동 정벌에 나섰던 이성계는 회군을 결정하고 칼끝을 요동이 아닌, 개경으로 돌린다. 이것이 그 유명한 '위화도 회군'이다. 고려와 명나라의 영유권 분쟁으로 시작된 이 사건을 시발점으로 5년 후 고려가 문을 닫고, 조선이 건국된다.

위화도 회군은 한마디로 왕명을 거역한 반역이다. 회군을 결정하는 순간 이성계는 돌이킬 수 없음을 알았고, 자신이 주도권을 가지지 않고서는 반역자로 처형될 수밖에 없음을 알았다. 선택의 기로에서 그는 자신의 군사력과 함께하는 참모들을 믿었다. 고려의 새로운 리더가 되겠다고 결정한 순간이었다. 선택 다음은 명분이었다. 이성계는 회군 후 왕과의 대결 구도가 명분을 얻기 힘듦을 알았기에 요동 정벌을 주장해 작금(昨今)의 사태를 만든 최영에게 모든 책임을 지게 하면서 우왕의 통치를 유지하겠다는 전략을 세웠다. 그리하여 최대한 빠른 속도로 회군해 최영이 전열을 가다듬기 전에 모든 것을 끝낼 계획이었다.

이성계군의 회군 속도를 보면 위화도로 진군했던 속도와 확연히 다름을 알 수 있다. 평양에서 위화도까지 약 200km 거리를 20일 만에 도착했으니, 하루 10km 정도를 행군한 것이다. 하루 10km 행군은 아주 여유 있는 행군이라 볼 수 있다. 하지만 회군길인 위화도에서 개경까지는 4배나 빠른 속도로 행군했다. 약 400km 거리를 10일 만에 주파했으니, 하루 평균 40km를 이동한 것이다. 엄청난 속도로 남하한 것은 전투를 최소화하고자 한 이성계의 전략이었다. 이성계의 회군 소식을 들은 최영은 급히 개경으로 돌아와 반격을 준비했지만 시간과 병력이 부족해 결국 사로잡히고 만다. 이성계는 적으로 만난 최영에게 선배 장수로서의 예를 갖추고, 반역을 하고자 한 것이 아니라 나라가 위태로워질 것을 염려해 자신이 나섰다고 설명했다. "잘 가십시오."라는 말로 최영을 고봉현(현재 고양)으로 유배 보냈고, 창왕 즉위 후 최영은 처형당했다.

위화도 회군 후 이성계는 측근들을 요직에 배치하며 자신의 입지를 넓혀 갔다. 오른팔인 정도전에게 성리학자들의 중심이라 할 수 있는 성균관 대사성을 맡기고, 조준은 사법 기관의 수장인 사헌부 대사헌에 임명한다. 또한 우왕과 창왕을 왕의 핏줄이 아닌, 신돈의 자식이라 하여 폐위하기로 하고, 9공신이 흥국사에 모여 폐가입진(가짜를 폐하고 진짜를 세운다)을 논의했다. 이때까지만 해도 정몽주도 9인에 속해 폐가입진을 같이 논의했다.

위화도 회군은 우리 역사에서 아주 중요한 선택의 순간이었으나, 개인적인 생각으로는 아쉬운 순간이다. 고구려의 옛 땅인 요동을 수복하겠다는 최영의 주장은 충분히 승산이 있는 주장이라고 판단하는 역사가들이 많기 때문이다. 출정을 반대하며 이른바 4불가론을 내세운 이성계의 말도 일리가 있지만 설득력이 떨어지는 부분도 있다. 작은 나라가 큰 나라를 칠 수 없다는 것은 고구려가 수나라를 격퇴하고, 신라가 당나라와 같은 대국을 상대로 쾌승을 거둔 역사를 돌아보지 않은 사대주의적 발상이다. 또한 명나라는 중국 남쪽에 본거지를 삼고 있어 아직 북쪽까지 영향을 미치기에는 역부족이었다. 당시 명나라 주력군 15만은 원나라와의 혼전으로 중원에 집중됐고, 요동의 주둔군도 대거 참전 중이어서 요동에 배치된 군사는 소수였다. 이를 알았던 최영은 자신감을 가지고 빠르게 요동 정벌을 추진한 것이다. 더운 여름 군사를 일으킬 수 없다는 것은 농부가 덥다고 농사를 안 짓겠다는 말과 무엇이 다른가. 4불가론은 요동 정벌에 부정적이었던 이성계의 명분일 뿐이다. 만약 이성계가 위화도에서 회군이 아닌 요동 정벌을 추진했다면 지금 우리의 영토가 어떻게 달라졌을까 생각해 보게 되는 대목이다. 물론 요동 정벌이 쉽지는 않았을 것이다. 하지만 우리 역사에서 중국을 제대로 공격해 본 적이 없지 않은가. '지더라도 제대로 한번 들이받았다면 명나라가 그렇게까지 조선을 깔보고 하대하지는 않았을 수도 있지 않을까?' 하는 아쉬움이 남는다.

결국 선택은 리더의 몫이다. 그 선택을 하기까지 올바른 정보에 의해서 충분한 검토가 이루어져야 옳은 선택을 할 수 있다. 리더가 지혜로워야 하는 이유는 선택을 해야 하기 때문이다. 그 지혜의 핵심은 분별력이고, 그 분별은 명확한 기준에 의해서 결정해야 오판을 줄일 수 있다.

결정했다면, 절대 뒤를 돌아보지 않는다

이 시대 권문세족의 노동 착취가 얼마나 심했는지 알 수 있는 말이 있다. "입추(세울 立, 송곳 錐)의 여지가 없다." 이 말은 백성들이 농사를 지을 땅이 송곳 꽂을 만큼도 없다는 뜻에서 유래된 말이다. 당시 농사를 짓는 백성은 수확량의 10%를 토지세로 내는 것이 정상적인 제도였지만, 힘 있는 자들의 전횡으로 지켜지지 않았다. 여러 명의 관리에게 세금을 바치며 결국 빚을 지게 되고, 그 댓가로 토지를 빼앗기는 일들이 생겨 백성들의 삶은 더욱 궁핍해지고 민심은 한숨뿐이었다.

정도전은 3년간의 유배 생활 동안 백성들의 아픈 광경을 목도(目睹)하며, 권문세족들의 횡포를 이대로 놔둘 수는 없다고 마음먹었다. 그리고 권력의 중심에 섰을 때 경제 개혁을 단행한다. 바로 '계민수전(計民授田, 백성의 수를 헤아려 땅을 나눠 줌)'이라는 획기적인 토지 개혁안을 내놓는다. 국가의 모든 땅을 나라의 것으로 회수한 후 경자유전(耕

者有田, 농사짓는 사람이 농지를 소유함)의 원칙에 따라 백성들에게 골고루 나눠 준다는 정책이었다. 하지만 너무나 개혁적인 이 정책은 기득권층의 엄청난 반발로 실행되지 못했다. 하지만 전제 개혁은 미룰 수 없는 과제였기에 여러 안들을 모아 공양왕 3년(1391) 5월 과전법이 공포되었다. 수조권(收租權)은 관직에 있는 관리가 토지에 대한 세금을 징수하는 권리인데, 관직에서 물러나면서도 권리를 반납하지 않고 불법적으로 권리를 남용하는 행위가 일반적이었다. 이를 혁파함으로서 백성들은 한 관리에게 10%의 세금만 내고 수확의 90%를 가져갈 수 있도록 해 과도한 세금 압박에 대한 괴로움을 해소할 수 있었다. 사전 제도가 불법인지조차 인지하지 못할 만큼 오랜 세월 동안 굳어진 관행을 단절할 수 있는 방법은 개혁밖에 없었다.

이러한 토지 개혁은 이성계파의 핵심 전략이었다. 위화도 회군 후 어수선한 정국에 확실한 주도권을 잡으며 백성들의 지지를 얻을 수 있었다. 또한 고려 구신(옛 신하)들의 정치적 견제와 방해를 극복하기 위한 최선의 카드였다. 회군 후 최영의 실각과 우왕, 창왕의 폐위로 개경의 민심은 이성계에게 싸늘해졌다. 민심을 다시 결집시킬만한 무언가 필요했던 이성계파에게 토지 개혁은 지지율 반등에 큰 역할을 했다. 민심과 시대의 흐름을 올바로 읽은 기획의 승리였다. 민심이 그들에게 있으니 경쟁 상대가 없었으며, 또한 거칠 것이 없었다.

실권을 장악한 이성계는 유배지에서 자신을 암살하려 했던 우왕과 함께 창왕까지 폐위하고 공양왕을 옹립했다. 조정은 정몽주로 대변되는 온건 개혁파와 이성계를 중심으로 한 급진 개혁파로 나뉘었다. 젊은 시절 절친이었던 정도전과 정몽주는 공양왕 옹립 후 각자의 이상을 추구하는 과정에서 충돌하고 만다. 정몽주가 고려 왕조의 틀 안에서 개혁을 추진하고자 하는 입장이라면, 정도전은 왕조에 대한 충성보다 민본주의의 실현을 추구하는 것이 우선이었기 때문에 큰 틀에서의 기준부터 달랐다. 결국 이성계파와 정몽주파로 양분되어 갈등은 깊어져만 갔다.

『조선경국전』(태조 3년)을 살펴보면 정도전의 정치철학이 명확히 보인다. 왕은 능력 있는 재상을 지명하고, 정치를 재상에게 맡기는 이른바 '재상 정치'를 주장했다. 왕위를 세습하면서 똑똑하지 않거나 자질이 부족한 왕이 나오면 피해는 오롯이 백성이 본다는 생각에서 출발한다. 17세기 영국의 명예혁명 이후 등장한 입헌 군주제와 같은 개념으로 본다면, 정도전의 사상은 3세기나 빠른 대단히 혁명적인 철학이었다.

왕위 세습은 어찌할 수 없으나, 전문 경영인을 두어 백성들을 더 윤택하게 하자는 이 논리에 힘을 실어줄 수 있는 기록이 있다. 조선 27명의 왕 중 7명(문종, 단종, 연산군, 인종, 현종, 숙종, 순종)만이 적장자였다. 이들 중 숙종을 제외하면 뚜렷이 기억될 만한 왕이 없다. 적장자를 고집했다면 우리 민족의 영웅 세종대왕도 나올 수 없었으리라. 적장자 원칙과 혈통으로 이어지는 왕위 계승에서 나타나는 폐해를 정치적으로 해결하려고 했던 정도전의 의지를 엿볼 수 있다.

공양왕 4년(1392) 3월, 명나라에 다녀오는 세자를 마중 나갔던 이성계가 해주에서 사냥을 하다 낙마해 위독하다는 소문이 들렸다. 이 소식을 들은 정몽주가 홀로 기뻐했다고 실록이 기록하고 있을 만큼 양 진영의 갈등은 극에 달해 있었다.

고려 왕조를 지키고 싶었던 정몽주는 이 틈을 타 정도전과 조준, 남은, 남재, 윤소종 등 개혁파 핵심 인사들을 탄핵해 귀향을 보내며 돌아올 수 없는 강을 건넌다. 또한 핵심 중에 핵심인 정도전에게는 사약을 내릴 태세였다. 이대로라면 개혁파는 재기하지 못하고 모두 죽을 수밖에 없는 형국이었다. 이때 이방원이 사태의 심각성을 파악하고 행동에 나섰다. 아버지 이성계가 있는 벽란도(현재 개성 부근 나루터, 개경 시내에서 약 12km)로 말을 달린다. 중차대한 시기에 본거지를 비워 놓을 수 없는 노릇이기에 이성계를 태운 마차를 몰아 개경의 사저로 돌아왔다. 이때 이방원에게 때 아닌 기회가 찾아왔다.

이성계가 실제로 위독한지 궁금했던 정몽주는 병문안을 핑계 삼아 이성계를 찾아갔다. 정몽주의 이 대담한 행동은 이성계가 평판을 중요시 여기는 사람이기에, 자신을 해하지 못할 것이란 확신이 있었기 때문이다. 하지만 그 집에는 판단력이 빠른 이방원도 함께 있었다.

정몽주는 이성계를 병문안한 후 이방원과 마주 앉았다.

"방문해 주서서 감사합니다. 숙부님. 아버님이 숙부님을 얼마나 아끼시는지 아시지요? 아버님은 숙부님과 함께 새로운 세상을 만들고 싶어 하십니다."

"백성들이 살기 좋은 나라를 만드는 것과 역모는 다른 것이다. 나에게 지조를 꺾고 시류에 편승해 부귀영화나 누리라는 얘기냐?"

"숙부님이 저희와 함께 하시기를 바라는 마음은 진심입니다."

"평생을 지켜온 신념과 절의를 꺾을 생각은 없다. 더 이상 긴 말 필요 없을 듯하니 이만 가 보겠네."

이방원은 정몽주와 결코 함께할 수 없음을 확인하고 아버지의 오른팔 이지란에게 정몽주를 제거해 달라고 요청했다. 하지만 이지란은 이성계가 모르는 일을 행할 수 없다고 거절한다. 이 기회를 놓칠 수 없다고 판단한 이방원은 가신(家臣) 조영규 등에게 정몽주 제거를 지시해 그를 살해했다. [2]

이성계파와 정몽주파의 엎치락뒤치락 하던 혼전을 정리하고 고려를 떠받치는 마지막 버팀목인 정몽주를 제거한 것이다. 승기를 잡기 위해 결코 뒤를 돌아보지 않고 냉정하게 앞으로 나가는 추진력을 보여 준 이방원의 판단과 결단력이 주요했다.

결국 정몽주의 죽음은 고려의 죽음으로 이어지며 475년간 유지됐던 고려는 역사 속으로 사라졌다.

---

[2] 정몽주가 살해된 곳이 선죽교라고 알려져 있지만 기록에는 남아 있지 않아 아마도 후대의 추측으로 여겨진다. 이 만남에서 주고받았다고 전해지는 「하여가」와 「단심가」는 200년이 지난 임진왜란 이후부터 기록이 확인되는 것을 볼 때 추후에 만들어진 작품으로 예상하는 전문가가 많다.

변화, 그리고 시작

    1392년 7월 17일, 마침내 이성계는 수창궁에서 왕위에 오른다. 이성계는 의욕에 차 있었지만 서두르지 않고 속도를 조절했다. 왕조가 바뀌는 큰 변화에 혼란스럽지 않도록 국호도 '고려'라는 이름을 유지하다 1393년 2월 15일부터 '조선(朝鮮)'이라는 국호를 사용했다. 그는 정도전이 말하는 백성들이 행복한 나라를 만들 수 있을 거라고 믿었다.

    고려가 소수의 귀족들에게 부와 명예, 권력이 집중되는 귀족 중심의 폐쇄적인 사회였다면, 조선은 사대부 중심의 폭넓은 사회로 개방되었다고 볼 수 있다. 지금으로 말하면 좀 더 민주화된 사회로 발전해 보다 많은 사람들에게 기회가 주어지고 관료 사회로서의 시스템이 보완돼 이전보다 균형 잡힌 국가로 성장했다고 볼 수 있다.

    조선 개국 이후, 태조가 우선적으로 추진한 사업은 새 수도로

의 천도였다. 태조 이성계는 즉위 직후 한양으로 천도할 뜻을 비쳤으나 정도전과 신하들이 반대했다. 기반이 잘 닦여 있는 수도를 굳이 바꿀 필요가 없다고 생각했기 때문이다. 그렇다면 그는 아직 '조선'이라는 국호도 사용하기 전인 초창기에 왜 이렇게 서둘러 수도를 옮기려고 했을까? 이성계는 백성들에게 인기 있는 무장이었지만, 개성의 귀족들에게는 여전히 변방 장수였기 때문이다. 기득권층의 텃세와 비협조로 마음이 불편했던 그는 천도를 결심한 것으로 보인다. 그래서인지 대부분 정도전의 의견을 따랐지만, 천도만큼은 정도전의 반대에도 불구하고 적극적으로 추진했다.

이후 도읍지로 물색된 곳이 현재 세종시가 자리 잡고 있는 계룡산 일대이다. 하지만 하륜이 반대하면서 대안으로 무악(현재 신촌)을 주장했다. 그러나 무악을 도읍으로 정하면 연세대학교 뒤편에 있는 안산을 병풍 삼아 앞을 바라보아야 하므로 지금의 신촌, 마포가 도심이 돼야 했다. 이는 남향이 아닌 남서향으로 도시를 건설해야 한다는 의미였다. 이 또한 임금은 남쪽을 향해 정사를 봐야 한다는 풍수지리의 원칙에 어긋나기에 부결됐다. 결국 태조 3년(1394) 8월, 무악대사와 정도전의 동의를 얻어 한양을 새 수도로 결정하게 된다. 고려 시대 한양은 남경으로 불리며 개경 다음의 2대 도시였고, 풍수 지리적으로 이로운 도시였다. 풍수라는 말은 장풍(藏風, 바람을 가둔다), 득수(得水, 물을 얻는다)의 줄임말로 바람을 가두고 물을 쉽게 얻을 수 있는 지형을 말하는데, 한양이야말로 산으로 둘러싸여 바람을 잘 가둘 수 있고, 한강이라는 큰 물줄기를 보유한 최고의 명당이다.

한양의 지형적 이점을 살펴보면, 북악산을 주산으로 해서 서쪽으로 인왕산과 동쪽으로 낙산이 있고 남쪽으로는 남산이 도시를 품는 형태로 산에 둘러싸인 도시로 방어에 아주 유리했다. 또한 남한강과 북한강이 육지와 연결돼 교통과 물류 수송에도 아주 이로운 위치였다. 서해안의 뱃길을 이용해서 조세를 걷기에도 편리해 한양의 뱃길 근처에는 창고가 많았다. 지금도 지명으로 남아 있는 창고가 광흥창, 풍저창, 용산창이다.

이후 9월 1일 '신도궁궐조성도감'을 설치하였고, 권중화와 정도전 등을 한양으로 보내 터를 정하고 12월 4일 태조가 직접 지켜보는 속에서 종묘의 터를 닦는 것으로 공사가 시작되었다. 그리고 이듬해 9월 29일 새 궁궐이 완성됐다.

새 수도를 만들어 가는 과정 속에서 정도전의 천재성은 빛을 발한다. 수도 건설의 총책임자로서 궁궐의 위치부터 모양, 규모와 쓰임새, 그리고 건물마다의 이름과 그 뜻을 정하는 모든 것이 정도전의 머리에서 나온다. 궁궐뿐만 아니라 수도 한양의 형태를 만들어 가면서 4개의 대문과 4개의 소문을 만들며 그 의미를 부여하고 이름을 지었다. 정도전의 머리와 손으로 그려지는 모든 것이 실제로 세워지고 지어졌다.

한양의 4대문은 유교의 '인의예지신'에서 따와 흥인(仁)지문, 돈의(義)문, 숭례(禮)문으로, 그리고 수도 중심에 보신(信)각을 두었다. 빠진 지(智) 자는 숙정문의 '정(靖) 자'와 어떤 관련이 있는지 학자들의 주장은 여럿 있으나 분명하지 않다.

경복궁의 모든 이름은 정도전의 생각과 정치철학을 그대로 보여 주고 있다. 왕이 편안히 쉬기를 오래하면 교만함이 생기고 안일해지기 때문에 왕은 부지런해야 함을 강조하면서 왕의 중요한 행사를 하는 곳의 이름을 '근정전(勤政殿)'이라 지었다. 나라의 모든 일은 부지런해야 한다는 뜻을 담은 것이다. 또한 정도전은 왕이 부지런히 해야 할 것으로 아침에는 정사를 듣고, 낮에는 어진 이를 찾아보고, 저녁에는 법령이 잘 지켜졌는지 확인하고, 밤에는 몸을 편안하게 하는 것에 부지런하라고 구체적으로 제시했다.

왕이 머물며 정사를 돌보는 곳, 즉 왕의 집무실은 생각하고 정치하라는 의미로 '사정전(思政殿)'으로 지었으며, 생각하면 이기고 생각이 없으면 진다는 생각의 중요성을 강조했다. 왕이 잠을 자는 침전은 왕의 건강을 기원하는 의미로 서경의 오복 중에 하나인 '강녕전(康寧殿)'이라 지었다. 전각 이름 하나하나에 의미가 분명했으며, 왕이 그렇게 정사를 돌봐야 한다는 분명한 행동 지침을 정해 놓은 듯한 느낌마저 든다.

정도전은 수도가 완성된 이후 활발한 집필 활동으로 조선의 뼈대와 근간을 잡아갔다. 조선 왕조 500년 역사는 그의 설계를 근본으로 유지됐다 해도 과언이 아닐 것이다.

조선을 세우고 근간을 만드는 데 가장 큰 지분이 있는 정도전은 이성계와의 조선 창업에 대해 어떻게 생각하고 있을까?『태조실록』「정도전 졸기」를 보면, 정도전이 술에 취해 중국 한나라 고조인 유방이 장량(장자방)을 쓴 것이 아니라, 장량이 유방을 쓴 것이라고 얘기했다고 기록돼 있다. 이 말은 자신이 이성계를 선택해 조선을 건국했다는 의미를 가진 것으로 해석할 수 있다.

가장 먼저 조선에 대한 그림을 그리고 설계했던 정도전. 과연 그가 없었다면 조선 창업은 이뤄질 수 있었을까?

리더가 진짜 바라보아야 하는 것은?

　서 있는 곳이 달라지면 풍경도 달라진다. 이 말은 산을 오를 때 높이 오를수록 멀리 내다 볼 수 있는 시야가 생긴다는 말이다. 리더에게 멀리 내다볼 수 있는 눈이 없다면 정말 치명적인 결함이 될 수밖에 없다.

　조선 건국 후 한 달 만에 이성계는 여덟 아들 중 막내인 11세 방석을 세자에 책봉했다. 방석이 세자에 책봉된 배경에는 태조의 막내에 대한 사랑도 있었지만, 신덕왕후 강씨의 입김도 중요한 역할을 했다.

　역성혁명을 성공적으로 이루었다면, 다음은 왕실의 안정을 위해 상식적인 후계자 선정이 이루어져야 한다. 하지만 상식적이지 못한 태조의 악수는 혈육 간에 피를 불러왔고, 본인도 불행한 노후를 보내며 리더십에 치명상을 입게 된다.

이성계의 8남 중 위 6명은 첫 번째 부인 신의왕후 한씨의 소생이고, 아래 2명은 두 번째 부인 신덕왕후 강씨의 소생이다. 첫 번째 부인인 신의왕후 한씨는 고려 말 사망했고, 신덕왕후 강씨는 조선 건국 후 정비가 되었다. 신덕왕후 강씨는 첫째 부인과는 다르게 권문세족의 여식으로 처가의 힘이 필요했던 이성계에게는 무시할 수 없는 존재였다. 게다가 나이 차이가 스물한 살이나 나는 어린 부인이었기에 입김이 셀 수밖에 없었을 것으로 보인다.

태조는 세자 선정을 위해 정도전, 조준, 배극렴 등의 공신들과 협의 중, 강씨의 첫째 아들 방번이 마음에 있음을 내보인다. 하지만 배극렴이 적장자를 세워야 한다고 말하자 언짢아했다고 실록은 기록한다. 태조가 이번에는 조준에게 질문하자, 평안할 때는 적장자가 우선이고, 난세에는 공이 있는 자가 우선이라고 하며 태조에게 다시 생각할 것을 요청했다.

이때 왕과 조정 신하들이 세자 책봉에 대한 논의를 하던 내용을 문 밖에서 듣고 있던 신덕왕후 강씨가 자신의 아들이 배제됨을 듣고 대성통곡을 했다는 기록이 있다. 평소 자신의 의사를 적극적으로 표현했던 강씨의 모습으로 볼 때 이성계는 신덕왕후의 의견을 무시할 수 없었을 것이다. 그 후 강씨의 소생을 세자로 앉혀야 한다면 품행이나 됨됨이에서 앞선 둘째 방석이 좋겠다고 결론 내리고 방석을 세자로 책봉한다. 이런 잘못된 선택으로 새 왕조를 위해 하나가 되어야 할 신하들과 아들들이 분열하고 서로를 향해 칼을 겨누게 된다. 리더의 잘못된 방향 선택이 조직과 구성원들의 분열로 이어진 것이다. 이는 결국 '왕자의 난'이라는 비극의 단초가 되고 만다.

이 과정을 잘 살펴보면 태조 이성계에 대한 아쉬움이 클 수밖에 없다. 태조 이성계가 피 값으로 얻은 조선의 미래와 안정을 진지하게 생각했다면 이런 비극이 일어나지 않았을 수도 있다. 너무나도 뼈아픈 실책인 것이다. 이성계가 죽기만을 기다리며 숨죽이고 있는 고려의 세력들이 남아 있음을 알았다면, 강한 세자를 세워 왕실의 안정을 도모했어야 했다.

태조는 탁월한 무장으로써 부하 장수들과 끈끈한 관계를 형성하며 통솔력을 발휘한 성공적인 리더였다. 하지만 정치인 이성계의 모습은 달라야 했다. 국가를 경영하는 최고 경영자의 시각으로 문제를 바라보고 판단해야 했다. 뛰어난 무장으로 성공적인 삶을 살아온 이성계가 57세에 왕이 된 후 긴 시간 몸에 밴 리더십 스타일을 바꾸기란 쉽지 않았을 것이다.

리더에게는 현재 시점에서의 문제 해결보다 미래 시점에서 비전을 제시하고 구성원들이 한 방향을 바라보고 나갈 수 있게 하는 리더십이 더욱 요구된다. 이성계가 준비된 왕이었다면 왕조의 안정과 번영에 대한 비전이 있었을 것이다. 하지만 그는 그렇지 못했다. 사사로운 감정으로 세자를 세우는 실책을 하고 만 것이다.『태조실록』에는 이 일에 대한 이성계의 후회가 기록돼 있다.

"내가 일찍이 나라를 세우고 난 후에 장자(長子)를 버리고 유자(幼子)를 세워 이에 방석(芳碩)으로써 세자로 삼았으니, 이 일은 다만 내가 사랑에 빠져 의리에 밝지 못한 허물일 뿐만 아니라, 정도전·남은 등도 그 책임을 사피(辭避)할 수가 없을 것이다."

- 『태조실록』 14권, 태조 7년 8월 26일

태조가 스스로 밝힌 것처럼 사랑하는 아내의 요구 때문에 판단력을 상실한 것이 문제였다. 그리고 정도전은 자신의 국가 운영 철학인 재상 정치를 펼치기 위해 어린 방석을 차기 왕으로 세우려는 의도를 방원을 포함한 왕자들이 보고만 있지 않을 것이란 걸 생각했어야 했다. 그리고 조선 건국의 가장 큰 지분을 가진 방원의 능력과 야심을 과소평가한 것이 너무나 뼈아프다.

조선 중기 문신 이정형의 『동각잡기』는 이성계의 인품에 대해 부하들을 예의로 대접하고 존중했기에 많은 병사들이 이성계 부대에 속하길 원했다고 기록하고 있다. 이성계는 스스로를 낮출 줄 아는 겸손으로 주변의 신망을 얻는 좋은 인품을 가졌다. 그에게는 사람들을 끌어들이는 인간적인 매력이 있었다. 그 매력의 핵심은 포용력과 소통 능력으로 보인다. 당시 신진 사대부들은 개혁 의지는 강했지만 권문세족에 밀려 힘이 없었을 뿐 더러 기회도 잡기 어려웠다. 그때 그들의 눈에 띈 사람이 힘과 인품을 갖춘 이성계였다. 이성계는 젊은 신진 사대부들과 나이 차이가 많이 났음에도 그들의 생각을 잘 받아들이고, 이야기를 잘 들어주는 포용력과 소통 능력을 보여

췄다. 또한 자신의 부족한 부분을 다른 사람들을 통해 채우려는 의지도 있었다.

이성계는 무장으로서 능력도 출중했으며, 야심도 있었다. 한마디로 이성계의 개인적 자질은 뛰어났다. 이러한 부분이 최영과 조민수 등 경쟁자들을 제치고 젊은 개혁가들의 추대를 받은 결정적인 이유라고 봐도 무방하다. 하지만 리더로서의 중요한 덕목인 책임감과 선택 상황에서의 냉정함에는 의문 부호가 붙는다. 목표를 성취하기 위해서 꼭 해야 할 일은 주변의 평가와 관계없이 밀고 나가야 한다. 평소 주변으로부터 좋은 사람이라는 평가를 듣고 싶었던 이성계는 정몽주 제거에 반대했다.

이방원이 정몽주를 제거하지 않았다면 이성계파에게 기회는 주어지지 않았을 것이다. 아니 모두가 역적이 되어 죽었을 지도 모른다. 자신이 욕을 먹더라도 끝까지 목표 중심적으로 판단했어야 했다. 또한 사적인 감정을 앞세워 후계자를 선정한 것은 그간 그가 보여 준 모습과는 너무나도 다른 실망스런 결정이었다. 큰 산을 넘고 이제 내리막에서 돌뿌리에 걸리지 않도록 시야를 분명히 해야 할 때, 명분도 실리도 없는 선택으로 왕조를 분열과 혼란으로 위태롭게 했다. 이후 이방원을 용서하지 않고 미워했으며, 태종이 즉위한 후에도 함흥 세력과의 규합을 통해 아들과 반목하는 모습은 자신의 과오를 인정하지 않는 리더답지 않은 모습이었다.

출중한 능력으로 자신을 증명하고 사람들의 지지를 얻어 리더의 자리에 올라 대업을 이뤘지만 번영을 위한 그림을 그리지 못해 쓸쓸한 노년을 보내야 했던 조선 창업자 이성계. 그가 미래를 바라보고 준비하는 리더였다면 조선의 창업과 새로운 역사의 시작은 더욱 빛을 발했을 것이다.

조선 건국은 꼭 필요했다. 적어도 백성들의 입장에서는 더욱 간절했다.

권문세족, 그들만의 리그에서 내팽개쳐진 백성, 처절한 신음 소리,

부패한 고려.

이성계의 낙마 사건으로 정도전과 혁명파는 위기를 맞는다.

기회를 잡은 정몽주의 역습으로 그들의 목숨이 경각에 달려 있을 때,

정몽주 제거라는 결정적 선택을 한 이방원.

조선 건국의 방아쇠는 이방원이 당겼다.

그리고 조선 왕조 500년 역사의 기초를 닦는다.

그래서인지 태종에게 배인 피 냄새보다 그가 남긴 유산이 더 커 보인다.

Chapter 2

악역을 두려워하지 않은 강인한 책임감의 소유자,

태종

太宗 李芳遠

아버지에게 인정받지 못한 불운아

정몽주가 이성계의 집으로 병문안을 왔을 때 이방원과 그 수하들은 기회를 직감하고 다급히 소통했다. 정몽주가 근무하는 도평의사사를 급습해 정몽주 제거를 계획했던 이들에게 정몽주의 방문은 뜻밖이었다.

"도련님. 정몽주를 죽이기엔 지금이 아주 좋은 기회입니다. 하지만 공(이성계)이 노하실까 걱정됩니다. 어찌할까요?"

"이 기회를 놓쳐서는 안 된다. 아버님이 노하시면 내가 마땅히 대의를 들어 말씀드려 노여움을 풀도록 하겠다. 너희들은 걱정하지 말고 행하라."

이성계의 집을 나온 정몽주는 전 판개성부사 유원(柳源)의 상가에 들러 조문을 하고 있을 때, 조영규 일행은 무기를 들고 그가 나오기를 기다렸다. 정몽주가 나오자 조영규가 달려들어 습격했으나 정확히 맞추지 못해 그가 고함을 치며 말을 채찍질하여 달아났다. 조영규 일행은 정몽주를 뒤쫓아가 말머리를 쳐 넘어뜨리고 땅에 떨어진 정몽주를 철퇴를 들어 내려쳤다.

이성계의 해주 낙마 사건을 기점으로 이성계 진영은 풍전등화의 기로에 섰다. 정몽주의 빠른 역습으로 이성계의 수족들이 탄핵을 받고 귀향을 가는 위기 상황을 맞게 된다. 병석에 있던 이성계는 아무런 판단을 하지 못했다. 정몽주의 마지막 한 수면 이성계와 혁명파의 계획은 역모로 종결되는 상황이었다. 하지만 하늘이 개혁파의 편이었는지, 이때 이성계의 상태가 궁금했던 정몽주가 병문안을 핑계삼아 이성계의 집을 방문했다. 절호의 기회라 생각한 이방원은 기회를 놓치지 않기 위해 단독으로 결정하고 행동한다. 그는 정몽주 제거를 반대해 왔던 아버지에게 알리지 않고 자신의 수하들과 정몽주를 살해했다. 고려 왕조에게 최후의 보루였던 정몽주가 이렇게 쓰러지면서 정몽주가 중심이었던 고려의 구세력은 와해돼 힘을 잃고 급속히 무너져 갔다. 마지막까지 고려의 충신이었던 정몽주의 죽음은 안타깝지만, 최악의 위기 상황에서 사태를 역전시키며 돌파구를 찾은 것이다. 이방원의 결단과 행동이 아니었다면 불가능한 일이었기에 조선 건국의 최대 공신은 이방원이라고 말할 수 있다.

이성계와 정도전이 이끄는 혁명파의 조력자였던 이방원은 이 사건을 기점으로 혁명파의 중심 세력이 된다. 이방원(1367~1422)은 형제들 중 유일하게 문과에 급제한 똑똑한 아들이었다. 변방의 무인 집안이라는 콤플렉스가 있던 이성계는 아들의 급제 소식을 듣고 감격의 눈물을 흘리며 기뻐했다고 전한다. 똑똑하고 결단력 있는 5남 방원이 아니었다면 이성계는 왕위에 오르지 못했을지도 모른다. 하지만 이성계는 자신의 만류에도 불구하고 정몽주를 제거한 아들에 대해 노여움이 컸다. 정몽주(1337~1392)는 백성들에게 존경 받는 대학자였다. 새로운 조선을 함께 이끌어갈 인재였으므로 이성계에게는 제거 대상이 아닌, 회유 대상이었기 때문이다.

개국 후 공신 책봉이 이루어졌을 때, 태조는 개국 공신들에게 토지 220결(1결=1ha=3,025평), 노비 30명을 하사했다. 엄청난 부의 분배였다. 하지만 방원은 개국 공신에 들지 못했다. 왕자들을 정치에서 제외시키겠다는 태조의 의지 때문인지 왕자들은 모두 공신에서 제외됐다. 그렇지만 그의 역할은 다른 왕자들과 비교할 수 없을 만큼 특별했기에 분할 수밖에 없었다. 결국 방원은 왕자들에게 나눠 주는 토지 100결을 하사받았고, 같은 날 태조는 세자를 책봉했다. 그런데 적장자도 아니며, 자신처럼 공이 있는 것도 아닌 이복동생인 막내 방석이 세자가 된다. 공신 책봉은 그렇다 치더라도 막냇동생의 세자 책봉은 도저히 용납할 수 없는, 납득이 안 되는 결정이었다.

이방원은 충심과 결단력으로 아버지를 도와 공을 세웠지만, 조선 건국 후 정도전에게 힘을 실어주는 아버지를 보면서 소외감과 배신감을 느꼈을 것이다. 이것이 결국 아버지에 대한 분노와 함께 태종 자신이 권력의 중심에 서야 한다는 마음을 먹게 하는 동기가 됐다.

목표를 달성하기 위해 기꺼이 피를 뒤집어쓰다

태조 7년(1398) 이방원은 아버지의 최측근이며 조선 창업을 실질적으로 이끌었던 정도전과 그 측근들을 제거하며 실권을 장악한 이른바 '왕자의 난'을 일으킨다. 정몽주까지 죽이면서 조선 창업에 큰 공을 세웠는데, 개국 공신에서 제외되고 이복동생에게 세자 자리까지 빼앗긴 이방원은 무언가 잘못 돌아가고 있다는 것을 느꼈다. 정도전이 신권의 대표로 조선을 쥐락펴락하겠다는 의지를 가졌다고 판단한 이방원은 거사를 계획했다. 이 과정에서 세자로 책봉된 이복동생 방석과 7남 방번까지 죽이며 불씨를 제거한다.

정도전 사망 17일 전, 이방원은 정도전에 의해 태형의 형벌을 받는다. 물론 이방원이 직접 맞은 것은 아니나, 부하가 맞은 태형은 이방원에게 내린 형벌이므로 충분히 모욕을 준 셈이다. 이유는 당시 조선과 명나라의 외교적 갈등 상황에서 찾을 수 있다. 정도전이 명나라에 보낸 표전문의 문구가 맘에 들지 않았던 명 황제 홍무제는 정도전을 명나라로 보내라고 요구했다. 하지만 정도전을 보내지 않는 조선에 명나라가 횡포를 부리면서, 조선은 인내심의 한계가 온 상태였다. 조선은 언제든 군사 작전이 벌어질 수 있는 상황이라 여겨 병사들에게 진법 훈련을 실시했다. 실질적으로 태조와 정도전은 사활을 건 북벌을 계획하고 있었는지 모른다. 요동을 치기 전 군사 정비를 위해 사병을 혁파하고 관군으로 삼으려 한 것이다. 하지만 이러한 정도전의 계획을 이방원은 자신의 손발을 묶어 놓을 계책으로만 생각하고 훈련에 참여하지 않았고, 태조는 그 훈련에 참여하지 않은 왕자와 공신들에게 태형을 내렸다.

조선의 2인자인 정도전이 군권마저 지휘하는 것을 보며 이방원은 정도전에게 큰 위기감을 느꼈다. 애써 이룩한 조선 왕조의 미래가 정도전에 의해 좌지우지되는 것을 그냥 바라만 볼 수 없었다. 이방원은 이씨가 주인인 조선을 신하에게 내줄 수 없다고 생각했고, 자신이 조선의 주인이 되겠다고 마음먹었다. 결국 이방원은 자신의 목표를 이뤄 가는 과정에서 가장 큰 걸림돌이며, 경쟁자인 정도전을 제거할 수밖에 없었을 것이다.

태조 7년(1398) 8월 14일, 태조가 병석에 누우면서 기회가 왔음을 직감한 이방원은 8월 26일에 전격적으로 군사를 움직여 정도전과 남은을 제거하는 '제1차 왕자의 난'을 일으켰다. 거사를 위해 이방원의 집에 집결한 이숙번의 군사와 측근들을 향해 이방원이 일갈한다.

"정도전과 남은 등이 나와 내 형제들을 죽이려 한다. 이들은 권력을 갖기 위해 적장자가 아닌 서자를 세자에 올려 나라를 어지럽게 했으니 내 이들을 처단할 것이다."

정도전의 술자리에 도착한 이방원은 군사들을 향해 명했다.

"집에 불을 질러 놈들이 뛰쳐나오면 그때 베어라."

남은 등이 칼에 베어 죽고 뒤이어 정도전이 밖으로 나왔다.

"삼봉 숙부, 우리 인연이 여기가 끝인가 봅니다. 마지막으로 할 말이 있으신지요."

"내 평생을 바쳐 이룬 탑에 마지막 돌을 올려놓지 못하는 것이 한스럽구나. 그 마지막 돌은 정안군에게 맡기고 떠나니 내 저승에서 지켜보마."

이때 이방원은 세자 방석과 7남 방번을 함께 죽이면서 적장자 승계의 도리를 어겨 어쩔 수 없이 이복동생을 죽였다고 했다. 이 사실을 전해 들은 태조는 분개하면서 막내아들의 죽음을 슬퍼했다.

이른바 제1차 왕자의 난을 통해 성공적으로 실권을 장악한 이방원은 직접 세자가 되어 왕위를 물려받을 수 있었지만 둘째 형인 방과(정종)를 세자로 삼고 다음 왕으로 추대했다. 거사 후 자신이 왕이 되는 것은 명분도 약할 뿐만 아니라, 민심을 얻기에도 어려웠기 때문이다. 하지만 이방원의 머릿속에는 이미 형 방과는 적장자가 없다는 것을 계산하고 있었는지도 모른다. 또한 아버지에게 자신의 정당성을 보여 주고 싶었을 것이다. 자신이 권력욕 때문에 아버지의 측근들을 죽인 것이 아니라 조선을 위해 일으킨 거사라는 것을 인정받고 싶었던 것이다.

　이후 정종이 왕위를 물려받아 조선의 2대 임금이 됐다. 이렇게 태조의 적장자가 왕위를 계승하며 표면적으로 안정화되는 듯 했지만 태조의 4남 방간이 정상적이지 못한 권력 구조의 빈틈을 보고 욕심을 냈다. 아버지가 힘으로 정권을 잡고, 동생 방원도 힘으로 정권을 잡았으니 나에게도 그런 기회가 올 수 있겠다는 생각을 했을 것이다. 더욱이 정종이 후사가 없음을 알기에 왕위에 대한 일말의 미련도 있었을 것으로 보인다. 이때 제1차 왕자의 난에서 공을 세운 박포가 1등 공신이 아닌, 2등 공신이 된 불만을 품고 있다가 방간을 찾아갔다. 박포는 이방원의 측근으로 공을 세웠지만, 아무것도 한 일이 없는 조준과 김사형이 1등 공신이 되는 것을 보고 주변에 불만을 말하고 다니다 유배를 가게 됐다. 2등 공신이 된 것도 억울한데 유배까지 다녀오게 되니 화를 누르지 못하고 이방간을 찾은 것이다. 방간은 군사력에서 열세였기에 선제공격을 위해 방원보다 먼저 군사를 일으켰다. 이것이 바로 '제2차 왕자의 난'이다.
　결국 사전에 방간의 계획을 알았던 방원은 어렵지 않게 난을 평정하고 관련자를 처벌했다. 박포에게 모든 죄를 물어 그를 처형했다. 하지만 박포는 방간이 군사를 일으킬 때 참여하지 않았다. 그날

집에 있었던 박포는 억울하게 화를 당한 것이다.

반면 난의 주체인 방간은 귀향을 보냈다. 그는 친형을 죽이면서까지 권력을 가지려고 한다는 평가를 의식했을까? 이때도 아버지를 의식했을 것으로 보인다. 아버지의 사람들, 아버지의 아들들을 죽여 아버지에게 미움을 받았던 방원은 자신과 같은 배에서 태어난 방간은 차마 죽이지 못했다.

두 번의 왕자의 난으로 이방원의 입지는 탄탄해졌다. 기꺼이 피를 뒤집어쓰며 얻어 낸 결과물이었다. 정도전이 조선을 설계했다면 그 위에 색을 입히고 건축한 사람은 태종 이방원이다. 둘은 결국 라이벌이 돼 서로를 죽일 수밖에 없었지만 조선의 탄생과 출발에 가장 큰 영향력을 미친 사람들이었다는 사실은 변함없다.

안정적인 기틀을 만들 수만 있다면

정종은 동생 이방원이 자신을 왕으로 만든 의도를 알고 있었기에 왕권에 대한 욕심을 내지 않고 이방원에게 모든 실권을 맡겼다. 정사에서 손을 뗀 힘없는 왕이었지만 자신이 좋아하는 격구와 사냥을 즐기며 시간을 보냈다. 그러다 1400년 11월 11일, 정종의 양위로 조선의 3대 왕으로 즉위한 태종은 왕권을 강화하고 백성들을 안정시키기 위한 정책들을 시행했다. 호패법 실시, 양전 사업(토지 조사 사업) 실시, 사병 혁파, 사간원 독립, 신문고 설치, 육조직계제 단행, 창덕궁 건설, 『태조실록』 간행 등 많은 제도 개편과 새로운 사업을 벌이며 의욕적으로 신생 조선의 기틀을 잡아나갔다.

태종은 왕권 강화를 위해 기존 의정부서사제(정1품 정승과 종1품 찬성으로 구성된 회의)를 육조직계제(6조 판서가 왕에게 직접 보고함)로 바꿔 6조의 판서 이하 관료들을 장악했다. 의정부 정승들을 거치지 않고 직접 모든 부서의 업무를 챙겨야 하기에 육조직계제는 임금이 매우 부지런해야 했다. 비록 임금의 수고스러움이 늘어나지만 왕권이 강화되면 관료들의 힘이 약화되면서 기득권층을 위한 정책보다 서민 정책을 우선으로 해 백성들의 삶이 더 안정적으로 유지되었다.

정종이 즉위하자마자 수도를 한양에서 개경으로 옮겼던 태종은 1405년 수도를 다시 한양으로 옮기는 재천도를 단행했다. 아버지 태조가 고려의 귀족과 기득권의 견제와 정치적 잔재를 없애고자 수도를 개성에서 한양으로 옮긴 것처럼, 태종도 귀족과 왕족들의 견제에서 벗어나 강한 왕권을 구축하기 위한 선택으로 보인다. 그런데 이전에 지어진 궁궐 경복궁이 아닌, 창덕궁을 새로 지어 이전하게 된다. 그 이유는 '왕자의 난'이 경복궁을 중심으로 일어나면서 이복동생들을 죽인 곳이라는 안 좋은 기억이 있어서가 아닐까 한다.

태종 13년에는 지금의 주민등록제도라 할 수 있는 호패법을 실시해 호구와 인구를 파악했다. 호패는 16세 이상 양인 남성의 이름과 나이, 신분, 사는 곳 등의 정보를 담은 나무패로 조세와 군역 의무를 위한 근대적 행정의 시작으로 볼 수 있다. 또한 불법적으로 조선에 들어와 사는 이민족을 통제하기 위한 수단으로도 쓰였다. 그리고 다음해 종부법 실행으로 많은 노비들을 양인으로 상승시키는 획기적인 법안을 백성들에게 선물한다. 이전까지는 종모법에 의해 아버지가 양인이라도 어머니가 노비 신분이면 자식도 노비가 되었다. 이는 노비를 사고 팔수 있는 재산으로 여겼던 양반 사대부들에게 절대적으로 유리한 법이었다. 때문에 기득권층의 반발은 당연했다. 아버지가 양인이면 노비가 되지 않는데, 이는 재산이 줄어드는 것이었기 때문이다. 하지만 태종은 하늘이 백성을 낼 때는 본시 천인이 없었다고 말하며 사대부들과 모든 신하들의 반대를 무릅쓰고 종부법을 관철시켰다. 이는 많은 양인을 양산해 세금 증대 효과를 거둘 수 있었고, 인재풀의 확산으로 더욱 안정적인 국정 운영의 기틀을 마련할 수 있었다. 태종이 힘이 있는 왕이었기에 오랜 세월 동안 굳어진 기득권을 위한 악법을 바꿀 수 있었다.

우리가 잘 아는 '신문고'도 태종 원년에 도입된 제도다. 당시 명칭은 등문고(登聞鼓)라 하여 관청에서 해결해 주지 못하는 억울하고 원통한 일을 왕이 직접 해결해 주겠다며 대궐에 큰 북을 설치한 것으로 시작됐다. 또한 태종은 백성들의 삶에 관심이 많았다. 큰 비만 오면 물난리를 겪는 한양 백성들을 위해 하천을 정비하고 돌다리를 놓아 통행을 도왔다. 이것이 오늘날의 청계천이다.

무장의 아들로 문무를 겸비한 태종은 국방력 강화에 많은 노력을 기울였다. 고려에는 없었던 무과(武科)를 신설해 무관을 양성해 냈고, 군사 훈련과 방어 시스템을 체계적으로 정비하면서 전투력을 강화시켰다. 임진왜란에서 큰 활약을 한 판옥선이나 화포 등이 태종 때부터 사용된 것으로 보아 이때 만들어진 것으로 짐작된다. 또한 태종은 강한 왕권을 꿈꾸었지만 권력의 변질을 막기 위해서는 '견제'가 필요하다는 것을 알았다. 이에 임금에게 간쟁을 하는 사간원을 독립시켜 임금뿐만 아니라 고위 관료들의 문제도 똑같이 비판하도록 권한을 주며 건강한 비판으로 '균형'을 유지하려 했다.

태종을 평가함에 있어, 왕이 되기 전에는 포악하고 잔인함으로, 부정적인 평가가 많지만 왕이 된 후에는 '조선'이라는 새로운 나라가 방향을 잡고 중앙 집권 정치로 올바로 순항할 수 있도록 큰 틀을 잡은 혁혁한 공이 있음을 인정할 수밖에 없다.

정적인 정도전을 죽였지만 정도전이 꿈꿔 왔던 강한 조선이라는 구상을 태종은 차례대로 실현해 갔다. 정도전의 국가 운영 플랜이 옳다고 판단한 태종은 난제였던 사병을 혁파해 사적 권력을 없애고 국가에 의해 통제할 수 있는 안정적인 조선을 만들어 갔다. 체계적으로 토지 조사 사업을 진행하고 조세 제도를 형평성에 맞게 조정하는 등 정도전의 주장을 따라 성리학을 바탕으로 안정적 체제를 구축해 나갔다. 이런 부분이 태종 이방원을 높이 평가할만한 대목이다. 정적이었지만 그의 구상과 정책이 옳다고 판단하고 그 정책을 흔들지 않고 계승 발전시킨 것은 태종의 탁월한 정치력이며, 리더로서의 바른 자세를 보여 준다.

대한민국을 이끄는 정치인들도 국익에 도움이 되는 정책이 있다면 여·야를 떠나 서로 인정하고 힘을 보태는 지혜로운 리더십을 태종에게서 깊이 보고 배워야 할 것이다.

바람 잘날 없던 가정사

　　태종은 왕이 되었지만 아버지와 갈등 관계를 해결하기까지 꽤 오랜 시간이 걸렸다. 태종 2년(1402) 안변부사(동북면을 관할하는 직책) 조사의가 군사를 규합하여 반란을 일으켰다. 제1차 왕자의 난 때 태종에 의해 희생된 현빈 강씨의 두 아들 방번과 방석의 원수를 갚기 위함이라고 밝혔다.

　　때마침 태조 이성계는 조상의 능을 찾기 위해 함흥으로 향했다. 함흥은 안변과 함께 동북면의 요충지였으며, 이성계 세력의 근거지였다. 왜 이 시기에 이성계는 함흥으로 간 것일까?

　　태조는 토산으로 유배를 간 이방간을 한양으로 불러올리라고 요구했지만, 대신들이 반대한다는 이유로 들어주지 않자 옥새를 들고 함흥으로 갔다. 그러면서 조사의 진영에 가담한다. 『태종실록』에는 당상관 정용수와 신효창이 태상왕을 호종(임금이 탄 수레를 호위하여 따르던 일)해 동북면으로 가서 조사의의 역모에 참여했다고 기록하고 있다. 조사의가 일으킨 반란군의 규모는 약 6~7천명으로 여진족과 합세해도 1만 명을 넘지 않았다. 우리에게 알려진 여진은 오도리, 올량합, 올적합 세 종족이다. 오도리를 당시 조선에서는 알타리라고 읽었는데, 알타리무가 여기서 시작된 말이다. 조선을 가장 많이 침략해 온 올량합은 오랑캐라고 읽었고, 울적합은 우디캐라고 읽었다. 결국 4만 명에 이르는 진압군을 보낸 태종의 일방적인 승리로 반란은 진압됐지만, 태조의 반란 참여는 태종의 정통성에 큰 타격이 아닐 수 없었다. 아버지가 있어야 정권의 정통성과 신하들의 지지를 받을 수 있을 것으로 본 태종은 아버지를 설득하기 위해 태조의 오랜 친구 박순을 보냈다.

박순은 태조를 설득하기 위해 어미 말과 새끼 말을 데려갔다. 이성계가 거처하는 행궁에 도착한 박순은 새끼 말은 행궁 밖에 묶어 놓고 어미 말만 행궁 안으로 데리고 들어갔다. 오랜 친구를 만난 태조는 박순과 담소 중에 말 울음소리가 계속 들리자 무슨 일인가 물었다. 박순은 어미를 찾는 새끼 말의 울음과 새끼를 달래기 위한 어미 말의 울음소리라고 알려 줬다. 한낱 짐승도 부모를 잃고 저렇게 울부짖는데 태종은 얼마나 힘들겠냐며 태조에게 아들을 용서할 것을 당부했다. 박순과의 만남으로 마음이 많이 누그러진 태조는 이후 방문한 절친 무학대사의 설득으로 다시 한양으로 돌아온다. 당시 태조를 설득하고 반란군의 동향을 파악하기 위해 사자(使者)들을 계속해서 보냈지만 하나같이 반란군에 막혀 죽거나 쫓겨 오게 됐다 하여 '함흥차

사'란 말이 생겼다고 전해지지만, 이는 야사의 내용이다.

아버지의 환궁 소식을 들은 태종은 반가운 마음으로 살곶이 다리(현재 왕십리 부근)로 마중을 나갔다. 이곳에 도착한 태조는 아들을 보자마자 화살을 들어 쏘았고 날아온 화살은 땅에 박혔다. 아마도 이 마지막 화살로 아들에 대한 징계를 끝내겠다는 의미가 아니었을지. '화살이 꽂혔다'는 의미가 전이되면서 이곳이 살곶이가 되었다고 전해진다.

그러나 함께 조선을 세운 아버지 태조와 아들 태종은 관계가 회복되지 못하고 끝까지 반목한다. 아버지를 향한 분하고 섭섭한 마음이 강한 만큼, 아버지에게 인정받으려 노력했던 아들이었으나 그의 바람은 이뤄지지 않았다.

태종은 원경왕후와의 관계도 원만하지 않았다. 태종의 즉위 1등 공신은 아내인 원경왕후였다. 세종의 어머니로서『세종실록』에는 "어려서부터 맑고 아름다우시며, 총명하시고 인자하기가 보통이 아니었다."라고 기록돼 있다. 장인 민제는 고려의 명성 있는 여흥 민씨 가문 출신으로 어려서부터 천재성을 인정받은 사람으로 외손자인 세종대왕의 천재성은 외가 쪽의 영향이지 않을까 생각된다.

이방원의 혼인 당시 민제의 가문은 고려의 명문가로 충선왕 때 왕실과 혼인할 수 있는 '재상지종(宰相之宗)' 15 가문에 들 정도로 명문가였다. 원나라 관리를 지낸 이성계 가문에게는 민씨와의 혼인이 가문의 격을 높이는 반가운 일이었다. 민제는 이방원의 범상치 않음과 이성계의 미래를 보고 혼인을 결정했다. 그는 사위 이방원의 출세를 위해 도울 만한 사람들을 물색하고 관계를 연결해 준다. 대표적으로 하륜을 이방원에게 소개하며 붙여 준다. 이성계에게 정도전이 있었다면, 이방원에게는 하륜이 있었다고 말할 정도로 하륜은 이방원의 핵심 참모 역할을 했다.

태종은 결혼 초에는 아내 원경왕후와 원만한 관계를 유지했지만, 즉위 후 태종이 후궁들을 들이며 부부 관계에 틈이 생기기 시작했다. 기생에서 과부까지 귀천을 따지지 않고 20년간 19명의 후궁을 두었기 때문이다. 왕권의 안정을 위해서 후손이 많아야 한다는 걸 굽히지 않았다. 실제로 조선 왕 중 자녀가 가장 많은 왕이 태종이다. 하지만 원경왕후는 배신감이 들었다. 잘 알려진 바와 같이 두 차례 왕자의 난을 성공적으로 끝낼 수 있었던 원동력은 원경왕후 민씨와 처남들의 활약 때문이었다. 제1차 왕자의 난을 먼저 기획하고 실행으로 옮기도록 한 사람이 원경왕후와 민무질이었던 것이다. 『태조실록』에는 원경왕후와 동생 민무질이 상의 후 종 소근을 궁으로 보내 이방원을 급히 귀가하도록 해 함께 거사에 나섰다고 기록하고 있다. 또한 환수령이 내려진 무기들을 친정집에 숨겨 놨다가 중요한 순간 내놓은 사람도 원경왕후였다. 제2차 왕자의 난 때도 부인 원경왕후가 이방원에게 갑옷을 입히며 대의를 따라 군사를 움직이도록 권면(勸勉)했다고 『정종실록』은 전한다. 제1차, 제2차 왕자의 난 모두 처남인 민무구와 민무질이 선봉에서 병사를 이끌었다. 이방원의 거사에는 처가

식구들의 힘이 절대적이었다. 그렇기에 원경왕후는 태종을 왕으로 세운 절대적 지분이 자신에게 있다고 생각했을 것이다.

　　그러나 태종 즉위 후 서로의 입장이 다르기에 갈등이 시작됐다. 민씨 형제들은 매형을 도와 거사를 성공시킨 1등 공신으로 자신들도 권력의 일부라고 생각했다. 하지만 태종의 생각은 달랐다. 강력한 왕권을 세워 국가를 안정시키겠다는 의지를 가졌기에 권력의 배분은 절대 용납할 수 없었다. 결국 어린 세자인 양녕대군을 이용해 권력을 잡으려 한다는 이유로 4명의 처남을 모두 역모로 죽이게 된다.

　　자신이 왕이 되기까지 가장 큰 공을 세운 처남들을 죽일 수밖에 없는 이유는 무엇이었을까? 외척이나 공신들의 죽음은 역사 속에서 수없이 많이 일어났다. 이를 태종의 포악함이나 잔인함으로 보기보다는 새로운 권력 창출 후 나타나는 구조적인 문제로 봐야 할 것이다.

　　민씨 형제들이 새 정권의 공신이며 왕실의 사돈으로, 그들의 세력을 확대한다면 태종과 왕조에 엄청난 위협이 될 수밖에 없다. 더욱이 민무구, 민무질 형제가 병권을 쥐고 있었기 때문에 태종은 가벼이 볼 수가 없었을 것이다. 또한 태종은 자신의 계모인 강씨가 아버지를 움직여 막내 방석을 세자로 세운 사건, 즉 외척의 전횡을 경험했기에 더욱 경계할 수밖에 없었다. 많은 피를 보았지만 태종은 왕권의 안정이라는 큰 목표를 이루기 위한 선택이었다고 생각했다.

　　"태종의 장인 민제가 민무구 등 아들들에게 항상 이르기를, 너희들은 교만하니 고치지 않으면 반드시 패할 것이다 하였으니…"라고 『태종실록』은 기록하고 있다. 가문이 너무 성하면 화를 입을 수 있으니, 조심해야 한다는 가르침을 주었다. 하지만 이미 권력 맛을 본 아들들의 마음을 움직이기는 어려웠을 것이다. 사람들이 어리석은 것은 권력의 끝자락에 항상 불행이 기다리고 있다는 것을 알고 있으면서, 때가 됐을 때 그 힘을 놔야 함에도 결국 놓지 못해 화를 입는다.

태종은 어려운 과정을 겪고 왕이 된 만큼 백성들에게 인정받는 왕이 되고 싶었다. 그래서 능력 있는 인재들이 필요했다. 문과와 무과 시험을 통해 발탁하는 식년시 외에 각 지방 관찰사들이 우수한 인재를 중앙에 추천하는 제도인 도천법(道薦法)으로도 인재들을 등용했다. 우리가 잘 아는 장영실도 도천법에 의해서 발탁됐을 것으로 추정된다. 태종은 천문과 기상 이변에 관심이 많아서 장영실과 같은 인재들을 발탁해 연구를 장려하고 지원했다. 하지만 아이러니하게도 태종은 천둥과 벼락을 매우 두려워했다. 자신에게 천벌이 내려지는 건 아닌가 하는 생각이 들었기 때문이다. 한 해는 가뭄이 심각해 논이 갈라지는 것을 보면서 하늘이 자신을 버린 것이라고 울면서 자책하기도 했다. 왕위에 오르기까지 수차례 정변을 일으키며 피를 본 도덕적 양심이 죄책감으로 형성돼 하늘을 두려워하게 된 것으로 보인다.

풍요롭고 평화로운
다음 세대를 준비하다

태종은 적장자 승계 원칙을 지키고 싶었다. 아버지 이성계의 무원칙이 가져온 아픈 역사를 반복하고 싶지 않았다. 태종 2년, 9살의 어린 이제(양녕대군)를 원자로 책봉했다. 사실상의 세자 책봉이다. 그러면서 세자를 교육하기 위해 경승부를 설치했다. 태종은 문과에 급제한 사람답게 학습의 중요성을 알고 있었다. 『태종실록』은 "주상이 배우기를 좋아하여 게으르지 않고 매일 독서를 멈추지 않았다."라고 기록하고 있다. 특히 역사서와 경서를 많이 읽었는데, 이는 현실 정치에서 부딪칠 수 있는 상황들에 대한 지혜를 얻을 수 있다고 생각했기 때문이다. 세자 또한 학문적으로 부족함이 없어야 된다고 생각한 태종은 좋은 스승들을 붙이며 세자가 잘 성장해 주길 바랐다. 하지만 아들들의 성장 과정을 보며 마음이 복잡해졌다. 문제가 많은 양녕대군과 비교되는 셋째 충녕대군의 빼어남을 보며 혼란스럽기 시작한 것이다. 태종은 자신이 많은 사람을 희생시키며 나라를 세우고 왕위에 올랐으므로, 제대로 된 나라를 세워야 자신의 행동이 정당화될수 있을 것이라는 사실을 분명히 알고 있었다. 문제가 많은 양녕대군이 보위를 물려받아 나라를 엉망으로 만들게 된다면 그동안 흘린 피값을 갚을 길이 없어지는 것이 아닌가.

1418년 14년 동안 차기 왕으로 내정돼 있던 세자 양녕대군이폐위됐다. 10대 후반부터 20대 초반까지 여자 문제로 매년 문제를일으키며 아버지를 실망시켰던 양녕대군은 공부에는 전혀 관심이 없었다. 더군다나 태종 15년 세자 양녕대군이 만나던 기생 초궁장이 상왕(정종)의 옛 여인이었다는 사실이 밝혀지면서 초궁장을 궁에서 내쫓았다. 하지만 세자는 사가까지 나가 초궁장과 어울렸다. 공부에 소홀하고 여색과 잡기에만 관심을 두는 세자를 보고 걱정하던 태종은 세자의 선생인 이래와 변계량에게 "경들은 무엇이 두려워 세자를 올바로 훈육하지 못하는가?"라고 꾸짖었다. 이에 세자를 찾은 이래는 "전하의 아들이 저하뿐인 줄 아십니까?"라고 진심 어린 충고까지 했다. 이러다 세자에서 폐위되고 동생이 왕이 될 수도 있다는 분명한 경고를 한 것이다. 그럼에도 양녕대군은 바뀌지 않았고, 여자 문제는 끊이지 않았다. 은퇴한 관료 곽선의 첩인 어리와 사랑에 빠진 것이다. 첩도 엄연히 부인이므로 유교 사회인 조선에서는 불륜을 저지른 것과 마찬가지였다. 태종은 노발대발하며 종묘에서 반성문을 읽도록했는데, 세자는 1년 만에 다시 어리를 데리고 와 임신시키면서 일이

커진다. 이에 세자를 구전으로 쫓아냈지만 적반하장 격으로 세자는 아버지에게 편지를 보내 항의했다.

"전하(殿下)의 시녀(侍女)는 다 궁중(宮中)에 들이는데, 어찌 다 중하게 생각하여 이를 받아들인 것이겠습니까? (중략) 지금에 이르도록 신(臣)의 여러 첩(妾)을 내보내어 곡성(哭聲)이 사방에 이르고 원망이 나라 안에 가득차니, 어찌 스스로에게서 반성하지 않으십니까? (중략) 전하는 어찌 신이 끝내 크게 효도하리라는 것을 알지 못하십니까? 이 첩(妾) 하나를 금하다가 잃는 것이 많을 것이요, 얻는 것이 적을 것입니다."

- 『태종실록』 35권, 태종 18년 5월 30일

편지를 받은 태종은 세자를 교체하겠다는 결심을 하고 중신들을 불러 편지를 보여 줬다. 편지 항명 3일 후인 6월 2일, 양녕대군은 세자에서 폐위되고 신하들과 논의 후 택현을 통해 충녕대군을 세자로 세운다. 이후 태종은 2달 만에 세자에게 왕위를 계승한다. 태조와 태종의 시대가 칼로 정권을 유지한 과도기였다면 이후로는 힘이 아닌, 가치로 나라가 운영되는 안정된 나라가 필요했다. 태종이 충녕을 선택한 것은 역사를 위한 현명한 선택이었으며, 피로 세운 조선 건국의 정당성을 지킨 것이다.

당시 태종이 충녕대군(세종)에게 마음이 많이 움직였음을 보여 주는 일화가 있다. 1415년 충녕대군은 우의정 남재의 집에서 잔치를 베풀었다. 이 자리에서 남재는 "임금의 아들이라면 누구나 임금이 될 수 있지 않겠습니까? 대군께서 학문이 출중하시니 제가 기쁩니다."라고 말했다. 왕조 국가에서 이 말은 목숨을 좌지우지할 정도로 상당히 위험한 말이었다. 이 말을 들은 충녕대군의 반응은 어땠을까? 당연히 펄쩍뛰며 남재를 꾸짖어야 자신에게 미칠 화를 덜 수 있는 상황이었다. 하지만 충녕대군은 아무런 반응을 보이지 않았다. 더 놀라운 것은 태종이 이 사실을 듣고 남재를 처벌하거나 정치적으로 사건화하지 않았다. 『태종실록』에는 "임금이 듣고 크게 웃으며 말하길, 과감하구나. 그 늙은이가…"라고 했다고 기록돼 있다. 어찌 보면 역모에 가까운 이 발언을 작은 해프닝으로 넘기는 모습을 보며 많은 신하들은 태종의 바뀐 의중을 알 수 있었을 것이다.

남재의 놀라운 발언, 충녕대군의 위험한 대처, 태종의 뜻밖의 반응. 기록에 나타나지는 않지만, 이 세 사람은 같은 뜻 아래서 충분한 교감이 이뤄졌기에 이러한 행위들이 가능했던 것이 아닐까. 더욱이 충녕대군이 세자가 되고 두 달 만에 왕위에 오른 것을 보면 사전에 준비된 것으로 봐야 한다. '리더는 길러지는 것'이란 철학을 가진 태종은 자신의 후계를 차근차근, 그리고 든든히 준비시키기 위해 노력했다. 아버지 태조에게서 배운 반면교사였으리라.

1418년 태종은 22살이 된 아들에게 왕위를 넘겨준다. 그러면서 세종의 즉위를 명나라에 허락받기 위해 사은사(謝恩使)를 보내는데, 세종의 장인인 심온이 낙점됐다. 태종은 심온에게 영의정을 제수한다. 그때 심온의 나이 44세였다. 세종의 장인이며, 조선 최고 직위인 영의정으로 명에 다녀온 심온의 앞길은 영광만이 기다릴 줄 알았다. 그런데 그는 돌아오자마자 반역 혐의로 체포돼 의금부로 압송됐다. 그 이유는 무엇이었을까?

태종은 세종에게 선위하고 물러났음에도 병권을 놓지 않고 군사에 관한 일은 자신에게 보고하도록 했다. 이때 병조참판(현 국방부 차관)인 강상인이 군사 문제를 세종에게 보고하면서 사건이 이상한 방향으로 전개가 된다. 태종은 강상인에게 압슬형(사기 조각 위에 무릎을 꿇리고 무거운 돌덩이로 무릎을 누르는 고문)을 가해 배후가 누군지 묻게 되고, 고문을 못 이긴 강상인의 입에서는 결국 심온의 이름이 나온다. 심온이라는 답을 정해 놓고 벌인 태종의 표적 수사라 해도 무방하다. 『태종실록』은 "심온이 억울함에 세 차례나 압슬형을 받고도 굴복하지 않았다."라고 기록하고 있다. 외척에 대한 거부감이 강한 태종이 세종의 집권을 위해 너무 커버린 장인을 정리하기 위한 기획이었다. 강상인을 고문하여 얻어낸 죄목이라는 것이 고작 군사에 관한 일은 한 군데에서 관장해야 한다는 말이었다. 이 말 한마디로 왕의 장인을 역적으로 만들어 버린 것이다. 또한 "심온은 임금의 장인으로 나이 50이 못 되어 수상(首相)의 지위에 오르게 되니, 영광과 세도가 혁혁하여 이날 전송 나온 사람으로 장안이 거의 비게 되었다."라고 기록하고 있다. 심온이 왕의 장인이라는 위세를 믿고 권세를 부린 것처럼 오해할 수도 있겠으나, 실록에서는 심온의 인품이 뛰어났음을 보여 준다. 자기를 낮추고 올바르지 못함을 경계한 겸손한 원칙주의자로 기록하고 있다.

결국 태종은 심온의 처와 네 명의 딸들을 천민으로 만들고 재산까지 몰수했다. 불과 몇 달 전에 사위가 왕이 되고 딸이 왕비가 됐던 집안에서 하루아침에 노비 신세로 전락해 버렸으니 얼마나 억울하고 원통했을까?

태종이 즉위할 때 아버지 이성계는 "강명한 임금이니 권세가 반드시 아래로 옮겨지지 않을 것이다."라고 말했다. 이 말은 신하들이 권력을 갖는 것을 결코 용납하지 않을 것이란 얘기다. 아버지가 본 아들의 성품은 틀리지 않았다.

태종의 이런 강력한 리더십이 있었기에 조선은 빠르게 안정을 찾아갔다. 이를 바탕으로 조선의 역사를 빛낸 세종의 태평성대가 가능했다고 볼 수 있다.

책임감이 떨어지는 리더는 자신이 욕먹는 일에 앞장서지 않는다. 누군가 해야 하지만 그냥 좋은 사람으로 남고 싶은 그에게는 성과라는 결과물도 없다. 목표가 분명한 리더는 자신이 욕먹는 걸 두려워하지 않는다. 성과라는 보상이 더 가치 있다고 믿기 때문이다. 물론 그 과정에서 희생되는 사람들이 있으나, 당시 태종은 그런 희생을 최소화하는 방법으로 자신만의 리더십을 보여 주었다. 태종의 리더십을 도덕적으로 모두 옳다고 볼 수는 없다. 하지만 조선 왕조를 안정적 기반 위에 올려놓은 태종의 선택이 주효했음을 역사가 증명해 주고 있다.

냉혹했으나 한편으로는
마음이 약했던 왕

    태종은 왕권 강화만이 사직을 안정시키는 유일한 길이라고 믿었다. 그래서 왕권에 위협이 될 만한 요소들은 철저하게 그리고 냉혹하게 숙청을 단행했다. 자신이 왕좌에 앉을 수 있도록 도운 최고의 공신들인 처남들과 최측근인 이숙번, 그리고 사돈인 심온에 이르기까지 '왕권 강화'라는 한 가지 목표에 방해되는 모든 것들을 제거했다. 그렇다면 태종은 정말 피도 눈물도 없는 냉혈한일까? 태종의 또 다른 이면을 살펴보면 그렇지 않았음을 알 수 있다.

    태종은 왕권에 위협이 될 만한 권력층은 확실하게 제거했지만, 위협 요소가 아닌 인재들에게는 관대했다. 대표적인 예가 정도전의 아들을 등용한 것이다. 자신이 제거한 정적이었지만 몇 년 후 그 가족들을 복권시켜 주고 그의 아들을 등용해 충청도 관찰사를 거쳐 형조판서에까지 오르게 한다. 또한 정도전의 증손자는 세종 대에 우의정까지 오른 것을 보면 아무런 제재를 하지 않았음을 볼 수 있다.

넷째 형 이방간은 제2차 왕자의 난을 일으켜 자신을 제거하려 했다. 차기 왕을 죽이려 한 역모로 얼마든지 그를 죽일 수 있었다. 실제로 측근들은 불씨를 없애야 한다며 방간을 죽여야 한다고 했다. 하지만 태종은 끝내 방간을 죽이지 않았다. 피를 나눈 친형제였기 때문에 죽일 수 없었던 것이다. 이복동생들을 죽인 것과는 다르게 자기 혈육에 대해 약한 면모를 보인 것을 알 수 있다. 큰아들 양녕대군이 수년간 여자 문제로 계속 말썽을 부렸지만 태종은 그때마다 달래고 타이르면서 어떻게든 마음을 잡아 보려고 노력했다. 양녕대군은 할아버지 태조와 아버지 태종의 기질을 가장 많이 닮아 무예를 좋아하고 활쏘기와 매사냥을 즐기는 호방한 성격이었다.

양녕대군은 원래 넷째 아들이었지만 위로 세 아들이 어릴 적 모두 사망하면서 장남이 된 것이다. 그래서일까? 태종은 어려서부터 그를 무척 아끼고 예뻐했다. 태종은 결국 양녕대군을 폐위시켰지만 국가 경영이라는 대의를 위해 어쩔 수 없는 선택이었을 뿐, 아버지로서 못난 장남을 보며 상당히 마음 아파했다. 그리고 세종에게도 형 양녕대군의 안위에 대해 특별한 당부를 잊지 않았다.

태종의 자식 사랑은 여기서 그치지 않는다. 태종은 마흔이 다 되어 막내 성녕대군을 낳는다. 늦둥이 아들을 보며 태종과 원경왕후는 기쁨을 감추지 못하고 애지중지 아들을 키웠다. 하지만 성녕대군은 열네 살이 되던 해 홍역으로 사망하게 된다. 슬픔을 이기지 못한 태종은 너무 괴로워했고, 35일간이나 고기반찬을 먹지 않으며 죽은 아들을 그리워했다. 이렇듯 태종은 자기 피붙이 자식들에게 무척 약했다. 냉정함의 대명사로 불리는 태종의 이면이다.

태종은 정적들뿐만 아니라 옆에서 함께했던 최측근들마저도 자신의 목표를 위해선 무서우리만큼 냉정하게 숙청한 사람이다. 하지만 여러 차례 피바람이 분 것치고는 그가 죽인 사람들의 수는 그리 많지 않았다. 정적이라고 해 그 가족들과 아들들까지 모조리 죽이는 무조건적인 살육이 아니었다. 자신의 목적에 맞지 않는 대상을 핀셋으로 골라내듯 제거한 경우가 대부분이었다. 정도전, 민씨 형제들은 왕권 강화라는 목적에 걸림돌이 될 인물들이라 제거했으며, 세종의 장인은 사실 지은 죄가 없으나 후일 세종의 치세에 방해가 될 것이라 여겨 제거한 것이다. 잔인한 살육을 통해 세력을 초토화시킨 것이 아니라 목표에 방해가 되지 않을 정도로 선을 그으며 불필요한 살인은 자제했다. 그렇지만 자신의 목적에 맞는 행위라 할지라도 모두 정당화될 수는 없다. 심온과 그 가족의 경우처럼 억울하게 희생된 사람들도 분명히 존재하기 때문이다.

태종은 고려의 충신 정몽주와 조선 창업의 최대 공신이었던 정도전을 죽이고, 왕좌에 오르기 위해 두 동생을 죽인 데서 알 수 있듯이 목적을 위해서는 수단과 방법을 가리지 않는 냉혹함을 보여 줬지만, 혼란의 시대에 역동적으로 대응하고 과감한 선택으로 자신의 권력을 구축해 간 인물이기도 하다.

태종은 행동하는 리더였다. 옳고 그름을 따지기 전에, 행동은 그 시기를 놓치면 성공할 수 없기 때문에 기회가 왔을 때 과감하게 계획을 실행했고 성과를 만들어 냈다. 또한 문제에 직면했을 때 빠르게 판단하고 주저 없이 실행했다. 그 결과 조선의 3대 임금이 된 것이다. 실패하는 리더의 70%는 단 하나의 치명적인 약점을 가지고 있는데, 그것이 바로 '실행력 부족'이라고「포춘(Fortune)」지는 소개한다.

리더의 자리는 결정하는 자리다. '디시즌메이커'란 말이 그를 한마디로 표현하는 데 가장 적합하다. 리더가 결단하지 못하고 우유부단(優柔不斷)하여 행동하지 못한다면 어떤 결과도 기대하기 어렵다. 특히 변화가 빠른 현대 사회에서는 과감하게 행동하는 자가 결과에 빨리 도달하게 될 것이다.

좀 더 먼 시각으로 미래를 내다볼 줄 아는 왕. 왕조를 안정시키기 위해 후계를 미리부터 준비시키고 학습시킨 왕. 후계의 위협을 미리 제거해 버리며 악역을 마다하지 않은 아버지.

태종은 자신이 건재할 때 후계자를 선정하고 훈련시켰다. 자신이 돌봐 줄 수 있을 때 왕위를 물려주고 옆에 앉아 시험 운행을 도왔다. 그리고 아들이 가야 할 길에 걸림돌을 다 치워 버렸다. 공신들과 측근들을 제거하며 악역을 자처한 이유는 아버지와 자신, 그리고 아들의 조선이 더 이상 피 흘리지 않고 번영하길 바랐기 때문일 것이다. 조선 3대 국왕 태종은 조선의 창업과 수성에 가장 큰 역할을 한 임금이다.

피의 시대를 넘어 가치의 시대로 진정한 조선을 출범시킨 학습 군주 세종.

지식 인재 양성을 통해 정치, 경제, 문화, 과학 모든 분야에서 조선 최고의

전성기를 이끈 탁월한 지도자.

문화 강국을 꿈꾸고 민족의 글과 천문 과학을 발전시키며

천재성을 발휘한 군주.

북방 정책을 통해 군사 강국의 자존심을 지키며

무기 개발에도 소홀하지 않았던 왕.

무엇보다 노비에게 출산휴가를 주고, 백성들이 겪는 세금 고통을 덜어 주

기 위해 전 국민투표를 실시한 애민 정신의 끝판왕이었다.

각종 질병의 고통을 이겨내고 결국 많은 성과물을 남긴 멘탈갑의 슈퍼맨.

그가 조선의 국왕이 되지 않았다면 조선의 현재 모습은 어찌되었을까?

Chapter 3

역사상 가장 뛰어났던 천재 리더,

세종

世宗 李祹

모든 걸 아버지에게 물어봤던
허수아비(?) 왕

　　우리 역사상 가장 존경받는 왕, 세종(재위 1418~1450)이 22세의 나이로 왕위에 올랐다. 장자인 양녕대군이 아닌, 셋째 충녕대군에게 왕위를 물려준 태종의 안목이 역사의 큰 틀을 바꿔 놓았다. 하지만 세종의 집권 초기는 우리가 아는 대왕 세종의 모습과는 너무나 다른 모습이었다. "국왕의 자질이 없는 것이 아닌가?" 할 정도로 요즘 말로 하면 전형적인 파파보이였다. 세종은 신중한 성품이기도 했지만, 임금으로서 주체적이기보다는 모든 것을 상왕께 물어보고 결정하겠다고 해 신하들은 왕의 눈치를 전혀 보지 않을 정도였다.

　　"대사헌 허지가 정용수와 신효창에게 죄주기를 청하니, 임금이 말하기를, '내가 장차 상왕께 아뢰겠다'고 하였다."

- 『세종실록』 2권, 세종 즉위년 12월 13일

"승정원에서 병조가 파선하였다는 보고를 30여 일이나 지연시킨 죄를 청하였는데, 임금이 말하기를, '내 장차 상왕께 아뢸 터이니, 너희들도 또한 마땅히 빠짐없이 아뢰도록 하라.'고 하였다."

- 『세종실록』 4권, 세종 1년 7월 25일

"우의정 이원(李原) 등이 계하기를, '지난번에 수재로 인하여 감선(減膳)도 하였고, 이내 어온(御醞)도 감량하였으나, 이제 추성(秋成)이 되어 벼농사가 풍성하니, 청하건대, 그전대로 장만하여 올리도록 하소서.' 하니, 임금이 말하기를, '내가 앞으로 상왕에게 말씀 드리겠다.' 하였다."

- 『세종실록』 13권, 세종 3년 9월 4일

세종 집권 초기부터 아버지 태종이 사망하기까지 4년 남짓한 기간 동안 '상왕께 아뢰겠다', '상왕께 여쭈어보겠다'는 표현이 실록에 40여 차례 이상 나타난다. 상황이 이렇다 보니 신하들은 태종의 의사를 더 존중하며 무겁게 여겼고, 상대적으로 임금인 세종을 더 가벼이 여겼다. 결국 왕 앞에서 목소리를 높여 신하들끼리 싸우는 일까지 발생했다.

"김점이 승서를 꾸짖어 악한 말이 입에서 끊이지 않으며, 승서에게 말하기를, '네가 장래에 불의를 많이 할 것이니, 수레에 찢겨 죽게 될 것이며, 멸족의 환을 당하리라.'고까지 악담을 하니, 승서가 감히 대답하지 못하였다."

- 『세종실록』 4권, 세종 1년 7월 4일

한마디로 세종 집권 초기는 전혀 기강이 서지 않는 시기로 왕의 권위조차 찾기 어려운 시기였다. 세종은 왜 왕다운 모습을 전혀 보여 주지 못했을까? 우리가 알다시피 세종은 왕이 될 계획이 없었다. 세자인 양녕대군의 계속된 비행에 갑작스레 세자가 된 세종은 책봉 두 달 만에 임금의 자리에 올랐다. 세자가 된 것도 갑작스러웠지만 곧바로 왕위에 오른 것이다. 차기 왕이 되기 위해 필요한 학습과 준비 시간이 절대적으로 부족했다. 또한 세종은 아버지 태종에게 철저히 복종적이었다. 대부분의 권력을 태종이 장악하고 있는 상황에서 국왕으로서의 모습보다 아들로서의 모습으로 임금의 자리에 앉은 것이다. 상왕이 되어 사냥을 즐겼던 태종을 따라 함께 사냥을 다니고, 밤늦게까지 음주가무에 동석하며 아버지의 뜻을 거스르지 않았던 세종. 신하와 백성들은 기대와 다른 새 임금을 보며 실망했다.

세종 역시 자신의 장인 심온이 대역 죄인으로 몰려 죽음 앞에 이르렀을 때, 아내 소헌왕후의 간절한 눈물을 보면서도 그냥 지켜볼 수밖에 없었다. 아내를 사랑했지만 장인이 죽고, 장모와 처제는 노비가 되어 처가가 풍비박산이 나는 상황에서 아무것도 할 수 없었다. 그만큼 세종은 아버지의 그늘 밑에서 절대적으로 복종했던 아들이었다.

한 가지 아쉬운 것은 아버지에게 효심이 지극한 아들인 것처럼 처가 부모에게도 효를 행하는 것이 도리인데, 임금의 자리에 있으면서도 처가 문제에 대한 아무런 역할을 하지 못했다는 것이 우리에게 남겨진 위대한 업적 가운데 옥에 티로 부각된다. 이것이 세종의 젊은 시절, 집권 초기 모습이었다.

태종은 왜 이토록 빠르게 세종에게 양위를 한 것일까? 태종은 자신이 건재할 때 안정적으로 왕위를 물려주고 싶었다. 폐위는 됐지만 양녕대군의 지지 세력이 그대로 존재하고 있는 상황에서 혹시 모를 반란의 위험성을 최소화시키기 위한 태종의 계산이었다. 안정적으로 정권을 교체하기 위한 한 박자 빠른 양위였다. 그러면서 국정 운영을 옆에서 도우며 아들이 자리를 잡아갈 수 있도록 지도하겠다는 아버지 태종의 섬세한 배려로 볼 수 있다.

조선 초 최대의 뇌물 스캔들, 부패를 몰아내다

　　고려 말 김원룡이라는 상인이 당시 세력가인 임견미에게 뇌물을 주고 김생의 가족들을 불법적으로 노비로 만들었다. 하지만 임견미가 사망하고, 조선이 시작된 후 이들은 모두 불법적으로 노비가 됐음을 인정받아 양인 신분으로 회복됐다. 세월이 흘러 김원룡의 아들인 김도련이 노비를 되찾기 위해 당대의 권력가들에게 뇌물을 준 사건이 발생했다. 무려 426명이나 되는 엄청난 인원을 노비로 삼겠다며 김도련은 당시 권력가들에게 총 132구(口, 노비를 세는 단위)의 노비를 뇌물로 상납했다. 당시 노비의 가치는 얼마나 될까? 쉽게 비유하면, 말 한 마리 가격과 비슷했다(말 1마리=베 450필=약 1,000만원). 하지만 자녀를 출산하면 그 자녀도 노비가 되었으므로 시간이 흐를수록 재산이 불어나는 엄청난 재산 증식의 가치가 있었다.

　　당시 최고 권력가인 병조판서 조말생이 김도련에게 노비 24구를 뇌물로 받은 사실이 밝혀졌다. 김도련의 노비 뇌물 사건은 세종 4년의 일이었지만 시간이 흘러 세종 8년 사헌부에서 문제 제기를 하면서 수사하게 됐고, 전말이 밝혀지게 된 것이다. 조말생은 태종의 오른팔로 7년 동안이나 승지(비서실장)를 역임한 최측근이었다. 그는 태종이 실시한 첫 번째 과거 시험에서 장원급제를 하면서 실력을 인정받았고, 아들을 태종의 사위로 만들어 왕실과는 사돈지간이었다. 이런 조말생의 뇌물 스캔들은 조선을 발칵 뒤집어 놓은 권력형 비리 사건이었다.

이 사건으로 인해 조말생은 관직을 박탈당하고 유배를 가게 됐다. 여기에 그치지 않고 세종은 함경도로 사람을 보내 강력한 재조사를 명했다. 특검으로 여죄를 밝혀내 부패를 척결하겠다는 강력한 의지를 보인 것이다. 그러면서 조말생이 노비와 장물 등 780관(현재가 15억 원 정도)의 뇌물을 받은 사실이 추가로 밝혀져 아버지 태종 때부터 권세를 쥐고 있던 그의 민낯이 드러나게 됐다. 뇌물 80관(1관=3.75kg) 이상을 받은 자는 교형에 처한다는 당시 법률을 근거로 하면 780관을 받은 조말생은 사형에 처해져야 했지만, 세종은 그간의 공을 참작해 유배형으로 조말생의 비리 사건을 처리했다.

김도련이 관리 17명에게 노비 132구를 뇌물로 바친 이 사건은 조선 초 정치사에 매우 의미 있는 사건이 됐다. 이를 기점으로 태종대의 권력가(구신)들을 몰아내고 세종의 사람들로 채워 나가는 계기를 마련한다.

세종 9년 1월, 황희를 좌의정, 맹사성을 우의정에 임명하면서 드디어 세종 시대로 출발하게 됐다. 이전까지는 고려에서 태어난 사람들이 대부분이었지만, 이제부터는 조선에서 태어나거나 교육받은 사람들이 왕과 신하로 자리를 잡는 진정한 조선이 된 것이다.

그러면 4년 전 사건인 뇌물 스캔들이 다시 쟁점화된 것은 우연일까? 그동안 아버지의 신하들과 기싸움을 하며 움츠렸던 세종이 이 권력형 비리 사건을 처리하면서 권력을 장악한 중요한 기점이 됐다. 이는 바로 세종의 기획으로 보이며, 지난 사건을 끄집어내 처리하면서 정세를 유리하게 주도하는 아버지 태종의 이른바 묵은지 전술을 아들 세종이 배운 것이다.

한편 조말생의 정치 생명은 유배지에서 끝이 났을까? 그건 세종을 모르고 하는 소리다. 능력 있는 자는 흠이 있더라도 그냥 버리지 않고 그의 재능을 사용했다. 그것이 세종의 원칙이다. 어찌 보면 지은 죄를 나라를 위해 일하면서 갚으라는 뜻이 담겨 있을지도 모르겠다. 사헌부의 강력한 처벌 주장을 누르고 충청도 회인으로 유배를 보낸 세종은 2년 만에 조말생의 유배를 풀어 준다. 이에 대간들은 조말생이 한양에 들어오지 못하게 해달라며 상소를 올렸지만, 세종은 이를 묵살했다. 2년 후 세종이 조말생에게 직첩(조정에서 내리는 벼슬아치의 임명장)을 다시 내주었을 때 대간들은 단체로 사직하겠다며 조말생의 정계 복귀를 막아섰다. 그렇지만 세종에게는 이미 인재 운용 계획이 그려져 있었다.

세종은 조말생에게 함경도 관찰사를 맡겨 북방을 평정하고 안정시켜 조선의 영토로 확정했다. 이후 조말생은 중추원에서 군사 행정 업무를 관할하면서 전라, 경상, 충청 등 각 도에 성을 쌓고 국방을 튼튼히 하는 일에 투입되었다. 군사 관련 업무에 뛰어난 재능을 보였던 조말생을 처벌로 잃는 것이 아닌, 용서를 통해 충성도가 높아진 인재를 국가를 위해 활용한 것이다. 중한 죄를 지었기에 6조의 주요 관직은 맡기지 않았지만 조말생은 죽을 때까지 나라를 위해 일했다. 조말생이 64세부터 매년 사직 상소를 올렸지만, 세종은 이를 받아 주지 않았고, 77세까지 일을 한 후 결국 78세에 숨을 거뒀다.

인재를 발견하고 적재적소에서 빛을 발하게 배려하다

'조선의 명재상' 하면 대명사처럼 떠오르는 인물이 있다. 바로 황희 정승이다. 그는 73년간이나 공직자로서 일했다. 태조와 태종을 거쳐 세종 때까지 꾸준히 등용됐다. 6조판서(장관), 도승지(비서실장), 영의정(국무총리) 등을 모두 역임한 보기 드문 관료였다. 세종이 황희를 중용한 이유는 학문에 얽매이기보다는 실제 사용할 수 있는 실용적 학문을 가졌기 때문이다. 아버지 태종 때 황희의 업무 능력을 확인했기 때문에 의심의 여지가 없었다. 또한 적장자 양녕대군이 폐세자된 후 바로 왕의 자리에 올랐기 때문에 세종은 자신의 사람이 없었고 입지가 약했다. 이런 상황에서 자신을 지켜보는 시선들에게 뭔가 보여줄 필요가 있었기에 황희 같은 실력 있는 파트너가 필요했다.

세종의 오랜 파트너로 영의정만 18년을 지낸 황희는 정치인의 모습이 아닌, 실력 있는 관료 스타일이었다. 어느 한 세력에 속해 있는 정치가라면, 3명의 왕에게 발탁되기 어려웠을 것이다. 그렇다고 왕에게 충성만을 다짐하는 예스맨도 아니었다. 왕에게 용기 있게 "No!"라고 말할 줄 알았던 신하였다. 그런 그에게도 엄청난 결함이 있었다.

1427년 신창현(현재 아산)에서 표운평이라는 아전이 종들에게 구타를 당해 사망했다. 종들에게 구타를 지시한 사람은 서달(徐達)이라는 자였다. 이 사건은 은폐되어 묻힐 뻔 했지만 사건을 살펴보던 세종이 피해자의 석연찮은 죽음에 재조사를 명하면서 감춰진 비밀들이 드러나기 시작했다. 바로 사건의 중심에 고위 관료들이 엮여 있었다.

구타를 지시해 아전을 죽음에 이르게 한 서달은 좌의정 황희의 사위이자 형조판서 서선의 아들이었다. 황희는 살인자가 된 사위를 돕기 위해 신창현 출신의 우의정 맹사성에게 사건이 잘 처리될 수 있도록 부탁했다. 그리고 맹사성은 죽은 표운평의 형을 불러 "우리 고을의 풍속을 불미스럽게 하지 말라."고 하면서 협박과 회유를 하게 된다. 또한 신창현감에게도 같은 이유로 사건을 잘 마무리 짓도록 했다. 좌의정, 우의정, 형조판서가 관련된 사건에 주변 고을의 현감들도 발 벗고 사건 해결을 위해 나서게 되고, 표운평의 형과 합의를 통해 서달의 종이 살인한 것으로 사건을 마무리했다. 그런데 조선에서는 사형에 준하는 사건에 대해서는 왕이 직접 살펴보도록 되어 있었고, 조서를 살펴본 세종의 재조사 명에 의해 사건의 전말이 밝혀진 것이다. 결국 서달은 장형 100대를 맞고 유배를 갔으며, 좌의정 황희, 우의정 맹사성, 형조판서와 대사헌, 그리고 신창현 주변 다섯 고을의 현감들이 모두 파직됐다. 조선을 떠들썩하게 했던 대형 스캔들이었다.

이렇듯 흠집이 많은 황희와 맹사성이었지만, 세종은 그들을 다시 기용한다. 세종은 사람의 흠은 작게 보고, 능력을 크게 보는 군주였다. 할 일이 많았기 때문에 그만큼 인재가 많이 필요했다. 세종은 부정이나 부패와 연결돼 파직된 공직자라도 자신의 정치를 실현하는 데 필요한 사람은 반드시 다시 등용했다. 황희나 조말생의 경우 중범죄를 지었던 사람이었기 때문에 재등용 시 신하들의 엄청난 반발과 반대가 있었다. 세종은 그런 정치적 부담을 무릅쓰고 그들을 재등용했다. 또한 세종은 황희가 세종이 아닌, 양녕대군을 지지했던 사람이었으나 마음에 담아 두지 않았다. 오직 실력 있는 인재를 발탁해 좋은 정치로 백성을 이롭게 하고 싶었다. 이런 상황에서도 자신을 믿고 쓰는 임금을 보며 황희는 세종의 신임에 부응하기 위해 더욱 노력했다.

세종은 긍정적인 면을 보고 사람을 판단하는 가점주의 마인드의 리더였다. 세종은 끊임없이 공부하는 리더이며, 학습을 통해 얻은 통찰력으로 국가를 경영했다. 이 시대 리더들이 본받아야 할 덕목이다.

"임금은 정사에 부지런하고 천성이 글 읽기를 좋아하여, 날마다 편전에서 정사를 보고 나면 경연을 열되, 상왕의 외유나 연회를 받드는 이외에는 잠깐도 폐한 일이 없었다."

- 『세종실록』 3권, 세종 1년 3월 27일

지식이 힘이 될 수 있음을 확신한 세종은 지식 인재 양성에 힘을 모으고 그들을 성장시키기 위해 뒷받침했다. 지식경영 프로젝트의 시작은 집현전이다. 집현전은 고려 인종 때 설치됐지만 모두가 겸직을 하는 유명무실한 명목상의 부서였다. 세종 2년(1420) 지덕을 겸비한 젊은이들을 뽑아 경전과 역사를 강론하고 임금의 자문 역할을 하는 집현전을 출발시켰다. '모을 집(輯), 어질 현(賢)'을 쓰는 집현전은 현명한 사람들을 모은다는 의미를 가졌으며, 박팽년, 정인지, 신숙주, 성삼문 등 우리가 잘 아는 학자들이 집현전 학사 출신이다. 이름뿐인 집현전을 유망한 학자들을 모아 전업하게 함으로써 실질적인 학문의 보고인 집현전이 탄생하게 된 것이다. 이 씽크탱크 덕분에 정치, 경제, 문화, 과학 모든 분야에서 조선 최고의 전성기를 이끌게 된다.

조선의 과거 시험인 식년시(式年詩)는 3년마다 치러지며 전국에서 33명의 합격자를 뽑는다. 조선의 인구가 지금과는 차이가 많았겠지만, 그래도 3년마다 33명만을 뽑는다는 것은 과거 시험에 합격하는 것이 결코 쉽지 않았음을 알 수 있다. 그중에서도 탁월한 성적을 거둔 자만이 집현전에 들어갈 수 있었다. 집현전의 대표적인 학사들 중 정인지는 수석 합격생이며, 신숙주는 3등 합격생이다. 이 당시 집현전을 거쳐 간 90여 명 중 절반 이상이 5등 이내의 합격자로 그야말로 최고의 인재들이 모인 곳이 집현전이었다.

세종은 훌륭한 인재들을 모아 자유롭게 학문을 연구하고 왕의 정치적 보조 역할을 하며 자문 역할을 하는 집현전을 기대했다. 그렇기에 집현전과 그 구성원들에 대해 특별한 배려를 아끼지 않았다. 한번은 집현전에서 술과 음식을 먹었다는 정보를 입수한 사헌부가 집현전을 감찰하려 할 때 세종이 감찰을 막았다. 자유롭게 학문 연구에 집중할 수 있도록 학사들에게 집현전 내에서는 비효율적인 규율을 적용하지 않은 것이다. 또한 책을 좋아하고 공부하는 것을 당연히 여긴 세종은 집현전을 자주 들러 학사들을 격려했다. 하루는 늦은 시간 책상에 엎어져 자고 있는 신숙주에게 내관을 보내 조용히 곤룡포를 덮어 주었다는 기록이 있다. 깨어난 신숙주는 어떤 마음이었을까? 인재를 아끼고 사랑하는 세종의 마음이 너무나도 잘 드러나 있다.

세종은 천민일지라도 능력 있는 자를 등용해서 국가 발전의 원동력으로 삼으려 했다. 조선의 천재 과학자로 알려진 장영실은 관노 출신이다. 출신보다 능력을 우선시하는 유연한 인재 등용의 리더십이 없었다면 신분의 한계를 극복하지 못한 장영실은 역사에서 발견되지 못했을 것이다. 세종의 평생 파트너인 황희도 역시 서얼 출신이었다.

세종은 재능을 잘 알아보는 용인술(用人術)의 대가이기도 했다. 신숙주가 음운과 외국어에 능함을 알고 집현전에 배치해 훈민정음의 해설서를 만들 때 능력을 발휘하게 했다. 박연은 과거에 합격한 문신이지만, 음악에 능함을 알고 아악을 정리하도록 장학원(궁중에서 연주하는 음악과 무용에 관한 일을 담당한 관청)의 책임자로 임명했다. 그리고 그 전문성을 가지고 깊이 있게 연구하고 성과를 낼 수 있도록 긴 시간을 믿고 기다려 주는 군주였다.

세종이 만든 '사가독서제'는 인재 양성을 위해 문신에게 휴가를 주어 학문에 전념하게 한 제도이다. 당시 학자인 신숙주, 성삼문 등은 이 제도를 통해 학문적 깊이를 더했다. 재충전의 기회를 주는데 무급이 아닌, 유급휴가를 준 것이다. 이는 독서를 여가 선용으로 본 것이 아니라 업무의 연장으로 인정한 것이다.

"내가 너희들에게 집현관(集賢官)을 제수한 것은 나이가 젊고 장래가 있으므로 다만 글을 읽혀서 실제 효과가 있게 하고자 함이었다. 그러나 각각 직무로 인하여 아침, 저녁으로 독서에 전심할 겨를이 없으니, 지금부터는 본전(本殿)에 출근하지 말고 집에서 전심으로 글을 읽어 성과(成果)를 나타내어 내 뜻에 맞게 하고, 글 읽는 규범에 대해서는 변계량(卞季良)의 지도를 받도록 하라."

- 『세종실록』34권, 세종 8년 12월

휴가를 즐기며 책을 읽는 '셰익스피어 휴가'라는 말이 있다. 영국 최고의 전성기를 구가한 빅토리아 여왕(1819~1901) 때의 셰익스피어 베케이션(shakespeare vacation)은 고위 관료들에게 3년에 한 번씩 한 달의 유급휴가를 주어 셰익스피어 작품 5편을 읽고 독후감을 제출하도록 하는 제도였다. 빅토리아 여왕이 400년이나 앞선 조선의 사가독서제를 안 것일까? 이는 좀 더 멀리 내다보는 통치 기술로 책을 통해 얻은 지혜를 국가 경영을 위해 사용하도록 한 것이었다. 세종은 지식경영을 위한 인재 양성에 애정을 갖고 실질적으로 투자했다. 그리고 성과를 얻어 냈다.

세종은 학습하는 군주답게 경연(임금이 신하들과 학문, 기술을 토론하고 국정을 협의하던 일)을 통해 국정 운영의 중요한 일들을 결정했다. 아버지 태종이 18년간 약 60회, 1년에 3.3회 경연을 연 것을 기준으로 할 때, 세종은 32년간 약 2,000회, 1년에 60회, 한 달에 5회 경연을 열었다. 끊임없이 연구하고 토론하며 국정을 부지런히 살폈던 학습 군주였다. 또한 세종은 인재경영, 지식경영으로 성과를 일궈 낸 최초의 군주라고 해도 무방하다.

오늘날 모든 리더들이 세종대왕의 찬란한 성과가 학습에서 시작됐음을 깨달았으면 한다. 리더가 모든 것을 다 알 수는 없지만 다양한 분야에 식견을 갖추고 있어야 한다. 그러려면 끊임없이 공부하고 연구해야만 한다. 민족의 영웅에 대해 침 튀기며 감탄만 하지 말고 그분이 보여 주고 가르쳐 준 학습의 중요성을 깨닫고 실행했으면 한다. 국가든 기업이든 공부하는 리더가 많아지길 기대하며 특히 입법을 통해 국민의 삶을 좌우하는 국회의원들이 공부하는 성실하고 책임감 있는 리더십을 보여 주기 바란다.

천재적인 능력으로 열어 간 태평성대

어릴 적부터 많은 역사서를 접하며 군사력만으로 강국이 될 수 없음을 안 세종은 문화 강국을 꿈꾸며 조선을 위한 조선의 것들을 만들고자 했다. 특히 과학과 문화 분야에서 명나라의 것을 표방하거나 따르는 것이 많았으며, 언어, 기후, 향토, 계절 등의 다름이 가져오는 부작용을 해결해 보고 싶었다. 그 프로젝트의 중심에 바로 민족의 언어, 즉 한글 창제가 있었다.

한글이 창제된 해는 세종 25년인 1443년이다.

"이달에 임금이 친히 언문(諺文) 28자(字)를 지었는데, 그 글자가 옛 전자(篆字)를 모방하고, 초성(初聲)·중성(中聲)·종성(終聲)으로 나누어 합한 연후에야 글자를 이루었다. 무릇 문자(文字)에 관한 것과 이어(俚語)에 관한 것을 모두 쓸 수 있고, 글자는 비록 간단하고 요약하지마는 전환(轉換)하는 것이 무궁하니, 이것을 훈민정음(訓民正音)이라고 일렀다."

- 『세종실록』 102권, 세종 25년 12월 30일

훈민정음은 '백성을 가르치는 올바른 소리'라는 뜻으로 해례본은 1책 2권으로 구성돼 있다. 1권은 예의(例義)편으로 한글을 만든 이유와 사용법에 대해 기술했고, 2권은 해례(解例)편으로 한글의 자음과 모음을 만든 원리와 적용에 대한 설명으로 지도서나 해설서 역할을 한다.

한글 창제에 대해 일반적으로 알려지기는 세종이 집현전 학사들과 함께 만들었다는 것이다. 하지만 사실과 다르다. 한글 창제는 세종의 단독 작품으로 봐야 한다. 좀 더 사실적으로 표현한다면 세종이 주도했고, 맏아들 문종과 정의공주가 참여한 것으로 보인다.

흔히 훈민정음 창제에 집현전 학사들이 참여한 것으로 알고 있는데, 이 오해의 시작은 조선 전기 성현이 쓴 『용재총화』 때문일 것으로 보인다. 이 책에 세종이 언문청을 설치하고 신숙주, 성삼문 등에게 명하여 언문을 만들었다는 내용이 있다. 그런데 이 기록은 한글 창제 후 61년이 지나 집필됐으며, 한글 창제 당시 성현의 나이는 네 살에 불과했다. 한글 창제가 아닌, 해설 지도서인 해례본의 편찬 작업에 참여한 것을 오해한 것으로 보인다. 이와 같은 내용이 『동각잡기』에도 나오는데, 세종이 훈민정음을 만들고 그 후 신숙주와 성삼문 등에게 운서를 편찬하게 했다고 기록하고 있다.

또한 한글 창제를 시작부터 집현전 학사들과 함께 작업했다면, 집현전의 실질적 책임자였던 최만리가 모를 리 없다. 하지만 세종 26년 (1444) 2월, 훈민정음 창제 두 달 후 집현전 부제학 최만리 등 7명이 훈민정음 창제에 반대하는 상소문을 올렸다. 이런 사실을 볼 때 훈민정음 창제는 세종의 단독 작품으로 봐야 하며, 명나라와의 갈등을 고려하고 신료들의 반대가 분명할 것이기에 비밀리에 만들 수밖에 없었을 것이다.

세종이 훈민정음을 창제한 직접적인 이유는 백성들이 글을 몰라 겪는 어려움을 해소하기 위함이었다. 특히 문자를 몰라 불이익을 당하고 옥살이를 하는 백성들의 억울함에 대해 집현전 학사들과 언쟁하는 기록이 있다. 당시 법률 문서는 한자와 이두가 섞여 이 또한 어려웠다. 이에 세종은 "백성이 글을 읽을 줄 안다면 지금처럼 억울한 일을 당하는 백성이 줄어들 것이다."라고 하며, 말과 글이 다른 부조화를 해소하기 위해 소리글자를 만드니 배움이 짧은 백성들도 쉽게 이해할 수 있었다. 그는 백성들의 아픔을 보고 눈감지 않았다. 흔히 말하는 무지한 백성을 깨우쳐 그들의 삶이 좀 더 윤택해지길 바랐다. 군주로서 성실하고 책임감이 강했으며, 무엇보다 주체성이 강한 자주적인 군주였다. 언어는 명나라처럼 대국만이 가질 수 있는 특권이라고 생각했던 그 시절, 조선의 언어를 만들겠다는 상상 자체가 쉽지 않은 일이었다.

한글 창제 후 3년간의 준비, 즉 훈민정음 글자를 다듬고 쉽게 배우고 전파할 수 있도록 자세한 풀이를 담아 1446년 음력 9월, 『훈민정음』이라는 책으로 펴내며 한글을 반포한다. 이 날을 유추하니 양력으로 10월 9일이다. 즉 한글 반포일을 현재 한글날로 삼은 것이다.

강대국과 약소국의 국제질서 속에서 당시 조선은 명나라에 정치·외교적으로 사대할 수밖에 없는 형국이었다. 세종 역시 철저하게 명나라를 존중하며 사대했다. '기울어진 운동장'에서 사대는 실리 외교를 위한 일종의 정책이었다. 하지만 세종은 사대주의에 빠지지 않았다. 사대에 갇히지 않고 자주적 활동으로 민족의 자부심을 고취할 수 있는 많은 문화유산들을 남겼다. 세종을 존경하지 않을 수 없는 이유다. 오늘날도 마찬가지다. 친미, 반미, 친중, 반중을 외치기보다, '쓸 용(用)' 자를 써 용미, 용중을 생각할 때이다. 우리보다 강한 나라를 이길 수 없다면 그들을 이용해 실리를 얻는 세종의 지혜로움은 오늘날 관료들이 배워야 할 덕목이다.

• **칠정산**(七政算): 1444년 완성된 우리나라 최초의 달력이다. 이때까지 조선은 중국의 역법을 빌려 사용했다. 하지만 위도와 경도가 다른 중국의 위치에서 계산된 역법이 조선에 맞을 리 없었다. 세종은 농사가 전부였던 백성들에게 절기와 시간을 정확히 알려 주려면 우리나라를 기준으로 한 천문 계산을 해야 한다고 생각했다. 이에 한양을 중심으로 만든 역법서(曆法書)인 칠정산이 만들어진 것이다. 이로써 중국과 아라비아, 그리고 조선이 역법을 가지게 됐고, 이를 기점으로 조선은 시간의 주권을 가지게 된다.

• **농사직설**(農事直說): 농자천하지대본(農者天下之大本), 농사는 천하의 가장 큰 근본이 되는 중요한 일이라고 여겼던 조선에서 농업 관련 서적은 모두 중국의 것이었다. 기후와 토양이 다른 중국의 농사법을 조선에 적용하기에는 문제점이 많았다. 세종은 정초와 변효문 등으로 하여금 전국 농부들의 경험담을 모아 각 지역에 맞는 농사법을 상세히 담은 농업책을 편찬하게 했다. 이것이 조선 최초의 농업 서적인『농사직설(農事直說)』이다. 세종은 우리 농민들의 경험을 담은 농서(農書)를 만들어 보급하면서 백성들이 좀 더 효율적이고 효과적으로 농사를 지을 수 있도록 도왔다. 우리 땅과 우리 기후에 맞는 농법으로 농사를 지으면서 토지 한 결당 쌀의 생산량이 무려 4배까지 증가하는 비약적인 발전을 이뤄 냈다. '밥은 백성의 하늘이다.' 기승전 백성으로 종결되는 세종의 정치철학과 사랑이 만든 엄청난 성과였다. 세종 20년 이후 백성이 굶주렸다는 기록은 찾아볼 수 없다.

• **향약집성방**(鄕藥集成方): 세종 15년(1433)에 간행된 향약에 관한 의학서이다. 유효통, 노중례, 박윤덕 등이 우리 주변에서 나는 약재에 관한 처방전과 치료법을 담은 종합 의학서이다. 모든 질병들을 54문(門)에 959개의 병증으로 나누고 병증마다 원인과 증상, 그리고 치료, 처방과 민간요법을 설명하였는데, 그 수가 약 10,700여 개에 달했다. 세종은 명나라가 선진국이었지만 맹목적으로 모든 것을 따르는 것에 부작용이 있음을 알고 우리에게 맞는 것을 찾고 만드는 것이 지혜로운 군주가 할 일이라고 생각했다.

세종의 업적으로 북방 개척을 빼놓을 수 없다. 조상이 물려준 땅을 헛되이 버릴 수 없다고 생각한 세종은 4군 6진을 개척해 조선의 행정구역으로 편성해 영토를 확장했다. 두만강 지역에는 문신인 김종서를 보내 과거 우리 땅이 어디까지인지 조사해 보고 결정하도록 했다. 고려 때 윤관이 만든 동북 9성의 위치를 찾아보고, 공험진에 비석을 세웠다고 하니 확인해서 조선의 영토를 어디까지 할지 결정하도록 하라고 지시했다. 그리하여 온성, 종성, 회령, 부령, 경원, 경흥에 6진을 설치한다. 이때 만든 행정구역이 지금의 한반도 경계와 거의 일치한다. 압록강 지역은 무장 최윤덕을 보내 여진족을 토벌하고 어연, 우예, 무창, 자성에 4군의 행정구역을 신설했다. 4군은 명나라와 맞닿은 지역이기에 조심스러운 군사 작전일 수밖에 없었다. 그렇지만 세종은 농업 생산성을 향상시켜 국부를 창출하고 싶었기에 기름진 그 땅을 취하고 조선의 백성을 괴롭히는 여진족을 몰아내 북진 정책을 마무리하면서 영토를 확장했다.

또한 세종은 국방력 강화를 위해 체계적으로 군사제도를 정비했다. 몽골과 여진족 등 북방 세력을 막기 위해 육군 중심의 군대를 양성해 4군 6진을 방비하고, 세력이 커진 남쪽의 왜구를 막기 위해 수군의 규모를 확대하고 체제를 정비했다. 한정된 군사로 한반도 전체를 방어해야 했기에 화력이 강한 무기가 필요하다는 결론을 내린 세종은 꾸준히 무기 개발에도 힘썼다. 특히 조선의 자랑인 화약을 이용한 무기를 만드는 데 주력했다. 신기전(神機箭)은 한자 그대로 '귀신같은 기계식 화살'이라는 의미를 지니고 있는데, 한 번에 여러 발의 화살을 날려 여진족과 같이 기병을 주공격으로 하는 적을 상대할 때 매우 효과적으로 사용됐다. 대신기전은 길이가 무려 5m 60cm로 화약에 의해 1~2km를 날아가는 조선의 첨단무기로, 현시대의 로켓으로 봐도 무방하다.

세종은 외세에 휘둘리는 조선이고 싶지 않았다. 국력이란 경제, 문화와 군사력이 함께 성장할 때 강해진다는 사실을 알았기에 이런 강력한 무기 개발에 관심을 가지고 지원했다. 자주적인 힘을 가지기 위해서는 군사력이 뒷받침 돼야 하기 때문에 책을 사랑한 세종이지만 무기 개발에 소홀하지 않았다. 현재 시점으로 보면 세종이야말로 융·복합 인재이며, 리더라고 볼 수 있다.

조선 최초의 국민투표, 노비의 출산휴가…
세종 대의 애민 정책

세종 12년(1430), 조선 최초의 국민투표가 실시됐다. 경작하는 토지에 대한 새로운 세법인 공법 제정을 두고 국민들에게 찬반을 물은 것이다. 수확량의 10분의 1을 징수하던 기존의 정률 세제 방식을 대신하여 토지 1결당 쌀 10두(斗)를 걷는 정액 세제 방식인 공법(貢法)을 마련하고 전 국민에게 의견을 수렴한 것이다.

"정부·육조와, 각 관사와 서울 안의 전함(前銜) 각 품관과, 각도의 감사·수령 및 품관으로부터 여염(閭閻)의 세민(細民)에 이르기까지 모두 가부(可否)를 물어서 아뢰게 하라."

－『세종실록』47권, 세종 12년 3월 5일

국민투표는 1430년 3월 5일에 시작해 그해 8월 10일까지 총 5

개월이 소요됐다. 전근대 사회에서, 특히나 왕권 국가에서 이렇게 백성들에게 의견을 물어보고 정책을 결정한 예는 없었다.

　　세종 12년 8월 10일, 담당 부서인 호조에서 여론조사 결과를 보고했다. 투표 인구 172,806명. 노비와 여자, 어린이를 제외한 거의 모든 호주(戶主)들이 참여한 의견 수렴으로 국민의 1/4이 투표에 참여한 것이다. 찬성 57.1%(98,657명), 반대 42.9%(74,149명)로, 평지가 많은 경기, 전라, 경상 지역은 찬성 비율이 99%였다. 하지만 산지가 많은 평안, 함경, 강원 지역은 반대 비율이 90% 이상으로 압도적이었다. 세종은 이렇게 반대가 많고 지역적 편차가 큰 정책을 실행할 수는 없었다.

　　"백성들이 좋지 않다면 이를 행할 수 없다. 각 도의 보고가 모두 도착해 오거든 그 공법의 편의 여부와 답사해서 폐해를 구제하는 등의 일들을 백관(百官)으로 하여금 숙의(熟議)하여 아뢰도록 하라."

- 『세종실록』 49권, 세종 12년 7월 5일

　　국민투표 후 세종은 문제점 파악을 위해 현장에 관리를 파견했다. 또한 대신들과 공법의 보완점 및 개선점에 대한 논의를 진지하게 해 나갔다. 찬성이 많이 나왔지만 반대도 적지 않아 바로 시행하지 않고 계속해서 개선책을 연구했다. 그리고 마침내 세종 26년(1444) 법률을 확정 짓고 전국적으로 시행하게 된다. 무려 14년이 걸린 것이다.

　　개선된 공법은 '전분 6등법'과 '연분 9등법'으로 최종 확정되었다. 전분 6등법은 토지 비옥도를 6등급으로 나누고, 연분 9등법은 한 해의 풍흉 정도를 상상(上上)에서 하하(下下)의 9등급으로 나누어 그 해의 등급에 따라 토지 1결당 걷는 세금 액수를 정하는 것이다. 1결당 10두를 일률적으로 징수하려던 원안에서 백성들의 형편을 섬세하게 살펴 정교하게 다듬어 낸 정책이었다. 한 명의 백성이라도 부당하게 많은 세금을 내며 고통 받는 자가 없도록 하고 싶었던 세종은 신중했다. 백성들에게 현실적으로 가장 중요한 문제이기 때문에 느리지만 깊이 있게 들여다보며 모두가 만족할 수 있는 정책을 만들기에 이른 것이다. 세종이 정말 백성을 사랑하는 애민 군주라는 것이 한글 창제와 국민투표를 통한 세제 개혁으로 확실히 드러난다.

이후 450년 동안이나 조선의 과세 기준 원칙으로 적용될 만큼 훌륭한 업적으로 평가 받는 이 정책은 백성을 위해 고민하며 만들어진 것이기에 더욱 가치 있다. 국가정책에 변화를 줄 때 이렇듯 신중하게 접근하는 세종의 리더십은 현재 정치인들이 깊이 들여다보고 본받아야 할 정치철학이며 기술이라 여겨진다.

세종 즉위 후 10여 년 간 계속된 가뭄으로 백성들은 굶주림에 고통스러웠다. 세종은 이런 백성들의 아픔에 잠을 이루지 못한 날이 많을 정도로 백성들을 아꼈다.

"임금이 가뭄을 걱정하여 18일부터 앉아서 날 새기를 기다렸다. 이 때문에 병이 났으나 외인(外人)에게 알리지 못하게 하였는데, 이때에 와서 여러 대신이 알고 고기 찬 드시기를 청하였다."

- 『세종실록』 29권, 세종 7년 7월 28일

세종은 경작지 확대를 위해 서해안의 강화부터 남해, 거제에 이르는 해안가와 버려진 섬들을 개간하는 사업을 국가적으로 추진했다. 이는 소빙하기의 영향으로 일조량이 줄고, 이로 인해 가뭄과 흉작이 이어지면서 농토를 확대하고자 한 노력이었다. 당시 강원도 영서의 가구가 9,509호였는데 굶주림으로 없어진 호수가 2,567호라고 기록돼 있다. 농업이 국가 경제의 기반인 시대에 계속된 흉년은 국가적 위기였고, 이를 극복하기 위해 세종은 불철주야 고심했다. 그러면서 임금의 처소인 강녕전을 나와 경회루 옆에 초가집을 짓고, 2년 동안 그곳에서 묵었다. 백성들과 고통을 함께하겠다는 세종의 의지였다.

세종은 농업을 일으키고 민생을 구제하는 것이 자신의 과업임을 명확히 인지했다. 농지를 늘리고 농업 생산성을 높이기 위해 고민했다. 그 결과 우리 실정에 맞는 농서를 편찬 보급해 농업 생산성을 높였고, 농사는 시간과 날씨를 정확히 예측해야 했기 때문에 시계, 천체 관측 기구 등 과학 기구 개발에 많은 노력을 기울였다. 과학 영농의 시작이었다.

"백성이란 것은 나라의 근본이요, 백성은 먹는 것을 하늘과 같이 우러러보는 것이다."

- 『세종실록』 3권, 세종 1년 2월 12일

"밀과 보리가 익었다 할지라도, 나는 굶주리는 백성이 있을까 염려되니, 수령들로 하여금 직접 백성의 살림을 조사하게 하여, 만일 굶주리는 자가 있으면 구제하게 하라."

- 『세종실록』 11권, 세종 3년 4월 27일

세종은 천문 프로젝트의 완성이 백성들의 삶에 큰 도움을 줄 것이라는 확신을 가졌다. 그리하여 조선 최고의 과학자 장영실과 이순지, 김담, 이천 등과 함께 과학 기구 발명에 매진해 15세기 최고의 물시계인 자격루를 완성했다. 이로 인해 조선은 표준시계를 갖게 되었고 시간개념이 보편화됐다. 또한 해시계인 앙부일구, 현주일구, 천평일구를 만들고 측우기와 혼천의 등의 발명과 제작에 성공한다. 이렇듯 세종이 천문 과학 기구의 발명에 뜻을 둔 것은 백성들의 삶을 좀 더 윤택하게 만들기 위한 배려이며 도전이었다.

태종 12년에 발탁된 장영실은 엄밀히 얘기하면 과학자라기보다 뛰어난 기술자였다. 세종은 자신이 구상한 천문 기기를 만드는 데 궁중 기술자인 장영실이 적임자라고 판단하고 그와 함께 구상을 현실화시켜 조선의 과학기술을 크게 발전시켰다. 부산의 관노였던 장영실은 문신들이 근무하는 상의원(왕실 물품을 만드는 곳)에 배속돼 별좌(종5품)의 벼슬을 받았다. 그 후 신하들의 엄청난 반대 속에서도 세종은 장영실을 종3품 대호군까지 승진시킨다. 노비 출신으로 종3품에 오른다는 것은 당시에는 상상할 수 없을 만큼 파격이었지만, 그는 장영실과 같은 인재를 등용하는 것이 국가 발전에 매우 중요한 과정이라고 생각했다. 제2의 장영실, 제3의 장영실이 나올 수 있도록 해 신분이나 제도에 묶이지 않고 능력 있는 인재가 국가 발전에 기여할 수 있도록 인재 등용의 제약을 없애려고 노력했다. 또한 세종은 아버지 태종 때 시행했던 인재 추천 제도인 도천법을 적극 활용해 인재 발굴에 소홀하지 않았다.

세종은 신분이 낮은 사회적 약자들도 자신의 백성이라는 사실을 잊지 않았다. 1430년 '공처노비 산아휴가법(公處奴婢産兒休暇法)'을 만들어 관비가 출산할 경우 그간 주던 7일간의 휴가를 100일로 대폭 늘리면서 출산휴가의 원조가 됐으며, 그 남편도 30일간의 휴가를 주도록 했다. 출산휴가를 법으로 정한 세계 최초의 사례이며, 이것이 600년 전 세종의 복지정책이었다. 또한 죄를 지어 옥에 갇힌 자들에게도 인간적인 대우를 해 주도록 명했다.

"옥(獄)이란 것은 죄 있는 자를 징계하자는 것이요, 본의가 사람을 죽게 하자는 것이 아니거늘, 옥을 맡은 관원이 마음을 써서 고찰하지 아니하고 심한 추위와 찌는 더위에 사람을 가두어 질병에 걸리게 하고, 혹은 얼고 주려서 비명에 죽게 하는 일이 없지 아니하니, 진실로 가련하고 민망한 일이다. 중앙과 지방의 관리들은 나의 지극한 뜻을 받아 항상 몸소 상고하고 살피며 옥내를 수리하고 쓸어서 늘 정결하게 할 것이요, 질병 있는 죄수는 약을 주어 구호하고 치료할 것이며, 옥바라지할 사람이 없는 자에게는 관에서 옷과 먹을 것을 주어 구호하게 하라. 그중에 마음을 써서 거행하지 않는 자는 서울 안에서는 헌부에서, 외방에서는 감사가 엄격히 규찰하여 다스리게 하라.”

- 『세종실록』 28권, 세종 7년 5월 1일

　　‘여름에는 냉수를 갖추고, 2달에 한번은 목욕을 시켜라’, ‘겨울에는 짚을 깔아서 얼어 죽는 이가 없도록 해라’ 등 세종은 죄수들에게까지 세심한 배려를 했다. 또한 ‘금부삼복법’이라 하여 사형죄의 경우 재판의 오심을 막기 위해서 세 번을 심리하도록 하는 제도를 만들어 억울한 죽음을 경계했다. 우리의 역사를 돌아보면 근대화까지도 인권에 대해 눈을 뜨지 못한 사회였음을 생각해 볼 때 600년을 앞서간 세종의 인권 정책은 그가 얼마나 탁월한 임금이었는지, 그리고 백성을 아낀 군주였는지 지금의 리더들을 향해 시사하는 바가 크다.

　　시대를 앞서간 천재 리더 세종. 세종의 이러한 모습은 만백성의 아버지요, 우리 민족의 스승이라 할 수 있다. 이를 기념하기 위해 1965년부터 세종대왕의 생일인 5월 15일을 스승의 날로 지정했다.

안질, 비만, 당뇨 등등
'걸어 다니는 종합병원'

　　세종은 권력보다 효율을 중시했다. 왕권을 강화하기보다 그 권한을 나눠 국정 운영의 효율을 높이려고 했다. 세종은 권력을 휘두르겠다는 욕심은 없었으나 좋은 정책을 펴기 위한 욕심은 많았다. 신하들의 반대가 있다 하더라도 꼭 필요한 일이라고 생각하면 상대를 비난하고 윽박지르면서까지 관철시켰다. 앉아서 결재를 받는 군림형 왕이 아니라, 누구보다 많이 고민하고 연구했던 성실한 왕이었다. 그런 왕이었기에 국사를 위해 권력에 집착하지 않은 것이다.

　　아버지 태종이 핏값으로 얻은 왕위를 안정시키고자 육조직계제를 통해 왕권 강화를 추구했다면, 세종은 할아버지 태조가 채택한 의정부서사제(정1품 정승과 종1품 찬성으로 구성된 회의)를 부활시켜 경험 많은 정승들이 국정 운영을 하는 데 능력을 발휘하도록 했다. 당시 좌의정은 이조·예조·병조를 관할하고, 우의정이 호조·형조·공조를 관할

했다. 영의정은 3정승 중 가장 높은 서열이었지만 직접적 업무가 없는 명예직에 가까웠는데 세종은 이를 고급 인력의 낭비라고 생각했다. 그래서 영의정 황희를 중심으로 의정부 활동에 힘을 실어주며 의정부서사제를 부활시킨 것이다. 세종 18년 때였다.

재능 있는 큰아들(문종)에게도 업무를 맡기고 싶었던 세종은 세자의 대리청정을 통해 국왕 수업을 하는 동시에 능력을 발휘할 수 있도록 했다. 처음 운전대를 잡은 서른의 젊은 문종이지만, 옆자리에 아버지 세종이 앉아 있으니 걱정할 일이 없었다. 그리하여 세종의 후반부 성과 중에 문종과 함께한 치적들이 여럿 있다. 전분 6등법과 연분 9등법을 기초로 한 전세법을 통해 불합리한 세제를 개선했으며, 『용비어천가』 편찬과 『훈민정음』 창제도 부자가 함께한 작품으로 보인다.

세종은 일을 참 많이 한 사람이다. 관리가 지방으로 파견 근무를 떠날 때 임금에게 하직 인사를 하고 떠났는데, 통상 감사(도지사)나 부윤(시장)까지만 왕에게 인사를 했다. 그런데 세종은 이 범위를 넓혀 수령, 현령(군수, 읍장)인 6품까지 확대했다. 확대로 끝난 것이 아니라, 관리의 신상을 파악하고 그 지역의 문제와 해결 과제 등을 일일이 얘기하며 업무에 집중하게 했다. 왕의 얼굴을 본 것도 영광인데, 왕이 자기를 알아봐 주고 업무 지침을 직접 내려 주니 얼마나 감개무량했을지, 새로운 부임지로 떠나는 그들에게 열심히 일하지 않을 수 없도록 최고의 동기부여가 되지 않았을까?

세종은 할 일이 너무 많았고, 하고 싶은 일도 많았다. 그런 워커홀릭 세종에게 가장 큰 핸디캡은 건강이었다. 고기반찬이 없으면 식사를 못 할 정도로 육식 애호가인 세종은 움직이지 않고 책을 읽었다. 많이 먹고 적게 움직이니 몸은 비대하고 건강을 지킬 도리가 없었다. 세종은 비만으로 인한 각종 성인병에 시달리게 된다.

세종 4년, 태종이 유언으로 "주상은 고기가 아니면 진지를 못하니, 내가 죽은 후 권도를 좇아 상제를 마치라."고 하였다. 그만큼 세종은 육식 애호가였다. 실제로 태종 사망 후 고기반찬을 거르고 식사를 한 세종이 얼마 후 허손병(몸이 허해지는 병)에 걸렸다는 웃지 못할 기록이 있다.

"내가 전부터 물을 자주 마시는 병이 있고, 또 등 위에 부종(浮腫)을 앓는 병이 있는데, 이 두 가지 병에 걸린 것이 이제 벌써 2년이나 되었다. 그러나 그 병의 뿌리가 다 근절되지 않은데다가 이제 또 임질(淋疾)[3]을 얻어 이미 열하루가 되었는데"

- 『세종실록』 81권, 세종 20년 4월 28일

사실 세종은 걸어 다니는 종합병원이라 해도 무방할 만큼 많은 병을 가지고 있었다. 30대부터 당뇨가 생기고, 40대부터는 본격적으로 여러 당뇨 합병증으로 힘겨워 했음이 기록에 나타난다. 50대에는

---

3 임질은 성병이 아닌, 소변을 보기 어려운 전립선 질병이다.

중풍으로 반신불수가 되고 시야가 흐려 앞사람도 구분하기가 쉽지 않은 정도였다. 나라와 백성을 위해 하고 싶은 일은 많은데, 몸이 안 따라주니 아들들과 신하들에게 일을 맡겼다. 주변의 인재들을 활용해 일을 처리할 수밖에 없었던 것이다.

결국 세종 27년(1445) 5월 1일, 세종은 세자에게 선위를 하겠다고 발표한다. 몸이 그렇게 아픈데도 끝끝내 한글을 만들어 낸 걸 보면 세종의 정신력은 엄청나다고 볼 수 있다. 참 대단한 정신력이며, 요즘말로 '멘탈갑'이었다.

원 없이 일하고 후손에게 많은 것을 물려준 왕. 엄청난 고통 속에서도 포기하지 않고 일궈 낸 결과들로 인해 600년이 지난 지금에도 한국인에게 가장 존경받는 왕으로 남았다. 아마 이것으로 충분한 보상이 되지 않았을까. 세종은 향년 54세에 숨을 거뒀다.

"임금이 영응대군(永膺大君) 집 동별궁(東別宮)에서 훙(薨)하였다. 임금은 슬기롭고 도리에 밝으매, 마음이 밝고 뛰어나게 지혜롭고, 인자하고 효성이 지극하며, 지혜롭고 용감하게 결단하며, 합(閤)에 있을 때부터 배우기를 좋아하되 게으르지 않아, 손에서 책이 떠나지 않았다. (중략) 인륜에 밝았고 모든 사물에 자상하니, 남쪽과 북녘이 복종하여 나라 안이 편안하여, 백성이 살아가기를 즐겨한 지 무릇 30여 년이다. 거룩한 덕이 높고 높으매, 사람들이 이름을 짓지 못하여 당시에 해동 요순(海東堯舜)이라 불렀다."

- 『세종실록』 127권, 세종 32년 2월 17일

우리 민족의 자랑이며 영웅인 세종의 치세는 감탄스러울 지경이다. 하지만 세종 사후에는 믿을 수 없을 만큼 혼란스러운 일들이 연속된다. 왕위를 물려받은 맏아들의 이른 사망으로 손자(단종)가 어린 나이에 왕위에 오르지만, 둘째 아들(수양)에 의해 쫓겨나고 비극적인 죽음을 맞이한다. 게다가 수양대군이 정권을 잡기 위해 피바람을 일으키면서 아까운 인재들이 사망하고 공신들의 비리가 만연한 세상이 된다.

역사에서 '만약'이란 비유는 있을 수 없는 일이지만, 아쉬움이 남는 것에 우리는 종종 '만약'으로 이야기하곤 한다.

문종이 왕위에 오른지 2년 4개월 만인 39세의 나이로 죽는다. 아버지의 총명함을 그대로 물려받은 문종이 조금만 더 오래 살았다면 어땠을까? 리더의 건강관리는 자신만의 것이 아니라는 교훈을 뼈저리게 느끼게 한다. 그리고 아들 단종이 12살의 나이로 왕위를 계승한다. 단종이 20살만 됐어도 삼촌이 야욕을 드러내지 못했을 텐데라는 아쉬움이 든다. 조선 왕실 기준으로 문종의 나이 39세에 아들의 나이가 12세인 것은 매우 늦은 것이다. 후사가 늦은 이유는 무엇이었을까? 문종은 단종을 낳기 전 2번의 이혼 경력이 있다. 문종의 나이 12세 때 세자빈으로 휘빈 김씨를 맞이했다. 하지만 문종이 휘빈 김씨에게 마음이 없어 가까이하지 않자, 그녀는 문종이 좋아하는 궁녀의 신을 불에 태워 그 가루를 술에 타 마시게 하면 남편의 마음을 얻을 수 있다는 얘기를 듣고 압승술(주술을 하거나 주문을 외워 남자를 미혹시키는 일)

을 쓰려 했다. 그러다 결국 발각되어 궁에서 폐출되고 만다. 아버지 세종으로서는 기대가 많은 아들인 문종의 아내로 용납할 수 없었던 것이다.

> "김씨를 누대(累代) 명가(名家)의 딸이라고 하여 간택(揀擇)하여서 세자빈(世子嬪)을 삼았더니, 뜻밖에도 김씨가 미혹(媚惑)시키는 방법으로써 압승술(壓勝術)을 쓴 단서가 발각되었다."
>
> - 『세종실록』 45권, 세종 11년 7월 20일

두 번째로 세자빈을 간택하기 전, 세종은 아들이 휘빈 김씨에게 마음을 주지 않은 것이 외모가 맘에 들지 않아서라고 생각한다. 그래서 이번에는 미모를 갖춘 순빈 봉씨를 세자빈으로 맞는다. 하지만 순빈 봉씨도 품행이 정숙하지 못해 파혼을 당한다. 이후 세 번째로 얻은 세자빈 권씨가 바로 현덕왕후가 되고 단종을 낳게 된다. 시아버지로서 엄격한 기준을 갖고 있었던 세종은 아들들의 의사와 관계없이 며느리가 부족하다 싶으면 이혼을 시켰다.

맏아들 문종뿐만 아니라 넷째 아들 임영대군과 여덟 째 아들 영응대군도 이혼 경력이 있다. 모두가 아버지 세종에 의해서 이혼한 것이고, 영응대군이 아버지 사후에 전처와 재결합한 것을 보면 아버지 때문에 원치 않는 이혼을 한 것으로 보인다. 결국 문종의 후사가 늦은 것도 아들들의 결혼 생활까지 깊이 개입했던 아버지 세종과 무관하지 않다고 볼 수 있다.

세종대왕이 역사상 가장 훌륭한 왕으로 자신의 치세를 태평성대로 만든 것은 분명한 사실이다. 그러나 그 평화로운 시대를 후대가 이어받지 못한 것은 아쉬울 수밖에 없다. 세종은 수양대군과 안평대군에게 조정의 중요한 일들을 맡기면서 자연스레 조정 대신들과 관계를 맺고 인맥을 형성하게 했다. 거기에 그치지 않고 자신의 병세가 악화되자 임금의 명령을 전달하는 역할까지 아들들이 맡으며 정치적 실세로 떠오르게 됐다. 종친불사(宗親不仕, 왕의 8촌 이내 친족은 벼슬을 하지 못하도록 하는 제도)의 원칙을 무시하고 아들들에게 일을 맡기고 힘을 실어 준 결과, 결국 수양대군이 권력욕을 키워 세력을 형성하고 잘못된 판단을 내리도록 영향을 미친 것으로 본다면 이 또한 아쉬운 부분이다. 세종은 아들들의 야심을 견제했어야 했지만 그러지 못했다. 양녕대군과 효령대군이 자신을 위해 큰 문제없이 물러선 것처럼 자신의 아들들도 그런 모습을 보여 줄 거라 믿었을 것이다. 유교사상을 추구하며 유교 윤리를 잘 지켜온 세종은 다른 사람들도 자신과 같은 생각일 거라고 믿었던 것이다. 모두가 그렇지 않음에도 말이다. 이는 인재를 아끼는 세종의 습성이 일으킨 부작용이라고 볼 수 있다. 현명한 세종이 다음 세대를 대비하지 못한 것은 아쉬움이 매우 크다. 만약 세종이 좀 더 오래 살았다면, 문종이 좀 더 건강했다면, 조선의 역사는 많이 달라졌을 것이다.

　　빅 보스 세종이 보여 준 탁월한 리더십 가운데 딱 한 가지만 골라 달라고 한다면 소통과 위임의 리더십을 말하고 싶다. 세종 국정 운영의 시작은 회의로부터 시작했다. "먼저 그대들의 의견부터 듣겠다."라며 신하들의 다양한 의견을 경청하고 충분한 토론을 통해 정책을 결정했다. '소수 의견의 대명사'라 불리는 허조(許稠)는 모두가 찬성하는 가운데서도 반대하기로 유명했다. "허조가 홀로 반대했다."라는 기록이 실록에 많이 나타난다. 참을성이 부족한 군주였다면 매번 딴지를 거는 허조를 좌천시켰을 것이다. 그렇지만 세종은 그의 다른 생각을 존중하고 중용했다.

그리고 정책이 정해지면 그 일을 맡은 신하에게 충분한 권한을 주고 결정할 수 있도록 권한을 위임했다. 정책이 정해지기까지는 신중하지만, 실행 단계에서는 주저 없이 믿고 맡기는 소통 위임형 리더로서의 세종이었다.

지식 인재 양성을 통해 정치·경제·문화·과학 등 모든 분야에서 조선 최고의 전성기를 이끈 탁월한 지도자 세종은 민족의 글자를 만들어 수준 높은 문자를 가진 문화 강국인 한국을 있게 했다. 또한 무기를 개발하고 군사 강국을 만들어 자존심을 지키고 백성을 지키려 했던 주체적인 왕이었다. 무엇보다 600년 전 인간 존중을 깨우치고 노비와 죄수에게까지 애민을 베푼 성실하고 착한 왕, 대왕 세종.

슈퍼맨 세종대왕이 없었다면 조선과 현재의 대한민국은 어떤 모습이었을까?

시대의 흐름과 변화를 읽는 시대감각(時代感覺)이야말로

성공적 리더에게 필수 조건이다.

올바른 방향 설정을 통해 미래를 향한 희망적 비전을 제시할 수 있기 때문이다.

할아버지와 아버지를 거쳐 형과 조카에게 이어져 온 왕위는 존중할 만하며,

가치 있는 흐름이었다.

하지만 권력에 눈먼 이에게는 이 모든 것들이 보이지 않았다.

흐름도, 미래도.

세조가 조선을 후퇴시킨 찬탈자일 뿐이라는 비난에서

결코 자유로울 수 없는 이유다.

Chapter 4

강인하고 무자비한 리더십,

세조

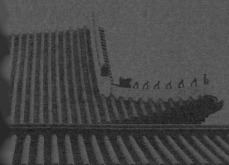

世祖 李瑈

'농락당하는 왕권을 지킨다'는 명분으로
피바람을 일으키다

"피를 나눈 동생들을 죽이고 어린 조카까지 죽이면서 지존이 되었건만 이리 허망하게 끝이 나는구나! 내 무슨 면목으로 형님과 아버님을 뵐 수 있을지. 조선을 진정 좋은 나라로 만들고 싶었던 내 진심을 다 펼치지 못함이 아쉽구나!"

세조는 죽기 전 병석에서 19세의 아들 해양대군(예종)에게 선위하며 구공신인 한명회, 신숙주, 정인지 등 17명의 대신들을 원상(어린 임금을 도와 정무를 맡아 다스리는 임시 관직)에 임명했다. 구공신의 권세가 커 신공신에게 힘을 실어 주던 세조였지만, 자신이 죽고 없는 상황에서 아들을 안정적으로 도와줄 권력은 젊은 무인들인 신공신 세력보다 아무래도 자신과 함께 정권을 세웠던 구공신들이라 생각한 것이다. 죽음을 앞두고 누워서도 세조는 혹시 모를 반역을 두려워했다. 집권 과정에서 많은 피를 흘린 그는 재위 기간 중 엄청난 스트레스로 피부병이 매우 심했다. 39세에 왕위에 오르지만 죄책감을 묻어 버리기에는 쉽지 않았을 것이다. 결국 건강 악화로 13년이란 짧은 집권 기간으로 왕좌를 마무리한다. 세조는 스스로 호불 군주라 할 정도로 불교에 의지했다. 많은 피를 흘리고 조카까지 죽인 자신의 죄를 불교를 통해 씻고 싶었을 것이다.

13세에 왕이 된 단종은 할아버지 세종과 할머니 소헌왕후, 아버지 문종과 어머니 현덕왕후가 모두 돌아가신 후 뒤를 돌봐 줄 왕실의 어른이 없는 혈혈단신이었다. 어린 왕을 중심으로 권력의 향방이 어디로 향할 것인가? 정국은 왕족을 대표하는 수양대군파와 문종의 고명을 받은 김종서파로 구도가 나뉘어 서로 상대를 견제했다. 조선은 왕권 국가이므로 어떤 정치세력이건 왕족을 전면에 내세우지 않으면 대의명분을 얻을 수 없었다. 그래서 김종서파가 선택한 사람은 안평대군이었다. 당시 영향력을 발휘할 만한 왕족은 수양대군과 안평대군 두 사람 뿐이었다. 둘은 아버지 세종의 일을 도우며 자연스럽게 조정 대신들과 연을 맺고 교류하면서 정치계에 포함돼 있었다.

황표정사(黃標政事, 조정에서 인사 지명권을 위임 받은 신하들이 황색으로 대상자를 표시해 왕에게 전달함, 왕은 이름 밑에 점을 찍어 결정함, 낙점)와 같은 의정부 대신들의 권력 남용을 그저 바라만 볼 수 없다고 생각한 수양대군을 중심으로 한 종친들과 집현전의 젊은 학사들이 세를 규합하고 있을 즈음 종친들의 정치참여를 막기 위한 '분경금지법(분추경리의 줄임말, 벼슬을 얼기 위해 권력자의 집에 드나들며 인사 청탁하는 것을 금지하는 법)'을 이용해 수양대군의 손발을 묶으려 하는 대신 그룹의 견제가 노골적이었다. 수양대군은 강하게 반발하며 종친들을 정치적으로 탄압하는 행위라고 항의했다. 결국 종친들은 분경금지법에서 제외되고 수양대군은 신숙주나 한명회와 같은 인사들을 그룹에 포함시키며 세를 견고히 해 나갔다.

수양대군은 단종이 즉위하면서 명나라 고명사은사(국왕 책봉에 대한 답례)를 자청해 먼 길을 떠나면서 자신을 향한 견제 세력의 경계를 해제시키려 노력했다. 정적인 영의정 황보인의 아들 황보석과 좌의정 김종서의 아들 김승규를 사은사로 데리고 가는 전략적 선택도 잊지 않았다. 그러면서 이때까지 눈여겨보던 신숙주를 데리고 가면서 확실한 자신의 사람으로 만들었다. 수양대군은 자신을 드러내 보이고 주변 사람들이 자신을 인정해 주고 알아봐 주는 것을 좋아했다. 요즘 말인 '관종'이란 표현이 어색하지 않을 것이다. 수양대군은 중국에 다녀온 후 자신과 함께 중국에 다녀온 관리들을 승진시켜 달라고 요청했다. 이때만이 아니라 전에 편찬된 『역대병요』의 수정작업을 한 후에도 자신과 함께한 관리들의 진급을 요청했다. 이것은 자기가 이만큼 영향력이 있다는 것을 보여 주는 자기 과시이기도 하지만 수양과 함께 일을 하면 뭔가 특별한 이익이 생긴다는 분위기를 조성하는 것으로, 사람들이 자기에게 모이게 하려는 의도를 가진 것으로 봐야 한다. 야심가 수양대군의 이런 행동에 대해 대신들은 "왕의 인사 권한을 신하가 감히 좌지우지 하려고 하는구나." 하고 그의 월권을 곱지 않게 바라봤다. 그리고 사헌부에서 수양대군의 작명(爵命) 남발에 관해 제동을 건다.

> "사헌부에서 상소하기를, 연줄에 인연하여 번거롭게 아뢰어서 특지(特旨)를 내리게 한다면, 이것은 국가의 공기를 가지고 도리어 사문(私門)의 은혜를 파는 도구로 만들 것이니…."
>
> - 『단종실록』 6권, 단종 1년 4월 22일

어린 단종을 제외하고 왕족으로서 서열 1위였던 수양대군의 이런 위협적인 행보에 김종서파는 긴장하지 않을 수 없었다. 단종이 등극하면서 수양과 김종서는 서로 다른 시선으로 서로를 바라볼 수밖에 없었다.

김종서는 16세 때 문과에 합격한 인물로, 역사서인 『고려사절요』를 편찬하고 신권 중심의 정치철학을 가진 수재였다. 태종 때 발탁돼 세종 때 전성기를 누리며 최고의 자리에 오른 김종서는 문종이 숨을 거두며 아들 단종을 부탁한 고명대신(顧命大臣, 선왕의 유지를 받드는 신하로서 임금이 믿는 핵심 인물)이다. 영의정 황보인이 있었지만 고명의 유지를 받은 좌의정 김종서가 실질적 2인자였다. 그의 힘은 너무 컸고, 특히 인사 전횡이 많았다. 단종 즉위년부터 계유정난 직전까지 약 1년 동안 김종서의 친인척 인사가 여러 건인데, 장남 김승규는 1년간 3번이나 승진을 했다. 주변의 시선이 고울 리 없었고, 이를 불편해하는 주변의 소리를 들은 김종서의 반응이 실록에 기록돼 있다.

"우리가 죽을 때가 가까워졌는데 앞날이 얼마 남았겠는가? 만약에 자손을 위하여 도모하지 않으면, 누가 다시 그들을 쓰겠는가?"

- 『단종실록』 7권, 단종 1년 7월 15일

자신이 가진 권력을 믿고 옳지 못함을 지적하는 주변의 얘기들을 묵살해 버리는 오만함 혹은 자신감이 엿보인다. 이런 전횡을 곱지 않은 시선으로 바라보던 수양대군은 위기의식을 가질 만했다. 국정이 김종서를 중심으로 돌아가고, 날로 세력이 커가는 모습을 보면서 할아버지와 아버지가 물려준 조선에서 신하가 주인 행세를 하는 모습을 참을 수 없었을 것이다. 이런 상황에서 수양대군은 한명회를 중심으로 한 자기 세력을 은밀히 키워 나갔다.

종친의 중심이었던 수양대군은 아버지 세종 때부터 국정에 참여하면서 다양한 정무 경험을 쌓았고, 어린 왕을 이끌어 줄 어른이 없는 왕실에 가장 돋보이는 1인으로 김종서에게는 경계 대상 1호가 되었다. 만약 수양대군이 딴마음을 먹는다면 자신과 기득권이 한순간에 몰락할 것은 당연지사였기 때문이다. 그래서 김종서는 수양대군의 대항마로 그의 동생 안평대군과 손을 잡았다. 안평대군 또한 세종 때부터 다양한 정무 경험을 쌓으며 능력을 인정받았고, 예술을 좋아하는 호방한 성격이었다. 풍류를 즐기는 문신들과 잘 어울릴 만한 자질을 가진 대군이었다.

수양대군은 대신들의 우두머리를 김종서로 보고 제일 먼저 그를 처단하기로 한다. 단종 1년(1453) 10월 10일 밤, 수양대군은 병권을 쥐고 있는 김종서가 퇴근한 후 궐 밖 그의 집으로 찾아갔다. 정적이라 여긴 수양대군의 방문은 뜻밖이었다. 김종서는 그에게 방으로 들어가자고 했으나 수양대군은 그 자리에서 청이 있다며 편지를 건넨다. 달빛에 편지를 비춰 보는 순간 그와 함께 간 임어을운이 철퇴를 휘둘러 김종서를 제압했다. 두만강 6진을 개척한 백두산 호랑이 김종서를 쓰러뜨리며 계유정난의 서막이 열린 것이다. 수양대군은 곧바로 4대문을 닫은 후 단종을 찾아가 "전하, 제가 지금 김종서를 처단하고 오는 길입니다."라고 말했다. 놀란 단종에게 수양대군은 "김종서, 황보인 등이 안평대군과 결탁해 전하를 죽이려는 역모를 꾀했습니다." 하고 이유를 설명했다. 어린 단종은 부들부들 떨며 "삼촌, 살려 주세요."라는 말밖에 할 수 없었다.

같은 시각 한명회는 왕명을 빌미로 대신들을 궁궐로 불러들였다. 경복궁 안에서 한명회는 살생부를 들고 반대파들을 기다렸다. 궁에 대신들이 도착하면 첫 번째 문에서 대신들의 하인은 출입을 막고 대신 혼자만 통과시켰다. 두 번째 문을 통과한 대신의 얼굴과 이름을 확인한 한명회가 죽이라고 명하면 수하들이 잔인하게 살육했다. 그리고 입궐하지 않은 대신은 집으로 군사들을 보내 죽였다. 이렇듯 치밀한 한명회의 계획은 적은 군사로 빠른 시간 안에 정적들을 제거하기 위한 것이었다. 이날 밤 죽은 대신은 수십 명에 달했다. 이와 함께 안평대군은 당일 강화도로 유배되었다가 8일 만인 1453년 10월 18일, 36세의 나이로 사사된다.

세조는 "정난의 일은 한명회가 했고, 나는 한 일이 없다."라고 말할 정도로 한명회의 설계로 계유정난이 성공했음을 인정했다. 피비린내 나는 살생이 마무리되고 43명의 공신 책봉이 이뤄진다. 1등 공신은 수양대군과 정인지, 한확, 박종우, 김효성, 이사철, 이계전, 박중손, 최항, 홍달손, 권람, 한명회까지 12명이었다. 무신 19명, 환관 2명, 천민 1명 등과 공신에는 포함되지 않았지만 논공행상 시 궁중의 시녀와 노비 등 신분이 낮은 사람들도 참여했다.

계유정난 이후 수양은 영의정부사, 영경연, 서운관사, 겸판이병조사의 관직을 받는다. 그리고 며칠 후 병마도통사까지 맡으며 병권을 장악한 무소불위의 권력을 가진다. 조선 역사상 전무후무한 관직의 독점으로 왕보다 더 큰 권력을 가진 것이다. 문제는 종친불사의 원칙에 의해 관직을 가질 수 없었지만 주요 관직을 겸임하며 권력을 행사하고 야욕을 서서히 드러냈다. 단종은 자신보다 더 큰 권력을 휘두르는 삼촌 수양대군을 그저 바라만 보고 숨죽일 수밖에 없었다.

왕이 되고 싶었지만 명분이 필요했던 수양대군은 단종이 선위할 때를 기다리며 주변을 압박했다. 계유정난 이후 외로운 단종이 믿고 따랐던 삼촌 금성대군을 유배 보내고, 하나뿐인 누이 경혜공주의 남편인 매형 정종을 탄핵했다. 또한 어릴 적부터 단종을 키워 준 혜빈 양씨도 유배를 보낸다. 이렇듯 수양대군은 단종이 믿고 의지할 수 있는 측근들을 하나씩 공격하면서 결국 단종의 선위를 받아 냈다.

계유정난 2년 후인 1455년 6월 11일, 수양은 조선 왕조에서 처음으로 왕세자를 거치지 않고 왕이 된다. 즉위식에서 세조에게 옥새를 전하는 이가 아이러니하게도 단종의 충신이었으며, 단종이 선위할 때 통곡의 눈물을 흘렸던 승지 성삼문이었다. 계유정난 당시 3등 공신에 책봉된 성삼문과 집현전 학사들은 김종서 등 대신들의 월권이 옳지 못하다 여겨 왕권 회복을 위해서 대신들을 제거해야 한다고 생각해 계유정난에 참여한 것이다. 하지만 수양대군이 단종의 자리를 빼앗고 왕위를 찬탈하자 배신감을 느껴 복종하지 않았다. 성삼문은 절친이었던 박팽년과 함께 왕을 지키지 못한 괴로움에 경회루에 빠져 죽자며 부둥켜안고 울면서 단종을 위한 복수를 계획했다. 정당성이 없는 세조를 암살하고 단종을 복위시키겠다는 것이었다.

세조는 안평대군이 김종서, 황보인과 결탁해 역모를 일으키려고 해 자신이 먼저 이를 진압했다고 명분을 내세우지만 안평대군의 역모 정황은 전혀 찾아볼 수가 없다. 당연히 세조가 내세운 명분을 믿는 이는 아무도 없었다. '왕권 바로 세우기'라는 처음 목표대로 계유정난 이후 단종을 도와 국정을 이끄는 멋진 삼촌이었다면, 역사는 수양대군을 조선의 르네상스를 이어갈 수 있도록 도운 충신으로 기록했을 것이다.

계유정난은 수양대군이 고명대신 김종서와 의정부 대신들을 죽이고 전권을 장악하면서 자신이 왕이 되는 데 발판이 된 사건이다. 계유정난(癸酉靖難)의 한자를 살펴보면 '편안할 정(靖), 어려울 난(難)'을 사용하고 있다. 이는 '계유년에 단종을 해치려는 역도들을 쳐서 평정했다'는 뜻으로 임진왜란, 정유재란 등에 쓰이는 '어지러울 란(亂)' 자가 아닌, '어려울 난' 자를 사용했다. 항상 그렇듯이 역사는 승자의 입장에서 규정되고 기록된다는 사실을 인정할 수밖에 없다. 계유정난은 조선 초기에 일어난 사건이지만, 이를 기점으로 정치 지배 세력의 이합집산이라는 공식이 조선 후기까지 영향을 준다.

두 차례의 단종 복위 운동,
그리고 이시애의 난

　　세조 즉위 1년 후 시도된 단종 복위 운동은 성삼문, 박팽년, 하
위지, 이개, 유성원, 유응부, 성승 등 집현전 학사 출신을 중심으로 단
종을 복위시키기 위해 일으킨 거사였다. 이들은 세조의 즉위를 인정
하기 위해 온 명나라 사신의 환영연에서 거사를 일으키기로 계획했
다. 이때 하나의 희소식이 전해졌다. 환영연에 별운검(왕이 참여하는 잔치
나 행차 등에 임금을 호위하는 특별 호위 무사)을 세우기로 하는데, 유응부와 성
승(성삼문의 아버지)이 내정됐기 때문이다. 칼을 찬 무사가 왕의 바로 옆
을 지킬 수 있으니 거사는 거의 성공했다고 봐도 무방할 것이다. 하
지만 거사를 치르기로 한 날, 수양대군의 책사인 한명회가 큰 공을
세우게 된다. 창덕궁의 좁은 연회장과 더운 여름(양력 7월)인 것을 이유
로 한명회가 별운검을 빼자고 주장했다. 세조가 이 주장을 받아들이
면서 거사는 물거품이 되고 만다. 세조의 명이 다하지 않은 것인지,

한명회의 촉이 뛰어난 것인지.

결국 1차 시도가 실패하고 성삼문은 하늘이 허락하지 않으니 거사를 미루자고 제안한다. 하지만 무인이었던 유응부는 예정대로 실행하자고 주장했다. 논의 끝에 성삼문의 강력한 의견대로 거사를 미루기로 한다. 하지만 시간이 흐르며 불안감을 못 이긴 김질이 장인 정찬손에게 일의 전말을 고하고 함께 세조를 찾아가 사실을 알리며 단종 복위 운동은 실패로 돌아간다. 이에 미칠 듯 화가 난 세조가 직접 국문을 연다. 성삼문, 박팽년은 고문을 받으면서도 절개를 꺾지 않았다. 세조를 '나으리'라 부르며 주군으로 인정하지 않았다.

성삼문은 세조 즉위 후 받은 녹봉을 하나도 먹지 않고 집에 쌓아 놓을 만큼 곧은 선비였다.

"내 너의 재능을 아껴 중용하려 했거늘 어찌 반역을 꾀했느냐!"
"반역을 한 것은 나으리지 내가 아닙니다. 어찌 저에게 반역을 했다 하십니까."
"네가 신하로서 임금을 죽이려 한 것이 반역이 아니고 무엇이냐?"
"저에게 임금은 한 분뿐입니다."
"그동안 나으리가 주신 녹봉은 먹지 않고 잘 보관하고 있습니다."

세조는 흥분을 가라앉히지 못한 상태로 계속해서 박팽년을 심문했다.

"내가 너를 믿어 충청도 관찰사를 맡겼거늘 어찌 나를 배신하였는가?"

"나는 주상의 신하였지, 나으리의 신하였던 적은 없습니다"

세조는 가혹한 국문을 받으면서도 꺾이지 않는 젊은 학사들을 보며 분노가 치밀어 올랐다. 국문 후 박팽년이 세조에게 올린 장계를 확인하니 '신하 신(臣)' 자를 쓰지 않고, 중간의 점을 빼 '클 거(巨)' 자로 문서를 작성한 것이 확인됐다. 세조는 더욱 분노할 수밖에 없었다. 결국 부왕 세종을 도와 학문 발전을 이룩했던 유능한 인재들은 정통성 없는 리더 세조를 끝내 거부하며 형장의 이슬로 사라졌다.

세조는 사태의 책임을 단종에게 떠넘기며 상왕 단종을 노산군으로 강등해 강원도 영월의 청령포로 유배를 보낸다. 세조는 여기서 그치지 않고 현덕왕후(단종 모)의 어머니 아지와 동생 권자신을 반역죄로 죽이고 현덕왕후의 아버지 권전은 폐서인했다. 단종의 외가가 풍비박산이 난 것이다. 세조는 결국 단종의 어머니 현덕왕후마저 폐서인하고, 그 능을 개장하여 서인의 무덤으로 격하시켰다. 이미 죽은 형수의 무덤까지 손대는 세조의 가혹함은 자신을 인정하지 않는 세력에 대한 경고이자 자신의 마음속에 내재된 불안함이었다.

세조의 강경 대응에도 정당성 없는 정권에 대한 도전은 계속됐다. 세조의 동생이자 세종대왕의 여섯 째 아들인 금성대군이 경상도 순흥부(경북 영주)에서 순흥부사 이보흠과 함께 군사를 일으키려 했다. 하지만 치밀하지 못했던 이 계획은 관노의 고발로 무산되고 금성대군이 처형당했다. 단종이 살아 있는 한 이런 움직임들이 계속 일어날 것이란 사실을 안 세조는 단종을 죽여 불씨를 없애려 했다.

> "이제 유(瑈, 금성대군)도 또한 노산군을 끼고 난역(亂逆)을 일으키려 하였으니, 노산군(단종)도 역시 편히 살게 할 수 없습니다."
>
> - 『세조실록』 9권, 세조 3년 9월 10일

이후 정인지도 노산군이 반역을 주도했다며 사사할 것을 주청하면서 백관들의 전반적인 중론이 되었고, 결국 노산군을 사사하게 된다. 강원도로 유배를 간지 4개월 만에 17세가 된 노산군은 사약을 받는다. 『세조실록』에는 노산군이 스스로 목을 매었다고 기록하고 있지만 알 수 없으며, 확실한 것은 세조에 의해 죽임을 당했다는 사실이다. 단종을 꼭 죽여야만 했을까? 세조는 수많은 정적을 잔인하게 죽이면서 정권을 지키려 했지만 조선의 민심은 그들을 인정하지 않았다.

이후 세조는 집현전을 폐쇄하고 경연을 폐지하면서 왕권을 강화한다. 단편적 시각으로는 단종 복위 운동의 핵심 멤버들이 집현전 학사들이라 집현전을 폐쇄했다고 볼 수 있지만 좀 더 깊이 들여다보면 세조의 통치 스타일과 맞지 않았기 때문이다. 세종의 정책을 뒷받침하기 위한 연구와 검증을 해왔던 집현전이었지만, 어떤 정책이든 빨리 결정하고 바로 실행하는 세조의 급한 성격에는 연구하고 검증

하면서 많은 시간을 소요하게 하는 집현전이 불편했다고 볼 수 있다. 경연 또한 왕의 통치 행위에 제동을 거는 경우가 있기에 왕권 강화에 걸림돌이 되는 기관과 제도를 폐지한 것이다. 이쯤 되면 독재 체제를 구축했다고 봐도 과언이 아니다.

사육신이 모두 처형당하고 관련자 처벌이 끝난 후 살아남았지만 세조를 섬길 수 없었던 김시습 등의 생육신은 벼슬을 버리고 단종의 신하로서 충절을 지키며 초야에 묻혔다. 아까운 젊은 인재들이 죽거나 세상을 등지면서 국력의 손실로 이어진 것은 안타까운 일이다.

성삼문과 신숙주는 세종 대를 대표하는 집현전 학사로 잘 알려져 있다. 한 살 차이인 이들은 젊은 시절을 함께 동고동락했던 벗이었지만 결국 다른 길을 걷게 된다. 계유정난의 공신 책봉에 이 둘 모두 이름이 오른다. 다시 말해 성삼문도 김종서, 황보인 등의 대신들이 어린 왕을 세워 놓고 권력을 휘두르는 구악(舊惡)이라는 것에 동의하며, 그들을 제거하는 데 동조한 것이다. 하지만 거기까지였다. 어린 왕을 몰아내고 왕위를 차지한 수양대군을 받아들일 수 없었다. 이 때부터 둘은 결별한다.

배신감이 컸던 성삼문이 신숙주에게 "너는 집현전 달밤에 세종께서 원손(단종)을 안으신 채 우리에게 하교하신 일을 생각하지 않느냐?"고 따져 물었다는 기록이 『영조실록』에 나와 있다. 성삼문을 비롯한 사육신에게 충절을 지키는 것이 목숨보다 중요했다면, 신숙주 입장에서는 자신의 뜻을 펼칠 수 있는 군주를 선택하는 것이 중요했다고 볼 수 있다. 신숙주는 세종 때부터 경험했던 수양대군이 가진 리더로서의 능력을 알았고, 세종의 정책을 잘 펼쳐 나갈 힘 있는 군주로 판단했던 것이다. 실제로 신숙주가 주도하는 세조 때 국정 운영 방식은 세종 때의 정책을 유지하면서 발전시켜 나가는 것이었다.

세종 때에도 책임감 있게 자신의 일을 처리하며 인정받았던 세종의 남자 신숙주가 수양대군에게서 세종의 향기를 맡은 것은 아닐까? 똑똑하고 성실한 관료였던 신숙주의 선택에 의문점이 남지만, 가장 아쉬운 것은 유배 중인 수양대군의 동생 금성대군이 단종의 복위를 기도한 사건 이후 단종을 죽여야 한다고 선창한 것이다.

이런 상황에서 신숙주의 단종 사사 주장은 변절자라는 그의 이미지를 더욱 공고히 한다.

이 몸이 죽어 가서 무엇이 될꼬하니 봉래산 제일봉에 낙락장송 되었다가 백설이 만건곤할 제 독야청청하리라

- 충의가(성삼문)

큰 운수 중도에 막히어 국정이 바르지 못하였네 / 권간들이 어지럽혀 국병을 휘두르니 / 악과 독이 틈을 타서 불붙듯이 번지었네

- 신주대종명(신숙주)

신숙주의 변절을 빗대어 녹두나물을 숙주나물로 바꾸었다고

전해지지만 그 출처나 근거는 확실치 않다. 하지만 충절을 지키지 않은 신숙주에 대한 후대의 평가 때문에 이런 얘기가 계속 전해 내려오는 듯하다.

　　정당하지 못한 정권에 대한 도전은 끊임없이 계속됐다. 세조 13년(1467), 함경도에서 이시애가 북방 정책(북도 출신 수령의 임명을 제한하고 한양에서 보냄)에 불만을 품고 난을 일으켰다. 그리고 이 난에 한명회와 신숙주가 연루되었다는 고변이 올라왔다. 세조는 뚜렷한 증거가 없음에도 한명회와 신숙주를 바로 하옥시킨다. 평소 공신의 죄를 묻지 않던 세조의 갑작스런 태도 변화였다. 이즈음 세조는 여러 질병으로 몸과 마음이 피폐한 상태였다. 특히 보는 이가 혐오감을 느낄 정도로 피부병이 심각해지자 자신감도 많이 떨어진 상태였다. 게다가 공신에 대한 불신이 조금씩 커질 즈음 함경도에서 난이 일어났는데, 공교롭게도 함경도 관찰사가 신숙주의 아들 신면이었던 것이다. 세조는 혹시나 공신들이 연루된 역모일 수 있다고 의심하게 된 것이다.

　　이시애의 난을 기점으로 신공신 세력이 등장하는데, 그들이 바로 이시애의 난을 진압하고 공을 세운 구성군 이준과 강순, 남이 등이다. 조선은 귀족 사회가 아닌 양반 관료 사회였기 때문에 왕족에게는 정치참여를 제한하는 종친불사의 원칙을 적용했다. 대신 과거 시험을 통해 등용된 양반들이 임금과 함께 국정을 운영했다. 세조는 왕족의 정치참여를 제한하는 종친불사의 원칙을 깨고 28세의 조카 이준을 등용해 영의정에 앉힌다. 이는 서른이 넘어 과거 시험에 합격하고 수십 년의 공직 생활 끝에 영의정에 제수되는 기존의 시스템을 완전히 깨고 종친에 의해 국가를 운영하겠다는 의미였다. 함께 왕위를 찬탈했던 공신 세력을 견제하기 위한 세조의 미봉책이었다. 이렇게 공신의 세대교체가 이뤄지면서 처음으로 한명회와 신숙주가 적개공신(이시애의 난을 평정한 공신)에서 제외된다. 세조는 혹시 모를 구공신들의 배신을 염려해 신공신 세력을 중용하며 구공신 세력을 견제하는 세력을 구축한다.

세조 집권 이후 조선 사회는 혼란스러웠다. 반란이 있을 때마다 강하게 응징하면서 유사 행위를 경계했지만 의롭지 못한 정권에 대한 심판적 성격을 띤 반란은 끊임없이 기획되고 실행됐다. 혼란한 정세가 이어지는 동안 조선은 하나가 되지 못했고 백성들은 불행했다. 정통성은 왕정을 유지할 수 있는 군주의 힘과 권위였지만 정통성이 없는 리더 세조는 결국 공신들에게 치중한 정치를 할 수밖에 없었고 사회 혼란을 가중시켰다.

현재의 조직도 마찬가지다. 공정하고 민주적인 절차에 의해 리더 자리에 오른 사람이 정통성을 가진 리더가 된다. 그렇지 못한 리더는 정통성의 문제에 부딪치게 된다. 구성원들의 인정을 받지 못하는 리더일수록 측근들에 의한 조직 운영으로 조직은 결합되지 못하고 공동체는 혼란을 겪게 된다.

수양대군을 왕좌에 올린 참모들

세종 때는 공신 책봉이 한 번도 없었다. 바꿔 말하면 정국이 안정적으로 운영됐기 때문이다. 태종이 즉위할 때 책봉한 좌명공신 이후 42년 만에 공신 책봉이었다. 그만큼 안정적인 흐름이 이어졌지만 세조의 등극으로 평화는 깨졌고 정치적으로 불안정한 시대로 접어들게 됐다. 계유정난 이후 43명의 정난공신(1453년), 세조 즉위 후 책봉된 46명의 좌익공신(1455년), 이시애의 난을 평정한 45명의 적개공신(1467년), 남이 역모 사건을 진압한 39명의 익대공신(1468년) 등 공신 책봉은 끊이지 않았다. 더 큰 문제는 조선을 움직여야 할 주요 요직에 무려 80%에 가까운 사람들이 공신들로 채워졌다는 점이다. 전문성과 능력을 배제한 나눠 먹기식 잔치였다.

정통성이 부족한 왕권이었기에 반란과 역모가 많았고, 그 과정에서 공신들과의 연대로 공생할 수밖에 없었기에 비정상적인 공신

우대 정책으로 백성들을 더욱 힘들게 했다.

"1등에게는 각기 전토 1백 50결(結), 노비 13구(口), 백금(白金) 50냥(兩), 표리(表裏) 1투(套), 내구마(內廏馬) 1필을 하사하고…"

"직자(直子, 직계아들)는 음직(蔭職)을 제수하며, 비록 죄를 범하는 일이 있더라도 사유(赦宥)하심이 길이 세대에 미치도록 하소서."

- 『세조실록』 2권, 세조 1년 9월 10일

세조는 공신과 그 가족들에게 죄를 지어도 묻지 않는, 말도 안되는 특권을 부여했다. 또한 제거한 반대파 사람들의 토지와 노비를 난신전이란 명목으로 공신들이 나누어 가졌고, 그들의 아내와 딸들도 나눠 종으로 삼았다. 그리고 아들들은 모두 죽여 후환을 없앴다. 어제까지만 해도 동지였던 그들의 아내와 딸들을 나누어 성적 노리개로 삼은 그들의 패륜적 행위는 시대적 잔인성을 보여 준다.

1만 명에 달하는 공신 집단의 갑질 행태에 백성들의 고통만 더해져 갔다. 세조가 공신들에게 준 가장 큰 보상은 '대납권(代納權)'이었다. 대납권은 백성들이 내야 할 세금을 공신들이 대신 납부하고 나중에 백성들에게 징수할 수 있는 권리다. 그런데 대납 후 받는 수수료가 너무 터무니없었다. 적은 경우가 두 배이고, 서너 배까지 징수했다 하니 고통스러운 백성들은 세금을 직접 내고 싶어도 그럴 수 없는 현실에 눈물만 지었다. 이런 엄청난 특권으로 공신 집단에 경제적 이익을 취하게 하고 그들과 결탁할 수밖에 없는 정통성 없는 군주의 모습이 참 한심하다. 자기 백성들의 고통과 눈물을 알면서도 악법을 방치한 세조는 왕으로서의 업적이 있다 한들 무슨 의미가 있으랴. 세조 정권은 모래성과 같은 취약한 정권이었다.

세조 때 최고의 권력가 한명회(1415~1487)는 계유정난(1453)의 주도자로 세조 정권 탄생에 결정적 공헌을 하며 세조 집권 중 4번의 공신 책봉에서 모두 1등 공신으로 책봉된다. 함께 세조 정권을 탄생시킨 신숙주와 정인지도 4번의 공신 책봉을 받았지만 모두 1등 공신에 책봉되지는 못했다. 그만큼 한명회의 독보적인 위상을 말해 주는 조선 역사에서 보기 드문 사례. 재미있는 사실은 드라마에서 항상 한명회의 외모를 범상치 않은 칠삭둥이로 묘사하면서 귀가 크거나, 목이 돌아가거나 등등 특별한 인물로 연출한다. 그러나 실제 문헌에는 그런 기록은 없으며, 신도비명에는 한명회가 "얼굴이 잘생기고 키가 컸으며, 규모와 기개가 우뚝하여 무리에서 돋보였다."고 기록하고 있다. 또한 집안도 좋았다. 한명회의 조부 한상질은 조선 개국 시 명나라에 사신으로 가 '조선'이란 국호를 승인 받아 온 인물이다. 한명회는 명문가인 청주 한씨 집안의 자손이었고, 성장하면서 자연스럽게 명문가의 자손들과 친구가 돼 교류했다.

늦은 나이인 38세, 문종 2년(1452)에 음서(공이 있는 집안의 자손을 과거 시험 없이 특별 채용하는 제도)로 출사해 경덕궁직(태조의 개성 사저 관리)에 있다 세조에게 발탁돼 자신의 능력을 발휘하면서 초고속 승진으로 이조판서(세조 3년)와 좌의정(세조 9년)을 거쳐 세조 12년(1466) 영의정에 올라 최고의 권세를 누리며 세조, 예종, 성종 대까지 권력의 최정점에 있었다. 말단 관리에서 10여 년 만에 조선의 2인자가 되어 권력과 부를 얻은 한명회는 출세를 위해 자신의 집을 찾는 이로 문전성시를 이뤘는데, 그는 이를 즐겼다. 『성종실록』에는 한명회의 집 대문에서 재상이 많이 나왔다는 기록까지 있을 정도로 그의 위세는 대단했다. 예종 1년에는 나라 땅인 여주의 한 고을을 하사 받아 엄청난 부를 더해갔다. 특히 그의 권세를 말해 주는 것이 바로 초호화 별장인 그의 정자 '압구정'이다. 현재 압구정동 현대아파트에 '압구정지'라는 비석이 남아 있다.

> "혁파(革罷)된 천녕현(川寧縣)의 관사(官舍) 기지(基地)를 한명회(韓明澮)에게 하사하였다."
>
> - 『예종실록』 8권, 예종 1년 10월 20일

한명회는 동문수학한 친구들과 달리 과거에 매번 낙방하여 출사가 늦었지만 친구 권람의 주선으로 수양대군을 만나게 된다. 한명회가 수양대군을 만나기 전 그에 대해 평하기를 "수양대군은 활달하기가 한 고조와 같고, 영무한 성품은 당 태종과 같다."라고 하며, 야심있는 수양대군의 마음을 움직였음이 신도비명에 기록돼 있다. 한명회는 시대를 읽는 눈과 통찰력이 뛰어나 세조가 늘 옆에 두고 의논한 책사였다.

세조가 정권을 잡는 데 가장 큰 공을 세운 두 사람을 꼽는다면, 단연 한명회와 신숙주다.

한명회는 계책이 뛰어난 책략가로 수양대군이 정권을 잡기 위해서 필요한 것들을 하나하나 코치했다. 또한 난세에는 무인들을 많이 사귀어야 한다면서 친분이 있던 30여 명의 무인들을 수양대군에게 천거하면서 계유정난 성공에 결정적 역할을 했다. 계유정난 당일에는 이전에 작성해 놓은 살생부에 따라 반대파를 모두 숙청했다. 정통성이 부족한 수양대군이 집권하기 위해서는 꼭 필요한 살생이라고 주장한 것도 한명회다. 그의 냉정함이 엿보인다.

그렇게 계획부터 실행까지 깊이 개입하고 주도했던 한명회를 세조는 "한명회는 나의 장자방(한나라를 통일한 유방의 책사)이다."라고 자주 말하곤 했다. 꾀주머니 한명회를 오른팔로, 신숙주는 위징(당나라를 태평성대로 이끈 명재상)으로 비유하며 자신의 눈과 머리의 역할을 감당하게 했다.

그럼 한명회는 왜 수양대군을 선택했을까? 38세라는 늦은 나이에 출사해 정상적인 방법으로 출세하기 어려웠던 한명회는 설사 모험이라 할지라도 공을 세워 자신을 부각시킬 수 있는 뭔가 특별한 기회가 필요했다. 안평대군은 김종서나 황보인과 같은 당시 국정을 주도하는 세력들과 가까웠으므로 한명회와 같은 인물이 필요치 않았을 것이다. 그 기회를 수양대군에게서 발견하고 그의 사람이 된 것이다.

늦은 나이 그가 자신의 별장인 압구정에서 지은 시가 있다. '청춘에는 사직을 붙들고 늙어서는 강호에 누웠네'라는 시로, 이는 자신의 권세에 도취되어 큰 뜻을 펼쳐 이뤘다고 스스로 평가한 것이다. 하지만 이 시를 본 생육신의 한 사람인 김시습은 '청춘에는 사직을 위태롭게 하고 늙어서는 강호를 더럽혔네'라는 시로 한명회와 정난공신들의 정당하지 못한 삶을 패러디하며 비꼬았다.

반면 신숙주는 21세에 생원·진사시를 동시 합격하고 22세에 3등으로 문과에 합격했다. 조선 시대 문과 합격의 평균 나이가 30대 중반인 점을 감안하면 상당한 수재였다. 세종에게 발탁돼 집현전 학사로 출발한 그는 세조 즉위 후 승승장구했다. 세종의 사람에서 세조의 사람으로 이어진 것이다. 세종은 문종에게 "신숙주는 국사를 맡길 만한 자이다."라고 했다. 그만큼 신숙주의 능력을 인정하고 믿었던 세종이었다. 당시 압록강, 두만강 일대에서 여진족과 끊임없이 대립하자, 세조는 여진 정벌을 신숙주에게 맡겼다. 총사령관인 신숙주는 여진을 크게 물리치고 돌아와 세조의 믿음에 보답했다. 세조의 정책에 핵심적인 역할을 했던 이가 바로 신숙주다.

세조의 정치 스타일을 엿볼 수 있는 기록이 있다. 『세조실록』 14년간의 기록에 '설작(設酌, 술자리를 베풀다)'이라는 표현이 431회나 나온다. 명분과 정당성에 대한 핸디캡이 있던 세조가 신하들과의 술자리를 통해 공감을 이어 가려고 하지 않았나 싶다. 세종이 경연 정치를 했다면, 아들 세조는 주석 정치를 펼친 것이다. 명분 없이 왕위에 오른 세조가 지닌 고육지책의 리더십이라 볼 수도 있지만, 자기 과시

욕이 강한 세조가 연회에서 신하들에게 자신의 장점을 늘어놓는 걸 즐거워한 것을 보면 그는 술자리를 즐기는 남자다운 성격을 지닌 듯하다. 세조는 연회에서 신하들의 속마음을 떠보고 본심을 들여다보기 위해 만취할 때까지 술을 먹이는 경우가 많았다. 특히 정인지는 술에 취해 여러 번 실수를 저질렀다. 한번은 술에 취한 정인지가 세조가 지나치게 불경을 많이 간행한다고 비판했다. 이에 불쾌해진 세조는 즉시 연회를 파했다. 그리고 다음날 정인지를 불러 물었다.

"경은 불경 인쇄에 대해 지금까지 아무 말이 없다가 하필 연회 석상에서 이를 문제 삼아 공개적으로 나를 망신 준 이유가 무엇이오?"

"전하 어제는 제가 너무 취해 아무것도 기억이 나지 않습니다. 송구하옵니다."

"지금은 경이 취하지 않았으니 한번 대답해 보시오. 부처의 도리와 유학의 도리 중 어느 것이 나은 것 같소?"

"…."

정인지는 숭유억불을 강경하게 주장하는 유학자였다. 하지만 세조가 불교에 심취해 있을 정도로 불교를 중시하니 이렇다 할 답변을 하지 못하고 있었다. 이에 세조는 임금의 말에 대답을 하지 않은 불경죄로 정인지를 의금부에 하옥시켰다. 그렇지만 세조는 이틀 후 아무 처벌 없이 정인지를 풀어 줬다.

"어제의 말은 경(卿)이 취했기 때문에 기억하지 못한다고 하나, 지금은 경이 취하지 않았으니 일일이 내게 고하라. 부처의 도리가 되는 것은 어떠하며, 유학의 도리가 되는 것은 어떠한가? 하니, 정인지가 분명하게 말하지 못하였다. 또 조석문에게 명하여 말하게 하기를, 군왕이 묻는데 경이 대답하지 못하니, 이것은 불경(不敬)함이다."

- 『세조실록』 11권, 세조 4년 2월 13일

정인지는 이렇게 혼쭐이 났지만 술이 들어가면 자신을 통제하지 못하는 주사가 있었다. 한번은 만취하여 세조에게 '너'라고 지칭해 연회자리를 얼음으로 만들며 세조의 진노를 샀고, 한번은 자신이 풍수지리에 밝음을 자랑하며 세조를 무시하는 말을 해 세조를 진노하게 했다. 이렇게 술만 마시면 사고뭉치가 되는 정인지였으나, 세조는 공신이며 원로인 정인지를 처벌하지 않고 용서하는 아량을 베풀었다. 그렇지만 잦은 실수로 세조의 신임이 예전 같지 않음은 어쩔 수 없었다.

술자리가 많다 보니 세조 시기에는 당연히 사건 사고가 많을 수밖에 없었다. 세조가 총애한 무인 양정은 계유정난 당시 김종서 제거를 함께했던 측근이었다. 세조 12년 평안도 근무를 마치고 돌아온 양정의 노고를 치하하기 위해 한명회, 신숙주 등 여러 공신들과 함께 술자리를 가졌다. 그 자리에서 술에 취한 양정이 세조에게 "이제 그만 물러나시죠."라고 말했다. 흥분한 세조는 그 자리에서 세자에게 양위하겠다고 대보를 가져오라고 하고 한명회 등의 신하들은 머리를 조아리고 극구 말리는 한바탕 소란이 일어났다. 양정의 입장에서 생각해 보면 오랜만에 도성에 와 보니 세조가 온갖 피부병으로 몰골이 말이 아닌 지경에 이른 것을 보고 안쓰러운 마음에 양위하고 쉬라는 애정의 표현이었을 수 있다. 『세조실록』에 기록된 것처럼 양정이 한직에 있었기 때문에 불만이 쌓여 불충했다고 본 세조는 분을 가라앉히지 못하고 결국 사흘 후 양정을 참수한다. 정인지의 잦은 실수는 모두 용서해 주었지만, 자신의 권위에 도전한 양정은 결코 용서할 수 없었던 것이다.

공신들은 대부분 야심가다. 생각만 하는 선비가 아니라 생각을 행동으로 옮길 수 있는 활동가로서의 면모를 가진 이들이다. 언제든 상황이 바뀌면 왕권을 위협할 수 있는 잠재적 존재이므로 어떻게 그들을 통제할 것인가 생각해야만 한다. 어제 나를 도와 공신이 됐지만, 내일은 다른 이의 공신이 될 수도 있기 때문이다.

한명회는 수양과 처음 만난 자리에서 힘없는 어린 임금은 옳지 못한 사람에게 정권을 빼앗기게 되니, 충의로운 신하가 반정(反正)을 하는 것이 천도(天道)에 부합한다고 얘기했다. 한명회와의 만남은 야심가 수양대군의 마음을 크게 움직였다. 그는 자신의 부귀를 위한 기회가 필요한 사람이었다. 수양대군을 부추겨 대의에 맞지 않는 반정을 도모하도록 했다. 한명회가 수양대군을 도와 왕위에 오를 수 있도록 했다고 할지라도 참다운 참모인지 생각해 볼 일이다. 결국 수양대군은 정통성이 없는 반쪽짜리 군주가 됐기 때문이다.

리더에게는 팔로워의 조언을 분별할 수 있는 지혜가 필요하다. 그리고 분별을 위한 명확한 기준을 가진 리더가 자질을 갖춘 리더다. 그래야만 자신을 도울 진정한 참모를 구별해 낼 수 있다.

수많은 이들의 피로 일군 왕권,
해피엔딩은 없었다

　　세조는 즉위 후 '의정부서사제'를 폐지하고 '육조직계제'를 실시하면서 의정부의 힘을 약화시키고 왕권을 강화하려 했다. 오래 고민하지 않는 스타일의 세조에게 삼정승을 거쳐 정책의 방향을 결정하는 것은 무의미했으며, 강력한 왕권을 방해하는 요소를 두고 볼일이 아니었다.

　　왕권 강화 자체가 임금의 업적은 아니다. 왕권을 강화해 기득권을 제압하고 백성을 위한 정책을 펼쳐 백성들의 삶을 안정시키는 것이 왕권 강화를 하는 목적이다. 이 목적을 이뤘을 때의 왕권 강화는 임금의 업적이라 할 수 있지만, 세조의 왕권 강화는 이에 부합하기 어렵다.

　　세조의 업적 중 긍정적으로 평가할 수 있는 것이 여러 가지 있다.

호패법⁴ 실시를 통해 군사 자원을 관리하고 안정적인 세수의 기반을 확보했다. 태종 때 처음 실시된 호패법은 나라에 필요한 각종 국역과 안정적 세금 징수를 목적으로 부과 대상자인 양인들의 거주지 이탈을 막기 위한 통제 조치이기도 했다. 그러다보니 말도 많고 탈도 많아 백성들에게는 환영받지 못했다. 그런 이유로 시행과 중단을 반복했다.

아버지 세종이 개척한 4군 6진을 우리 영토로 안정화시키기 위해 세조는 이곳에 정착민을 보내는 사민 정책을 실시하였고, 함길도와 평안도 지방을 개척하고 일궈 조선의 영토로 유지했다. 그리고 조선의 통치 규범을 정리한 법전인『경국대전』의 편찬에 착수하고 예종을 거쳐 성종 때 마무리 될 수 있도록 발판을 만들었다. 당시 송나라와 원나라 법을 근간으로 삼았던 조선은『조선경국전』,『경제육전』,『속육전』 등 여러 법령이 산재해 있었다. 이를 하나의 법전으로 통합하고 조선의 법전으로 묶어 내는 작업을 해 우리만의 법전을 갖게 된 것이다. 또한 다양한 분야의 편찬 사업을 추진하면서 조선 초기의 문화 르네상스를 이어 갔다는 평가도 내려진다. 고대사부터 고려사까지의 역사를 기록한『동국통감』을 편찬하고 이전 왕들인 태조부터 단종까지의 업적 중에 모범적인 업적을 모은『국조보감』을 편찬했다. 이외 조선의 지도인「동국지도」를 제작했다.

---

4 호패법은 1895년 갑오개혁으로 폐지됐다가 시간이 흘러 1968년에 주민등록증으로 부활했다.

직전제(職田制) 실시로 퇴직 관리에게도 주던 토지를 현직 관리에게만 주도록 구조조정을 이끌어 누수되는 재정을 막고 토지 부족 문제를 해결했다. 이전에 시행되던 과전법은 경기도 땅을 전·현직 관료들에게 나눠 주고 수조권을 행사할 수 있도록 했는데, 세조 때 공신의 수가 늘어나면서 나눠 줄 토지가 부족해졌다. 이에 현직 관료에게만 수조권을 지급하는 직전법을 시행한 것이다. 600여 년간이나 힘 있는 관리가 직접 농민에게 조세를 거두며 각종 비리와 불법이 자행됐는데, 이 직전법을 징검다리로 성종 때 관수관급제(官收官給制, 국가가 직접 토지를 관리하고, 관리에게는 녹봉을 지급한 제도)를 실시하여 농민들이 조세를 납부하면서 겪었던 부당한 일들을 해소할 수 있었다. 아마도 세조의 가장 큰 업적이라고 할 수 있다.

또한 백성들의 억울함을 줄이는 정책도 있다. '분대(分臺)'라 하여 사헌부와 사간원 관원들을 지방에 어사로 파견해 수령들을 감찰하고 비리가 있다면 처벌했다. 분대는 민생을 살피고 수령들이 악행을 저지르지 못하게 하는 제도적 장치였으며, 실효적이었다. 이와 함께 세종 때까지도 거부된 '부민고소금지법(백성이 수령을 고소하지 못하게 하는 법)'을 세조가 폐지하면서 일반 백성들이 탐욕스럽고 악한 수령을 고발하여 억울함을 풀 수 있게 했다. 몇 년 후 백성들의 잦은 고소로 지방 행정이 어렵다며 수령들의 불만이 커지면서 '부민고소금지법'을 다시 부활하자는 의견이 거셌지만, 세조는 재고하지 않고 백성의 편에 섰다.

세조가 정상적으로 왕위에 올랐다면 백성들을 생각하는 마음,

다르게 표현하면 자기에 대한 백성들의 평가에 신경 쓰는 스타일이라서 인기 관리를 위해 백성들을 위한 정책을 더 펼칠 수 있었을 것이다. 하지만 권력을 향한 욕심이 빚어낸 비정상적인 구도로 생긴 공신 집단과 이해 관계자들의 특혜로 인해 백성들이 겪는 어려움을 생각하면 이런 민생 정책들을 편들 무슨 소용일까 부질없어 보이기도 한다.

세조는 왕위 찬탈 과정에서 많은 사람들의 목숨을 빼앗고 조카와 친동생들까지 죽인 것에 스스로 마음의 병이 생겨 악몽에도 시달렸다. 그러면서 몸도 만신창이가 되어 갔다. 또한 그 가족들에게까지 화가 미친 것인지 세조의 자녀들은 대부분 젊은 나이에 요절했다. 세조 즉위 3년 만에 장남 의경세자가 요절했다. 차남 해양대군을 세자로 책봉했는데, 세자빈이 아들을 낳고 바로 죽는다. 2년 후 손자마저 죽음을 맞았다. 왕이 된 차남 예종도 즉위 13개월 만에 죽으면서 세조의 아들 둘 다 20세가 되지 않아 요절했다. 손자들도 그리 오래 살지 못했다. 의경세자의 자식들인 월산대군과 성종은 모두 30대 나이에 죽었고, 증손자인 연산군도 폐위 당해 31세에 비참하게 생을 마감했다. 따져 보면 세조의 후손들 중에서 오래 산 후손이 없다. 세조는 잇단 가족들의 죽음이 자신의 죄 때문이라는 자책을 했고, 병도 점점 깊어지면서 불교에 귀의했다.

호불 군주 세조는 사찰을 자주 찾아 마음의 안정을 꾀했다. 한번은 세조 일행이 속리산 법주사를 찾았을 때 나무들이 빽빽해 왕의 가마가 소나무 아랫가지에 걸릴까 조심하는데 길을 막고 있던 큰 소나무가 가지를 벌려 어가가 지나갈 수 있었다. 세조는 자신을 알아본 소나무에 정2품의 품계를 내렸다는 얘기가 전해진다. 여기에 불교에 관련된 설화가 더 전해진다. 세조의 꿈속에 단종의 어머니 현덕왕후가 나타나 세조에게 침을 뱉고 사라졌다. 아침잠에서 깬 세조는 침을 맞은 곳마다 종기가 생겨나고 점점 증상이 악화되어 온몸으로 퍼졌다. 여러 약을 써 봤지만 피부병이 낫지 않은 세조는 요양을 하기 위해 오대산 상원사를 찾았다. 세조는 상원사 부근의 맑은 계곡물을 발견하고 신하를 물리고 목욕을 했다. 그런데 숲에 있던 동자를 발견한 세조가 동자에게 등을 닦아 달라고 하면서 어디 가서 임금의 몸을 씻었다고 말하지 말라고 했다. 그러자 동자도 세조에게 어디 가서 문수보살을 만났다고 말하지 말라고 답했다. 그 말을 듣고 깜짝 놀란 세조가 뒤를 돌아보니 문수보살은 없고 온몸에 있던 피부병이 다 나았다고 전한다.

세조는 많은 행차를 통해 백성들 사이에서 자신에 대한 평가를 좋은 방향으로 이끌고 싶었을 것이다. 이런 판타지 같은 얘기가 만들어지고 전해지는 것도 정통성이 취약했던 세조의 추종 세력들이 만든 자작극이 아니었을까. 이런 노력에도 불구하고 세조는 백성들의 지지를 받지 못한 불행한 군주로 남았다.

[변절의 아이콘 신숙주 이야기]

단종 복위 운동이 실패로 끝나고 사육신이 처형된 날 신숙주가 집에 돌아오자 부인 윤씨가 집현전 동료들이 모두 죽었다고 하는데 어찌 당신만 살아서 돌아오느냐 물었다. 얼굴이 벌개진 숙주는 고개를 숙이고 혼잣말로 "아이들 때문에…"라고 했다. 윤씨는 자기 남편의 절개 없음이 분하고 더러워 보였다. 충신은 두 임금을 섬기지 않는다고 했던 신숙주의 입이 똥보다 더러웠다. 윤씨는 분함을 이기지 못하고 숙주의 얼굴에 침을 탁 뱉어 버렸다. 그리고 다음날 윤씨는 천으로 목을 매었다.

이 글은 「신숙주부인전」의 내용이다. 사실 사육신 사건은 윤씨 부인이 죽고 5개월 후의 일이다. 소설의 내용은 사실이 아니지만 신숙주의 변절에 대한 민간의 악감정이 이런 문학작품으로 남게 되는 것이 아닐지.

더군다나 세조라는 묘호로 아버지 세종을 두 번 배신한 것은 세조 일가의 패착이다. 고려와 조선을 거치면서 '조'라는 묘호를 가진 왕은 고려를 세운 태조 왕건과 조선을 세운 태조 이성계 둘 뿐이었다. 그 긴 시간 동안 어떤 왕도 '조'를 붙인 적이 없었다. 건국과 같은 혁혁한 공을 세운 왕이 아니라면 감히 붙일 엄두를 못 냈기 때문이다. 세조 사후 신하들도 묘호를 논의하며 당연히 '종'으로 된 3개의 묘호를 주청했다.

"묘호(廟號)는 신종(神宗)·예종(睿宗)·성종(聖宗) 중에서, 시호는 열문 영무 신성 인효(烈文英武神聖仁孝)로, 혼전(魂殿)은 영창(永昌)·장경(長慶)·창경(昌慶) 중에서, 능호(陵號)는 경릉(景陵)·창릉(昌陵)·정릉(靖陵) 중에서 하소서."

- 『예종실록』1권, 예종 즉위년 9월 24일

하지만 18세 예종은 수렴청정 중인 어머니 정희왕후의 뜻에 따라 신하들이 주청한 묘호를 거부했다. 그러면서 예종은 신하들에게 '세조'라는 묘호로 붙일 것을 지시했다.

"대행 대왕께서 재조(再造)한 공덕은 일국의 신민으로 누가 알지 못하겠는가? 묘호(廟號)를 세조(世祖)라고 일컬을 수 없는가?"

- 『예종실록』1권, 예종 즉위년 9월 24일

아버지 수양대군에게 '세조'라는 묘호를 붙이자는 예종의 제안은 파격적인 것이 아니라, 파괴적인 것이었다. 아버지와 형의 당부를 어기고 조카를 죽이고 왕에 오른 수양대군. 그리고 그 아들은 474년간의 고려 왕조와 조선의 역사가 지켜 왔던 질서를 무시하고 자신의 아버지에게 최고의 묘호를 선사했다. 세조는 멸망한 한나라를 재건하며 후한을 이룩한 광무제에게 붙여진 묘호이며, 몽골 제국을 원나라로 재건하며 역사를 이어 간 쿠빌라이의 묘호이기도 하다. 이처럼 세조라는 묘호는 국가의 재건을 통해 제2의 전성기를 이끌었던 왕들에게 붙여진 묘호이다.

다시 말해 아무나 받을 수 있는 묘호가 아니란 말이다. 정희왕후와 예종은 아버지 수양을 조선 왕조를 부활시킨 '재조(再造)'의 공이 있는 왕으로 만들고 싶었던 것이다. 하지만 역사 앞에 부끄러운 짓이었다. 세조가 죽고 처와 아들에 의해 묘호를 부여받지만 그 책임은 전적으로 세조가 짊어져야 한다. 정당화할 수 없는 왕위 찬탈과 친형제까지 죽이는 잔인함이 부끄러운 짓인 줄 모르고 그 가족들은 온 백성이 사랑한 아버지 세종도 갖지 않은 묘호를 수양대군에게 부여한다. 아니면 자신들의 패륜 행위가 너무나도 부끄러운 짓이란 걸 잘 알기에 화려한 묘호 뒤에 숨어 과거를 부정하고픈 수양대군 가족들의 몸부림으로 봐야 할 것이다. 결국 세조(世祖)는 죽어서도 다시 한 번 아버지 세종(世宗)에게 불효자식이 됐다.

태종 vs. 세조,
두 리더의 공통점과 차이점

     선왕으로부터 왕권을 물려받지 못하고 칼로 왕위를 얻은 공통점이 있다 하여 태종과 세조를 비교하지만 두 사람은 왕위에 오르기 위한 명분이 달랐고 과정이 달랐다. 특히 왕위에 오른 후 너무나 다른 행보를 보였다.

     태종이 흘린 피는 조선 왕조의 건국 과정에서 정몽주를 시해했고 정도전을 중심으로 한 신권에게서 왕권을 지키려는 불가피한 측면이 있었다. 왕은 앉아 있고 재상이 정치를 하겠다는 신권 중심 정치를 주장하는 정도전을 제거할 수밖에 없었던 왕족의 입장은 충분히 이해가 간다. 더군다나 태종은 조선 왕조 건국에 가장 큰 지분이 있는 자신을 배제하고 아무 역할도 하지 않은 어린 이복동생이 세자가 되는 이해할 수 없는 정치 구조적 문제를 해결해야 했다.

     반면 세조의 경우 훈구 대신들의 일부 일탈과 비위가 있었으나 피바람을 불러일으켜야 할 정도로 보긴 어렵다. 단종이 어려서 왕권이 흔들린다고 생각했다면 후견인으로서 단종을 보호하면서 신하들을 견제할 수도 있었다. 이런 점 때문에 그가 내세운 왕권 강화가 자신이 왕좌를 차지하기 위한 명분이라고 보는 시각이 많다.

태종은 공신들과 권력을 나누지 않고 왕권을 강화하며 국가를 안정적인 반석 위에 세운 반면, 세조는 정권의 안정을 위해 공신들의 부패와 권력을 묵인하고 수많은 인재들을 소멸시켰다. 권력을 장악하기 위해 피를 나눈 형제를 죽이기까지 하는 잔인함을 보인 세조다.

태종은 국정을 안정시키기 위해서는 왕권 강화가 최우선 과제임을 알았다. 그래서 왕권 강화에 가장 큰 걸림돌인 외척과 종친, 그리고 공신들을 무자비하게 제거했다. 자신의 처가와 처남들, 계모와 이복동생들, 차기 왕인 아들 세종의 장인과 처가 등을 비정하게 내쳤다. 태종의 그 비정함에는 국가를 위협하는 가장 큰 세력이 외척이라는 신념 때문이었다. 태종은 왕권 강화에 걸림돌은 모두 제거하고 권력 집단을 최소화해 왕 밑으로 관료 집단인 대신들만 존재할 수 있도록 조직을 만든 것이다. 이로써 외척, 종친, 공신들의 전횡을 완벽하게 차단하고 관료들에 의한 국정 운영이라는 시스템이 자리 잡으며, 조선은 차츰 안정화됐다. 이를 기초로 왕권과 신권이 최상의 조화를 이룰 수 있었고, 그 덕에 아들 세종이 안정적으로 국정을 운영할 수 있는 토대가 형성된 것이다.

외척과 종친, 공신 집단은 양날의 검이라 할 수 있다. 왕실을 위협하는 존재이기도 하며 왕실을 보호하는 힘으로도 작용한다. 단종은 어린 나이였지만 자신을 보호해 줄 외척 세력이 없는 혈혈단신이었다. 세조가 왕위를 찬탈한 배경에는 왕실을 보호할 외척 세력이 전무했기에 어린 단종을 둘러싼 대신들의 전횡을 보며 할아버지가 세운 조선이 대신들의 나라가 될 위기에 처했다고 판단했기 때문이다. 이런 경험을 한 세조는 왕실의 안정을 위해 외척과 공신 집단을 키워 나갔다. 공신 집단이 국정을 장악하면서 양반 관료들의 설 자리가 좁아지고 억눌린 그들의 불만이 커지기 시작했다. 그러면서 정당성이 없는 정권에 대한 반란이 여러 차례 일어나게 되는 악순환이 반복됐다.

피로 권력을 잡았다는 사실로 태종과 세조를 비교하지만, 태종은 친형제는 죽이지 않았다. 태종의 넷째 형 이방간이 반란을 일으켜 시가전까지 치렀을 때도 모든 신하들이 후환을 없애야 한다며 그를 죽이라고 했지만 태종은 끝내 죽이지 않았다. 하지만 세조는 반란의 혐의만 가지고도 친동생인 안평대군과 금성대군을 죽였다. 아마도 자신감의 차이가 아니었을까? 정통성 시비가 따르지 않는 태종은 한 번의 제압으로 문제를 해결하고 덮을 수 있다고 자신한 것이다. 그렇지만 정통성에 심각한 결함이 있던 세조는 주변에 적이 너무 많았기에 자신이 없었다. 죽이지 않으면 죽을 수 있다는 생각이 컸기 때문에 잔인해질 수밖에 없었다. 집권 후 의정부서사제를 폐지하고 육조직계제를 통해 왕권을 강화했다는 것이 그나마 같은 노선이지만 비교대상이 될 수 없다. 태종은 실제 강력한 왕권을 거머쥐었지만 세조는 공신들과 권력을 나눌 수밖에 없는 태생적 구조를 가진 정권이었다.

태종의 시대는 칼과 무력으로 조선 창업을 이뤄 가는 시기였지만, 세종을 거치면서 무(武)가 아닌 문(文)으로 국가가 운영되는 시대적 흐름이었다. 문화 정치가 자리 잡아 가는 이 시기에 이를 역행한 세조의 등장은 아쉬움이 크다. 세조의 정치가 갖는 한계라고 볼 수 있다. 조선이란 국가가 제도와 시스템에 의해 운영될 수 있도록 구축해 온 아버지와 형의 노력과 가치가 한순간에 무너지며 조선을 후퇴하게 만든 정권이다.

세조의 입장을 대변해 보면, 어린 왕이 대신들에게 휘둘려 왕권은 무너지고 민생이 도탄에 빠질 위험에 처했는데 그저 바라만 볼 수 없었다. 할아버지가 세우고 아버지가 이어 온 조선을 무너지게 할 수 없었을 것이다. 그래서 왕위에 올랐다. 세조의 통치 행위를 보면 이런 마음으로 왕이 됐을 거라는 진정성도 보인다. 그럼 "목적이 정당하다면 옳지 못한 수단을 써도 되는가?"라는 질문을 할 수밖에 없다. 이 답이 세조를 평가하는 데 중요한 기준이 된다. 한국인들의 대답은 어떨까? 다수의 한국인들은 '안 된다'로 답한다. 그렇기에 세조의 업적에 대해 이야기하기보다 단종의 유배 생활을 기억하며 불행한 단종의 삶을 안타까워한다.

세조는 억울할 수 있다. 그렇지만 역사는 목적보다 옳지 못한 방법으로 억울한 피해자를 양산한 세조를 인정하지 않는 것이다. 반면 아무런 업적도 없는 단종은 옳지 못한 방법의 희생양이 된 것 만으로도 많은 이들의 기억에서 사라지지 않는다. 세조의 역사가 주는 교훈은 정당한 목적이라 할지라도 옳지 않은 수단과 방법은 결코 용납되지 않는다는 것이다.

왕위 계승 서열 3위였지만 정치권력의 타협에 의해

조선의 9대 임금이 된 성종.

성년이 되기까지 7년간의 수렴청정 기간은

온전한 제왕이 되기 위한 학습의 시간이었다.

대간들의 '아니되옵니다'에 속이 썩었지만

결코 배척하지 않고 그들의 역할을 인정했다.

그리하여 사헌부, 사간원, 홍문관의 삼사를 확립하고,

조선의 언론을 올바로 세운 현명한 왕,

사림을 등용해 기득권 훈구파를 견제하고, 신하들의 왕권에 대한 도전은

결코 용납하지 않으며 힘의 균형을 유지했던 군주.

'낮에는 세종처럼, 밤에는 걸주처럼' 열심히 일하고 열심히 놀았던 임금.

단명했지만 결국 많은 결과물을 남기고 제도를 안착시킨 성과를 남겼다.

Chapter 5

열심히 일하고
신나게 놀다,

성종

成宗
李婞

수렴청정 7년, 왕의 자질을 키우다

　　조선의 8대 왕 예종이 즉위 1년 2개월 만인 1469년 11월 갑작스럽게 사망했다. 아버지 세조가 물려준 각종 부패와 악법을 개혁하기 위해 예종은 즉위 초부터 변화를 주도했다. 백성들이 괴로워하는 대납을 금지시키고, 분경 금지를 통해 매관매직을 끊으려 했다. 또한 공신들의 면책특권을 제한하는 등 특권층만을 위한 비정상적 제도를 개혁하고자 했다. 하지만 권력을 장악한 공신 집단과 기득권층의 힘은 생각보다 컸고 많은 장벽에 부딪쳤다. 그래서인지 갑작스런 예종의 죽음이 독살에 의한 것이라는 추론이 끊이지 않는다.

　　예종의 뒤를 이을 왕위 계승 서열 1순위는 예종의 아들인 제안대군이었으나 당시 네 살로 너무 어린 것이 문제였다. 2순위는 인수대비의 큰아들이자 세조의 장손인 월산대군(16세)이었지만, 둘째 자을산군(13세)이 왕위에 오르게 된다. 그가 바로 성종(재위 1469~1494)이다.

왕위 후계 서열 3위인 성종이 왕위에 오른 것은 그의 장인이 당시 최고의 권력가 한명회였기 때문이다. 어머니 인수대비나 할머니 정희왕후(세조의 아내) 또한 세조를 도와 국왕에 오르게 한 한명회의 힘과 권력이 어린 왕을 보호하고 왕권을 유지하는 데 유리할 것으로 판단했을 것이다. 예종이 사망하기 전 왕실의 어른들과 실세 권력가의 협의를 통해 자을산군의 즉위가 내정되어 있었을 가능성이 높다고 보는 것은, 예종 사망일에 다음 왕인 성종이 즉위했기 때문이다. 문종은 세자였음에도 세종이 승하하고 엿새 후에 즉위했고, 단종 또한 세자였지만 문종 사망 나흘 후 즉위했다. 사전에 계획이 없었다면 하루 만에 등극하는 것은 불가능한 일이다. 더욱이 국왕이 서거했다면 궁궐이 발칵 뒤집혀야 하지만 너무나도 차분하게 순서대로 일이 진행됐다. 또한 자을산군이 부르기도 전에 궁에 와 있었다는 사실이 실록에 기록돼 있다.

"자을산군 본저(本邸)에 가서 맞아 오려고 하였는데, 미처 계달하기 전에 자을산군이 이미 예궐하였다가 부름을 받고 안으로 들어갔다."

- 『예종실록』 8권, 예종 1년 11월 28일

생각지도 못했던 13세 왕자의 즉위였다. 정치권력의 타협으로 왕의 자리에 오른 성종은 7년간의 수렴청정 기간을 보냈다. 조선 왕조 최초의 수렴청정이었다. 할머니와 어머니, 그리고 노회한 훈구대신들 속에서 왕의 자리에 있었지만 그는 아무것도 할 수 있는 것이 없었다. 하지만 성종은 그 시간을 허투루 보내지 않았다. 세자 시절이 없었기에 시강원(侍講院, 세자의 교육을 담당했던 관청)에서 예비 국왕으로서의 훈련과 학습은 받지 못했지만, 스스로 학문에 열중하며 사서오경(四書五經)부터 대학연의(大學衍義)까지 군주에게 필요한 학문을 마스터했다. 또한 신숙주를 중심으로 한 스승들에게 배우고 학습하고 공부했다. 성종은 월평균 25일 정도 경연(經筵)을 열었다고 실록이 기록하고 있을 만큼 학문을 통해 지식을 넓히는 것에 집중했고, 스승들도 그런 왕을 보며 흡족해하고 자랑스러워했다.

성종이 학문 연구에 얼마나 진심이었는지 알 수 있는 대화가 있다. 오전 학습인 조강(朝講)부터 낮과 저녁 학습인 주강(晝講), 석강(夕講)까지 열심히 학습하는 성종을 보며 신하들은 야간 학습도 생각이 있는지 물어본다.

"전하의 학구열은 참으로 귀해 이 나라 백성의 복이옵니다. 혹시 야대(夜對)도 한번 해 보시겠습니까?"
"좋은 스승들이 있는데 못 할 것이 무엇이겠소. 그렇게 합시다."

하루 종일 학습을 한 것도 모자라 야간 학습까지 흔쾌히 수락하는 모습은 성종이 얼마나 진지하게 학습에 임했는지 알 수 있다. 할아버지 세조 또한 성종을 칭찬한 기록이 있는데, 어리지만 배포가 크고 도량이 넓다고 평가하며 특별히 귀여워했다. 어린 임금 성종에게 7년의 시간은 온전한 왕이 되기 위한 황금 같은 시간이었다.

장인 한명회와의 대립,
마침내 드러낸 포부, "내가 왕이오!"

1476년 성종이 20세가 된 해, 드디어 수렴청정을 끝내겠다는 정희왕후의 교지가 내려졌다. 예의상 반대했던 성종과 다르게 한명회의 반대 상소는 성종의 가슴에 불을 지폈다.

"만약 지금 정사를 사피하신다면 이는 동방(東方)의 창생(蒼生)을 버리는 것입니다. 또 신(臣) 등이 상시(常時)로 대궐에 나아와서 안심하고 술을 마시게 되는데, 만약 그렇다면 장차는 안심할 수가 없을 것입니다."

- 『성종실록』 63권, 성종 7년 1월 13일

장인 한명회에게 쩔쩔매며 왕으로서의 권한을 올바로 행사하지 못했던 어린 왕. 국법 위에 한명회가 있다는 얘기가 돌 정도로 한명회의 위세가 대단했지만, 이제 성인이 된 성종은 친정 체제를 갖추며 이전과는 다를 것이라고 이를 악물었다. 성종은 한명회의 상소가 비수 같았다. 마음속으로 분개했지만 아직 한명회와 정면 대결은 어렵다는 것을 알고 있었다. 신숙주, 정인지, 홍윤성 등의 사망으로 훈구 세력의 위세가 예전 같지는 않지만, 한명회를 중심으로 한 권력층은 여전히 건재했다. 성종은 원만하게 일을 해결하면서도 한명회를 중심으로 한 원상들에게 분명한 메시지를 주었다.

"좌의정의 말은 내가 믿음을 주지 못해 나를 믿지 못하겠다는 말이 아닌가."라고 말하며, 허수아비 왕이 되지 않을 것이란 분명한 의지를 보여 준다. 이어 한명회를 향한 사헌부 대사헌 윤계겸(尹繼謙)과 사간원 정언 이세광(李世匡)의 탄핵이 이어지자 주도권을 쥔 성종은 "좌의정이 딴마음을 품고 그러했겠는가."라고 하며, 일을 키우려고 하지 않는다. 일이 심상치 않게 돌아감을 느낀 한명회가 왕에게 사죄하러 왔을 때 성종은 한명회에게 술과 음식을 대접해 보낸다. 20세의 나이였지만, 정국의 주도권을 신하들에게 빼앗기지 않는 노련한 마무리를 보여 준 것이다. 이를 통해 한명회에게는 분명한 경고를 주며 은혜를 베푼 셈이다.

하지만 시간이 흘러 결국 왕과 대결 구도까지 만든 사건으로 말미암아 한명회는 추락하고 만다. 성종 12년(1481) 6월, 아름다운 별장 압구정을 소유한 한명회가 명나라 사신을 자신의 별장으로 초대해 잔치를 베풀기로 했다. 압구정의 경치는 중국 관리들에게도 소문이 나 조선에 가면 꼭 한번 들러야 할 명소로 알려질 정도였다. 한명회는 연회를 앞두고 왕실에서 사용하는 용봉차일(용과 봉황이 그려져 있는 왕의 천막)을 빌려 달라고 요청했다. 왕만이 사용할 수 있는 물건을 거침없이 빌려 달라고 하는 한명회의 교만이 괘씸했던 성종은 이를 허락하지 않았다. 그리고 연회 장소를 압구정이 아닌, 제천정(현재 한남동 강가 언덕)으로 옮기기로 결정했다. 이에 한명회는 아내의 병을 핑계로 연회에 불참한다고 통보했다. 누가 봐도 왕과의 기 싸움이었다. 그는 자신의 권세를 믿고 왕과 기싸움을 벌일 정도로 선을 넘어 버린 것이다. 이에 대간들의 탄핵이 이어지면서 성종은 사헌부에 조사를 명했고, 결국 한명회의 모든 관직을 회수한다. 한명회의 죄는 크지만 그간의 공을 참작해 더 이상의 죄를 묻지 않겠다고 공표하며 상황을 종료시켰다. 성종은 이를 기점으로 세조 때부터 형성된 공신 집단을 제거하고 온전한 조선의 왕으로 자리매김한다.

할아버지 세조가 왕위에 오를 때 형성된 훈구 공신 세력은 뿌리 깊게 자신들의 도당(徒黨)이 형성돼 있었다. 성종은 그들의 힘을 약화시키지 않고서는 자신이 주도하는 조선을 만들 수 없음을 알았다. 이에 훈구파를 견제할 힘이 더욱 필요했다. 그때 성종의 시야에 들어온 이들이 바로 사림(士林)이었다. 당시 사림파의 중심이었던 김종직(金宗直)을 발탁해 홍문관의 실질적 책임자인 부제학으로 임명했다. 또한 그의 천거를 받아 사림파를 대거 등용했다. 김굉필을 필두로 정여창, 이목, 김일손 등이 조정에 진출했고, 이후 김굉필의 제자인 조광조, 남효온, 남곤 등이 조정으로 진출하며 사림파의 전성기를 이끌게 된다.

원상들과 대신들의 권력 독점을 막기 위해 대간들에게 힘을 실어 균형을 유지하려 했던 성종은 사헌부, 사간원, 홍문관을 감사, 언론, 점검의 기능을 하는 삼사로 만들어 직위는 낮았지만 대신들을 견제할 수 있는 조직으로 키웠다. 언론을 키워 올바름을 위해서 목소리를 낼 수 있도록 언로를 막지 않았다. 성종은 사림의 젊은 인재들이 그 역할을 감당해 주길 원했다. 바로 사림파를 등용함으로써 공신 세력인 훈구파를 견제한 것이다.

절대 권력 앞에서 과감히 "NO!"를 외치다, 대간 제도

　　왕의 장인인 최고 권력자 한명회를 탄핵한 대간은, 사헌부(司憲府)에서 감찰 임무를 맡은 관리를 이르는 대관(臺官)과 사간원(司諫院)에서 국왕에 대한 간쟁(諫諍) 임무를 맡은 관리를 뜻하는 간관(諫官)의 합칭이다. 대관과 간관의 앞 글자를 따 '대간(臺諫)'이라 부르게 된 것이다. 성종은 이 두 기관과 더불어 홍문관(弘文館)의 역할을 강화해 학문과 경연을 맡게 하면서 '언론삼사(言論三司)'를 완성시켰다. 관리의 잘못을 비판하거나 탄핵할 수 있도록 제도적으로 만든 대간의 역할은 막강한 것이었다. 왕에게 '아니되옵니다'를 가장 적극적으로 했던 대간들은 그것이 언론으로서 자신들의 역할이라고 믿었다. 그렇기 때문에 언로가 막히지 않아야 한다고 생각했다. 실력과 용기를 겸비한 인재들이 거치는 관직으로 직위는 낮지만 역할은 재상급이라고 할 정도였으며, 대간을 거친 사람들이 승진을 빨리 한 것으로 보아 당시의 엘리트 코스로 볼 수 있다.

당시 대간들에게 주어진 권리 중에 '풍문탄핵권'이 있었다. 말 그대로 확실한 증거가 아닌, 풍문이나 소문만으로도 탄핵을 할 수 있다는 것이다. 현재도 마찬가지지만 힘과 권력이 있는 사람들을 탄핵하기란 쉽지 않다. 특히나 증거나 물증이 있어야만 탄핵할 수 있다면 권력가들의 부정부패를 단죄하기는 쉽지 않을 것이다. 이러한 한계를 극복하기 위해 대간들에게 고위 관료를 풍문탄핵할 수 있도록 허용했다. 여기에 제도의 악용을 방지하기 위한 장치도 마련했다. 풍문탄핵을 당한 고위 관료는 바로 사직서를 내고 자리에서 물러나 제3의 사찰 기관에서 조사를 받는다. 조사 결과 혐의가 인정되면 바로 처벌하지만, 혐의가 없는 것으로 판명되면 탄핵을 한 대간은 책임을 지고 자리에서 물러나야 했다. 다시 말하면 풍문탄핵은 대간이 언론으로서의 역할을 함에 자신의 직을 걸고 하는 것이었다. 대간은 언론으로서 막강한 힘도 있었지만, 그에 따른 책임도 분명히 가졌다는 것을 보여 준다. '아니면 말고' 식의 보도 형태를 보여 주는 요즘의 언론, 이 책임감과 사명 의식은 현대 언론인들이 분명 배우고 본받을 만한 것이다.

권력의 핵심 중에 하나는 인사권이다. 성종도 인사를 통해 자신의 정치를 펼치기를 원했다. 하지만 관리를 임명할 때마다 대간들의 계속된 반대와 항의가 이어지면서 대간들과 첨예한 대립을 하게 된다. 성종은 대간들의 역할을 인정하면서도 사사건건 반대하는 대간들을 못마땅해 한 기록이 실록에서 확인된다.

당시 영의정 윤필상의 탄핵을 놓고 성종과 언관들의 팽팽한 줄다리기가 시작됐다. 사헌부의 탄핵을 받은 윤필상이 사직하려 하자, 성종은 이를 불허했다. 이때 홍문관 사관 유호인이 성종의 인사 조치에 항명했다. 화가 난 성종이 오히려 유호인을 국문하려 했다.

"사헌부(司憲府)에서 윤필상 등은 적당하지 못한 자리를 차지하고 있다고 말하였으니, 신 등은 생각하기를 전하께서 반드시 공의(公議)에 따르실 것이라고 하여 엎드려서 유음(兪音)을 기다렸는데 도리어 〈윤필상에게〉 돈독히 위로하시는 비답(批答)을 내리시기 때문에 신 등이 상소하여 아뢰도록 의논하였으니, 유호인(兪好仁) 등이 비답을 가지고 가는 명령을 받들지 아니한 것은 이 까닭입니다. 마침내 이것으로 국문하게 하셨으니, 상지(上旨)를 살피지 못하겠습니다."

- 『성종실록』 283권, 성종 24년 10월 27일

대간들의 간쟁에 불편해하면서 적극 반대한 유호인을 국문하려는 성종을 보며 홍문관 전한(弘文館典翰) 성세명(成世明)이라는 신하가 이렇게 얘기했다.

"신하의 도(道)는 의(義)를 따르는 것이지, 임금을 따르는 것이 아닙니다."

- 『성종실록』 283권, 성종 24년 10월 27일

성종에게는 뼈를 때리는 한마디였지만, 대인이었던 그는 이 신하에게 처벌이나 불이익을 주지 않았다. 최고 권력자로서 듣기 싫은 얘기지만 듣고 삭혔을 뿐이다. 성종의 성군으로서의 이미지가 이러한 것들에 의해서라고 해도 무방할 것이다. 또한 성종은 현명한 군주였다. 대간들의 거센 공격이 있을 때는 그들과 대립 관계에 서 있는 대신들을 이용해 정치적 해법을 찾았고, 그러면서도 대간들의 기세 또한 꺾지 않았다. 성종은 이런 논쟁이 있을 때마다 국왕의 인사권에 대한 도전은 절대 용서할 수 없다는 메시지를 주면서, 대간들의 고유 영역인 비판 기능 역시 인정하는 균형감 있는 통치력을 보여 주었다.

이렇듯 국왕의 인사권까지 견제할 수 있었던 대간 제도. 간쟁과 토론을 통해 임금의 정치적 보조 역할을 수행하며 왕을 끊임없이 비판하고 권력을 견제했던 대간 제도는 균형을 위한 조선의 훌륭한 시스템이라고 할 수 있다.

강국이었던 명나라는 황제 권력에 대한 직언과 견제가 약했다. 그러면서 황실의 부패가 늘어나고 국가에 대한 충성도가 떨어지면서 환관들이 또 다른 권력 집단이 돼 국정 농단을 일으켰다. 결국 300년도 못 돼 명나라 왕조는 무너졌다. 이에 비하면 조선 시대 대간들의 직언이 가진 역사적 의미는 권력에 대한 견제와 균형을 넘어 왕조를 더욱 건강하게 유지할 수 있는 원동력이 됐다. 조선 왕조가 500년을 유지한 것은 결코 우연이 아니라, 이런 균형의 힘이 밑바탕되었다고 볼 수 있다.

유교적 가치 위에 수성과 계승 발전으로
번영을 이어 가다

성종 집권 시기를 조선의 최전성기라 부르는 것은 단지 외세의 침략 없이 백성들이 평안했기 때문만은 아니다. 성종의 국정 운영 능력도 매우 뛰어났다. 세조 때는 공신들의 횡포로 굶주리는 백성이 많고 나라 경제가 어려웠지만, 성종 때는 물자가 넉넉해지면서 연회도 많아지고 국가적 행사도 많아 풍족한 사회 분위기를 연출했다. 넉넉해진 국가 재정에 힘입어 성종은 창경궁을 새로 짓고 경복궁과 경회루를 화려하게 단장해 왕실의 위엄도 높였다. 성실하고 학문에 열중한 공통점 때문에 성종을 세종과 비교하기도 하는데, 선대로부터 물려받은 조선을 안정적으로 잘 유지했지만 국정 운영의 방향은 차이가 있다. 세종이 수많은 개혁을 통해 법과 제도를 새롭게 만들어 조선을 한 단계 업그레이드 했다면, 성종은 개혁보다 수성(守成)에 중심을 두어 과거의 좋은 제도를 복구하거나 유지해 안정적인 국가 체제를 완성시켰다. 도서관 역할을 하던 홍문관은 과거 집현전이 하던 역할을 수행하게 하고 경연을 주관하도록 하는 등 경연을 활발하게 부활시켰고,『경국대전』을 완성시키는 등의 노력이 그것이다.

성종은 각종 편찬 사업에도 관심을 갖고 지원했다. 조선의 법전인『경국대전』을 완성시켜 조선의 통치제도와 법체계를 마련했다. 크게 보면 태조 때 제정·시행한『경제육전』을 기초로 태종 때 이를 수정한『속육전』으로 이어지면서 계속된 수정·보완 작업을 거쳐 완성됐다고 볼 수 있다. 그러나 실질적으로는 세조가 즉위하면서 조선의 혼란스러운 법체계를 정비하기 위해 '육전상정소(六典詳定所)'를 설치하고 최항, 김국광, 한계희, 노사신, 강희맹 등에게 명해 편찬 작업에 착수했다. 이를 시작으로 예종을 거쳐 성종 7년(1476)에 3차, 4차, 5차 수정을 마지막으로 완성된 법전이 탄생했다. 그리고 성종 16년(1485)부터 이 법령이 시행되었다.『경국대전』은 조선의 행정 조직인 6조(이, 호, 예, 병, 형, 공)에 맞춰 6개의 전(典)으로 구분됐는데, 나라를 다스리는 원칙뿐만 아니라 백성들의 생활과 관련된 내용들까지 담아 사회 질서를 유지하는 데 중요한 역할을 하게 된다.

『경국대전』반포로 조선은 양반 관료 체제가 더욱 견고해졌다. 조선의 통치는 임금을 제외하고는 과거를 통해 선발된 양반 관료들이 국가를 운영하는 시스템이다. 양반(兩班)은 문반(文班)과 무반(武班)을 통칭해 양반이라 부른 것인데, 임금을 중심으로 동쪽에 문관들이 위치해 동반(東班)이라 불렀고, 서쪽에 서 있는 무관들을 서반(西班)이라 불렀다.

그런데 국정을 운영하는 주요 관직은 모두 문관이 자리를 차지했으며, 그들은 국가의 모든 의사결정을 중앙에서 처리하는 중앙 집권적 국가 체제를 만들기로 한다. 이를 『경국대전』에 명문화하면서 문관들에 의해 나라가 운영될 수밖에 없도록 하였고, 조선의 통치 이념으로 문치주의(文治主義, 학문과 법령에 따라 정치를 펴는 것)를 추구하게 되었다.

조선은 『경국대전』 반포 이후 정치적으로 뿐만 아니라 사회적으로도 유교적 가치와 사상이 중심이 되는 유교 국가를 추구했고, 임금인 성종 또한 유교적 가치가 지배하는 나라로 만들고 싶어 했다. 성종은 세종이 실시한 사가독서제를 부활시켜 젊은 관리들의 학문 성장을 도왔으며, 각 지방에 유학을 가르치는 학교를 육성해 유교적 학문이 자리 잡을 수 있도록 인프라를 확장했다. 그는 유교의 생활화를 위해 충신, 효자, 열녀의 이야기를 모은 『삼강행실도(三綱行實圖)』를 한글 언해본으로 만들어 백성들에게 읽고 숙지하도록 조치했다. 또한 무지한 백성들에게 예를 가르치기 위해 각 지방에 향음주례(鄕飮酒禮)와 향사례(鄕射禮)를 권장하도록 했다.

국가적으로 유교적 가치관을 확립하면서 양반 관료들은 자신들의 기득권을 더욱 견고히 하기 위해 신분의 구분이 유교 덕목이라고 주장하며 신분 차별을 강화했다. 성종은 능력 있는 의관과 역관을 승진시켜 국정에 참여시키려 하지만 양반 관료들은 잡과를 통해 선발한 의관(醫官)과 통역을 맡은 역관(譯官)은 하급 관리로서 그들의 신분 상승은 불가하다며 극렬히 반대하며 막아섰다. 그들의 논리는 사·

농·공·상은 각각 자기 분수가 있으며, 신분의 고하가 정해져 있기에 이를 어겨서는 안 된다는 것이었다.

"전하. 훌륭한 목수는 용도에 따라 다른 나무를 사용합니다. 마찬가지로 임금이 사람을 쓸 때도 자리에 맞는 사람을 가려 써야 성군이라 할 수 있습니다."

양반 관료들은 사람은 귀천이 정해져 있음을 강조하고 차별을 강화해 자신들만의 성역을 침해받지 않으려 했다.

『경국대전』등 법전 이 외에도 의례, 역사, 문학, 지리, 음악, 농업 등 광범위한 분야에 걸쳐 성종의 편찬 사업은 활발히 전개되었다. 예법과 절차를 기술한『국조오례의』(성종 6년)를 편찬했고, 삼국 시대부터 조선 초기까지의 시를 묶은 시집『동문선』(성종 9년)을 편찬했다. 지리서인『동국여지승람』(성종 12년)과 단군 조선부터 고려 말까지의 역사를 기록한『동국통감』(성종 16년) 그리고 곡물의 품종에 대한 설명을 담은 농서『금양잡록』(성종 23년), 악기들의 연주 방법을 적은 음악이론서『악학궤범』(성종 24년) 등 많은 책을 편찬하며 학문적 중흥기를 이어 갔다. 학문을 중시하고 경연을 충실히 하며 신하들의 얘기를 많이 들어준 군주이니 신하들이 좋아할 수밖에 없었다. 신하들에게 받은 성군이라는 평가는 이 때문일 것이다. 성종은 신권을 누르지 않으면서 학문을 발전시켜 나간 호학 군주(好學君主)였다.

어우동 스캔들, 여성의 재가를 금하다

　　1480년 어우동(어을우동, 於乙宇同) 스캔들이 밝혀지면서 조선 사회에 큰 충격을 준다. 우리가 기억하는 어우동은 미모가 수려해 남성들을 매료시킨 기생쯤으로 알고 있는 사람이 대부분일 것이다. 하지만 어우동은 종3품 승문원 지사(承文院知事, 현 외교부 국장급)를 지낸 박윤창의 여식이었으며, 세종대왕의 형인 효령대군의 손자며느리다. 기생이 아니라 왕족의 며느리이자 양반가의 여성이었기 때문에 그녀의 스캔들은 조선을 발칵 뒤집는 사건이 된 것이다. 『성종실록』에 기록된 어우동의 상대는 무려 17명이었으며, 왕족, 병조판서, 대사헌 등 당시 최고위직 관료들이 포함된 간통 사건이다. 어우동은 대명률(조선이 따르는 명나라의 형률서)에 따라 장형 100대에 해당하는 죄를 지었지만, 성종 11년 10월 18일, 교형(絞刑)에 처해진다. 간통죄로 사형에 처해진 것은 너무 가혹한 형벌이다. 더군다나 어우동의 상대 남성들은 일부만 처벌 받았고 그나마 낮은 처벌로 마무리했다. 성종은 왜 어우동에게 교형을 내렸을까? 이 사건의 판결을 두고 성종은 신하들과 논의했다. 신하들은 대부분 법대로 처리하기를 주청했다. 하지만 성종은 엄벌을 주장했다.

"지금 풍속(風俗)이 아름답지 못하여, 여자(女子)들이 음행(淫行)을 많이 자행한다. 만약에 법으로써 엄하게 다스리지 않는다면 사람들이 징계(懲戒)되는 바가 없을 텐데, 풍속이 어떻게 바루어지겠는가? 옛사람이 이르기를, '끝내 나쁜 짓을 하면 사형에 처한다.'고 하였다. 어을우동이 음행을 자행한 것이 이와 같은데, 중전(重典)에 처하지 않고서 어찌하겠는가?"

- 『성종실록』 122권, 성종 11년 10월 18일

성종은 성리학적 통치 이념을 가진 군주였다. 유교 사상을 중시하는 성종은 어우동에게 가중처벌을 내리면서까지 사회 본보기로 삼고 싶었던 것이다. 입장을 바꿔 보면 어우동에게도 억울한 부분이 있다. 어우동의 남편 이동이 기생 연경비와 놀아나다 결국 첩으로 들이고 어우동을 내쫓아 버렸다. 어우동은 남편에게 버림받았지만 이혼을 하지 못했다. 그 이유는 이 사건보다 3년 빠른 성종 8년(1477), 여성의 재혼을 금한 '과부재가금지법(寡婦再嫁禁止法)'이 생겼기 때문이다.

이전까지는 재혼이 아닌, 3혼 이상도 허용됐었지만, 성종은 이를 아예 금지시키는 법을 만든 것이다. 이 법을 만들기 위해 모인 46명의 신하들 중 42명이 재가금지법에 반대하며 3혼 이상부터 규제할 것을 요청했지만 성종은 단호하게 법을 통과시킨다. 성종은 남편 잃은 여성이 굶어 죽는 것보다, 정절을 잃는 것이 더 큰 일이라고 생각했다. 여성에 대해 유독 엄격한 기준을 적용한 성종의 이런 모습은 아버지의 이른 죽음으로 스무 살에 과부가 되어 아들들에게 모든 것을 쏟아 부으며 수절한 어머니 인수대비의 영향이 컸을 것으로 보인다. 또한 성종이 조선을 성리학이 지배하는 나라로 만들고 싶어 했던 것과 궤를 같이한다.

폐비 윤씨 사건의 처리 과정을 봐도 여성에게 매우 혹독한 책임을 물었음을 알 수 있다. 폐비 윤씨는 왕비이며, 원자를 낳은 어머니다. 성종이 후궁 침소에 든 것을 이유로 부부간에 말다툼이 있었고, 그 과정에서 성종의 얼굴에 상처를 내서 문제가 커진 것으로 많은 사람들이 기억하고 있다. 하지만 『성종실록』에는 후궁 침소로 찾아온 윤씨를 성종이 뺨을 때렸다고 기록하고 있다. 그 후 성종은 왕비를 폐위한다. 신하들은 왕비에게 너무 가혹한 처벌이며 폐위는 불가하다는 반대를 이어 갔지만, 성종은 결국 윤씨를 폐위하고 3년 후 사약을 내려 사사한다.

당시 조선은 성리학에 대한 분석과 해석이 사회에 접목되던 시기였고, 성리학 사상이 문화적으로 자리를 잡아가는 과도기에 있었기 때문에 그 기준과 가치가 혼돈스러운 때였다. 이런 분위기였으므로 성군으로 알려진 성종이 '과부재가금지법'과 같은 악법을 제정할 수 있었던 것이다. 재가 금지는 여성에게 가혹했지만, 『경국대전』에 명시하며 법으로 규정하면서 조선 후기까지 이어진다. 성리학적 여성관이 조선의 여성들을 고통스럽게 만들었고, 재가금지법 이후로 수백 년간 지속되어 온 평등하지 못한 여성의 행복 추구권이 현재까지 영향을 준 것은 슬픈 역사이다.

사냥&여색, 리더의 스트레스 해소법

성종 17년(1484), 왕은 중국으로 가는 사신에게 낙타를 사오라고 명한다. 낙타 한 마리를 사오기 위해 일반 삼베의 10배나 하는 고급 흑마포(흑색을 띤 고급 마포)를 60필이나 주고 사오라는 명을 할 정도로 성종은 낙타에 관심을 가졌다. 흑마포 60필이면 콩 400석에 가치를 지닌 상당한 고가였기 때문에 대간들이 가만있을 리 없었다. 신하들의 반대에 부딪힌 성종은 중국에서 전쟁에 나갈 때 낙타를 사용한다 하여 관심을 가졌을 뿐이라고 둘러대며 뜻을 접는다.

"중국에서 출정(出征)할 때에 쓴다고 하므로, 내가 사서 한 번 시험하려고 하였을 따름이니, 물건을 애완하는 것이 아니다. 이제 바른 의논을 들었으니, 즐거이 따른다."

－『성종실록』196권, 성종 17년 10월 7일

성종은 노루, 사슴, 두루미, 백조 등 다양한 동물들을 궁에서 키우며 즐거움을 느꼈다. 특히 일본에서 선물한 원숭이를 사랑해 원숭이에게 가죽옷을 해 입힐 것을 명한 적도 있다. 또한 해청(해동청이라 불리는 사냥용 매)을 이용해 사냥하는 것을 즐겼다. 하지만 대간들의 눈에는 왕의 동물 사랑이 탐탁치 않았기에 반대가 이어졌다. 특히 해청을 놓아 주어야 한다고 끊임없이 항의했다. 실록에는 반대 상소가 17일간 연속됐다고 기록하고 있다. 성종은 격무에 시달리며 잠시 여가를 이용해 매 사냥하는 것이 어찌 정사에 방해가 되는지 반문했지만 신하들은 굽히지 않았다. 결국 가뭄까지도 왕의 취미 생활 때문이라고 연결하는 신하들을 보며 성종이 양보를 한다. 늘 '아니되옵니다'로 반대하는 신하들에 둘러싸여 때로는 외롭고 지칠 때 주인만 바라보며 충성하는 동물들의 존재에 위안을 받고 힘을 얻은 것은 아닐까 하는 생각이 든다.

성종은 호학 군주라는 말을 들을 정도로 학문을 가까이 했고 정사에도 집중했다. 조선 시대 세종과 더불어 경연을 가장 많이 한 임금이었다. 세조 때 없어진 집현전의 역할을 하는 홍문관을 다시 부활시켜 언론삼사 제도를 확립하고 대간을 양성했으며, 언론 기능을 강화시켰다. 뼈를 깎는 인내로 만들어 낸 조선의 언론은 성종의 인내심과 성품으로 만든 가치 있는 유산이다. 하지만 성종이 밤에 보이는 모습은 전혀 달랐다. 주색(酒色)을 즐기며 낮과는 전혀 다른 모습이었다.

사사건건 옳고 그름을 따지며 임금에게도 굽히지 않는 대간들을 보며 군주의 힘을 보여 줄 만도 한데, 성종은 참고 인내하며 그들을 인정했다. 임금이 대간들의 요청을 모두 수용해 주니 도를 넘는 비판도 많아졌다. 성종 16년(1485)에 창경궁 통명전 앞 샘물이 넘치는 것을 본 왕은 작은 연못을 만들고 구리관으로 연결해 샘물을 연못으로 흐르게 했다. 이를 안 대간은 임금이 사치를 일삼을까 걱정된다며 비판했다. 성종은 가볍고 쉽게 설치할 수 있는 구리로 관을 연결한 것뿐이라고 말했지만, 대간은 물러서지 않고 사관에게 임금의 사치를 기록하라고 하면서 잘못을 뉘우치라고 했다. 성종은 어이가 없었지만 결국 양보하고 돌로 다시 만들라고 명했다. 구리관을 꺼내기 위해 벽을 부수고 다시 돌로 만드는 비효율적인 공사를 하면서까지 대간들의 비판을 수용했던 성종이었다. 이러한 점이 성종에게는 극심한 정무 스트레스였을 것이고, 성종은 이를 술과 여자로 푼 것이다. "낮에는 세종과 같은 성군이지만, 밤에는 걸주와 같은 군왕이었다."라는 평가가 나온 이유다.

성종은 조선 역사상 가장 많은 후궁을 둔 태종의 19명 다음으로 많은 12명의 부인을 두었다. 그들을 통해 28명의 자녀를 두었을 정도로 많은 여인을 거느렸다. 십여 명의 여인과 무절제한 성생활이 오래갈 수는 없었을 것이다. 결국 성종은 38세라는 젊은 나이에 사망한다. 술, 여자, 스트레스, 결코 장수할 수 없었던 그의 삶이었다.

아내를 죽이고 아들은 폭군, '수신제가'에 실패하다

조선을 유교적 국가로 만들고 싶었던 성종은 신하들에게 너그러운 군주였다. 때로는 대간들의 무례한 요구나 불손한 언행들마저 눈감아 주는 도량을 보였다. 그렇기에 신하들에게 성군이라는 칭송을 많이 받았던 군주였다. 하지만 그의 여성관은 너무나도 엄격했다. 특히 유교적 질서에서 벗어나는 여성의 투기나 재가 등 정조와 관련된 부분에는 더욱 엄격했다. 재가한 과부의 자식은 관직에 오를 수 없게 한 제재나 어우동을 사형시킨 일이 그를 반증한다. 이러한 부분이 불행의 씨앗이 되어 가문의 비극으로 이어지게 된다.

성종 10년(1479) 6월, 성종은 중전 윤씨를 폐위하겠다며 신하들에게 의견을 묻는다.

"지금 중궁(中宮)의 소위(所爲)는 길게 말하기가 어려울 지경이다. 내간 (內間)에는 시첩(侍妾)의 방이 있는데, 일전에 내가 마침 이 방에 갔는데 중 궁이 아무 연고도 없이 들어왔으니, 어찌 이와 같이 하는 것이 마땅하겠는 가? 예전에 중궁의 실덕(失德)이 심히 커서 일찍이 이를 폐하고자 하였으나, 경들이 모두 다 불가(不可)하다고 말하였고, 나도 뉘우쳐 깨닫기를 바랐는 데, 지금까지도 오히려 고치지 아니하고, 혹은 나를 능멸하는 데까지 이르 렀다. 이것은 비록 내가 집안을 다스리지 못한 소치(所致)이지마는, 국가(國 家)의 대계(大計)를 위해서 어찌 중궁에 처(處)하게 하여 종묘(宗廟)를 받드는 중임(重任)을 맡길 수 있겠는가? 내가 만약 후궁(後宮)의 참소하는 말을 듣고 그릇되게 이러한 거조(擧措)를 한다고 하면 천지(天地)와 조종(祖宗)이 소소 (昭昭)하게 위에서 질정(質正)해 줄 것이다. 옛날에 한(漢)나라의 광무제(光武 帝)와 송(宋)나라의 인종(仁宗)이 모두 다 왕후(王后)를 폐하였는데, 광무제는 한 가지 일의 실수를 분하게 여겼고, 인종도 작은 허물로 인했던 것이지마 는, 나에게 있어서는 그렇지 않다."

"중궁의 실덕(失德)이 한 가지가 아니니, 만약 일찍 도모하지 않았다가 뒷날 큰 일이 있다고 하면 서제(噬臍)를 해도 미치지 못할 것이다. 예법(禮法) 에 칠거지악(七去之惡)이 있으나, 중궁의 경우는 '자식이 없으면 버린다[無 子去]는 것은 아니다.' 하고, 드디어 '말이 많으면 버린다[多言去], 순종하 지 아니하면 버린다[不順去], 질투를 하면 버린다[妬去].'라는 말을 외우고, 이어 이르기를, 이제 마땅히 폐하여 서인(庶人)을 만들겠는데, 경들은 어떻 게 여기는가?"

- 『성종실록』 105권, 성종 10년 6월 2일

폐위를 주장하는 성종과 다르게 신하들은 대부분 반대했다. 원손의 어머니를 폐위하는 것은 과하니, 후궁으로 강등시키자는 의견과 별전에서 반성의 시간을 주는 방안 등 여러 의견들이 나왔지만 성종의 뜻은 굳건했다. 결국 윤씨는 폐위되어 궐 밖으로 나왔다. 하지만 시간이 흐를수록 폐비 윤씨의 존재가 부담스러울 수밖에 없었다. 원자가 왕위를 물려받고 어미의 존재를 알게 된다면 어떤 일이 일어날지 불을 보듯 뻔한 일이었다. 윤씨는 결국 폐위된 지 3년 만에 사약을 받는다.

"이제 원자(元子)가 점차 장성하는데 사람들의 마음이 이처럼 안정되지 아니하니, 오늘날에 있어서는 비록 염려할 것이 없다고 하지만, 후일의 근심을 이루 다 말할 수 있겠는가? 경들이 각기 사직(社稷)을 위하는 계책을 진술하라." 하였다. 정창손(鄭昌孫)이 말하기를, "후일에 반드시 발호(跋扈)할 근심이 있으니, 미리 예방하여 도모하지 않을 수 없습니다." 하고, 한명회(韓明澮)는 말하기를, "신이 항상 정창손과 함께 앉았을 때에는 일찍이 이 일을 말하지 아니한 적이 없습니다." 하였다. 정창손이 아뢰기를, "다만 원자(元子)가 있기에 어렵습니다." 하니, 임금이 말하기를, "내가 만일 큰 계책을 정하지 아니하면, 원자(元子)가 어떻게 하겠는가? 후일 종묘와 사직이 혹 기울어지고 위태한 데에 이르면, 그 죄는 나에게 있다." 하였다. 심회(沈澮)와 윤필상(尹弼商)이 말하기를, "마땅히 대의(大義)로써 결단을 내리어 일찍이 큰 계책을 정하셔야 합니다."

- 『성종실록』 144권, 성종 13년 8월 16일

실록은 폐비 윤씨의 죄상을 여럿 기록하고 있지만, 사사의 가장 실질적인 이유는 아들 연산군이 왕위에 오르고 나면 윤씨가 복위될 것이라 여겨 그 후환을 두려워한 때문이다.

성종은 자신의 후계를 이을 연산군이 마냥 어릴 것이라 착각한 것일까? 성종은 진지하게 후일에 대한 고민을 했어야 했다. 하지만 너무나 안일한 판단과 대처로 후일 갑자사화(1504)라는 피바람을 몰고 오게 되고, 결국 아들 연산군은 폭군이 되어 쫓겨나는 비극을 맞이하게 된다. 연산군이 폭군이 된 배경에는 성장하는 동안 사랑받지 못한 결핍의 문제가 크게 작용했다고 지적하는 견해가 많다. 성종은 신하들에게 칭송받는 좋은 왕이었지만 '수신제가'에 실패하면서 비극을 맞았다. 성종은 왕으로서, 아버지로서 그 책임에서 자유로울 수 없는 것이다.

성종은 견제와 균형의 리더십을 통해 국정을 이끈 현명한 군주였다. 세조 때부터 권력을 쥔 훈구 대신들의 월권을 젊은 사림들을 등용해 견제하고, 대간들의 지나침을 대신들로 하여금 저지할 수 있도록 노련한 처신으로 균형을 유지했다. 그리하여 왕과 대신, 삼사의 삼권분립이 자리 잡아 균형과 조화를 이룰 수 있었다. 또한 성종은 신하들의 직언이 비록 지나쳐도 이를 수용했던 관대한 리더였다. 이런 넉넉함과 현명함으로 왕과 사대부의 공동 정치로 조선의 통치 시스템을 발전시켰다.

반대로 해석하면 성종은 통치 기간 동안 한 번도 개혁적인 선택을 한 적이 없다. 훈구 대신과 신진 사림 사이에서 적당히 타협했으며, 판단하기 어려운 일에는 "세종조 때는 어떻게 하였는가?"라는 질문을 통해 방향을 결정하려 했다. 그만큼 조화와 안정을 추구한 왕이다.

할아버지 세조의 힘에 의한 패도 정치가 아닌 신하들과 소통하며 협력하는 왕도 정치를 실현시키기 위해 인내한 성종. 평생 9,229회의 경연을 통해 끊임없이 연구하고 국정을 위해 노력했던 성실한 임금. 신권을 중시했던 만큼 속앓이가 많았던 성종은 비록 장수하지 못했지만 조선을 안정시키고 백성들이 태평성대를 누리도록 한 임금이었다.

한국인들에게 무능력의 대명사로 꼽히는 문제의 군주 선조.
아이러니하게도 그는 어릴 적부터 총명함을 인정받았고
학식을 갖춘 지식인이었다.
붕당을 이용하는 탁월한 정치 감각과 인재를 알아보는 출중한 능력은
많은 인재들이 등용되고 융성했다는 뜻으로 '목릉성세'라 불리었다.
하지만 방계 혈통의 왕이라는 핸디캡을 끝내 극복하지 못하고
임진왜란부터 무너지기 시작한 그는 시기와 질투, 그리고 무책임으로
조선을 대표하는 최악의 왕으로 불리게 된다.

Chapter 6

유능과 무능함의
경계선,
선조

宣祖
李昖

붕당정치를 긍정적으로 활용한
탁월한 정치꾼

선조(재위 1567~1608) 초기 국정 운영 방향은 척신정치의 폐해를 극복하고 정치를 안정화시키는 것이었다. 이를 지지하고 참여하는 사림(士林)들이 대거 등장하면서 훈구에서 사림으로 정치세력이 교체되었다. 새로운 사람들이 등장하자 자연스레 생각과 이념에 따라 세력이 나뉘고 붕당(朋黨)이 형성되는 시초가 된다. 즉 사림의 분열이었다. 이들 중 두각을 나타내는 인물이 있었다. 심의겸(沈義謙)은 명종의 아내인 인순왕후의 남동생이며, 5대조부터 7대조까지 연속으로 정승에 오른 대단한 집안 출신이다. 한마디로 로열 패밀리였다. 선조 7년에는 대사헌에 오르고, 이후 병조판서까지 오른 세도가의 사람이다. 이런 심의겸이 명종 때 외척 중의 하나인 이량(윤원형·심통원과 함께 명종 때 외척으로서 전횡을 한 삼흉(三凶)으로 지칭됨)을 탄핵했다. 본인 스스로도 외척이면서 척신정치 척결을 위해 앞장서는 모습에 사람들은 그를 주목했고, 심의겸을 중심으로 그룹이 형성됐다. 반대로 김효원(金孝元)을 중심으로 심의겸도 척결 대상인 외척이라는 의견을 가진 사림들이 모이게 된다. 김효원은 심의겸과 달리 지방 관료 집안 출신이다. 금수저는 아니지만 문과에 당당히 장원으로 급제하며 출사했고, 신진 사림의 대표적 인물로 부각됐다. 이렇게 나뉜 두 그룹은 한 사건을 통해 동인과 서인으로 명확히 구분된다.

선조 8년(1575)에 김효원이 이조전랑(정5품, 언론삼사인 사헌부, 사간원, 홍문관의 인사를 담당하는 권한이 막강한 직)에 천거되는데, 심의겸이 김효원의 자질을 문제 삼아 반대했다. 그러나 결국 김효원이 이조전랑에 오르고 임기 후 자리를 옮기는데, 그 후임으로 천거된 자가 심의겸의 동생 심충겸이었다. 후임의 지명권을 가진 김효원은 왕실의 외척이 인사권을 가진 이조전랑의 자리에 오르는 것은 옳지 못하다고 주장하며 심충겸을 반대했다. 이 일을 계기로 동인과 서인이라는 붕당이 형성되었다. 김효원의 집이 도성 동쪽의 건천동(현재 인현동)에 있었기에 그를 지지하는 사람을 동인으로 불렀고, 심의겸의 집이 도성 서쪽인 정릉동(현재 정동)에 있었기에 그를 지지하는 세력을 서인이라 불렀다.

또한 훈구파의 처벌 문제를 두고도 강경파 동인과 온건파 서인의 대립이 커지고 갈등이 이어지면서 당쟁을 심화시킨 책임을 물어 율곡 이이의 주도 아래 심의겸을 개성유수로, 김효원을 경흥부사로 내보낸다. 서인의 스승격인 이이였지만, 정치적 중립을 지켜왔던 탓에 양쪽 모두의 신임을 받을 수 있었다. 선조도 이를 옳다고 여겼고, 이 둘은 다시는 중앙 정계로 복귀하지 못한다.

선조는 즉위 당시 윤원형이라는 권력자의 횡포를 보고 국왕도 아닌, 신하가 권력을 독점할 수 있다는 사실을 목격하면서 이런 폐단을 막기 위해 붕당정치를 이용했다. 다시 말해, 척신정치라는 부패를 청산하고 좀 더 나은 정치체제를 모색하는 과정에서 나타난 결과물이 붕당정치라고 볼 수 있다. 실제 선조의 붕당정치 이후로는 한명회나 윤원형처럼 권신(權臣)이 등장해 국정을 농단한 적은 없다.

선조 후반에 이르면 동인은 남인과 북인으로 분리되는데, 서인 정철을 죽여야 한다는 강경파 이산해를 중심으로 북인이 형성되고, 온건파인 류성룡을 중심으로 남인이 형성된다. 동·서인과 마찬가지로 각 영수가 북악과 남산에 살아 북인과 남인으로 구분하게 됐다.

서인은 그 명맥이 계속 유지되다 숙종 때인 1683년 무렵 노론과 소론으로 나뉘었다. 그때부터 사색당파(四色黨派, 노론·소론·남인·북인)를 형성하게 된 것이다. 서인은 1623년 인조반정으로 권력을 잡은 후 계속해서 권력의 중심에 있었다. 특히 서인 세력 중 노론 계열이 권력을 잡고 정권을 주도했다. 이후 서인은 영조 때 사도세자의 죽음에 동정을 표방하는 시파(時派)와 사도세자의 죽음이 당연하다고 여기는 벽파(僻派)로 양분됐는데, 벽파는 대부분 노론 계열이었다.

붕당정치의 역기능은 분열이고, 순기능은 견제와 균형으로 볼 수 있다. 어느 쪽에 중심을 두고 바라보느냐에 따라 해석이 달라질 수 있다는 얘기다. 학교 교과서에는 대체로 붕당은 분쟁을 일으켜 갈등하는 구조로 설명한다. 하지만 지성을 가진 다양한 사람들이 모인

곳에서 다양한 의견이 표출되는 것은 지극히 당연한 것이고 어느 정도의 갈등은 필연적이다. 이를 맞춰 나가는 과정 속에서 다양한 해법과 창의적 아이디어가 나타나기도 한다. '당쟁(黨爭)'이란 표현은 일제 강점기에 우리 민족의 열등함을 강조하기 위해 "조선 사람은 모이기만 하면 싸운다."는 당파성론을 주장한 일본인 학자에 의해 사용됐다. 다양성을 인정하고 살아가야 하는 이 시대에 붕당정치의 부정적인 면만 부각해 학교 교육에 인용하는 것은 다시 생각해 봐야 할 일이다.

서인과 동인을 저울질하며 힘을 실어 주고 왕권을 구축했던 선조는 정여립 사건을 통해 동인에서 서인으로 집권 세력을 바꾸게 된다. 모두가 평등한 세상을 꿈꾼 정여립(鄭汝立, 1546~1589)의 대동사상은 당시로서는 너무나 시대를 앞서간 사상이었다. 폐쇄적인 조선 사회에서 이렇게 혁명적인 생각을 했다는 것 자체가 놀라울 따름이다. 영국에서 일어난 최초의 시민 혁명인 청교도 혁명을 통해 1649년 공화정이 선포되는데, 이보다 60여 년이나 빠른 시민의식이었다.

전주 출신 정여립은 이이의 제자로 관직에 뜻을 접고 물러나 전북 진안의 죽도에서 대동계(大同契)를 조직했다. 대동계는 유생과 양반만 참여한 것이 아니라 서얼, 평민, 노비까지 참여하고 승려들까지 합류했다. 성리학자이면서 양반인 정여립이 승려들을 끌어안고 노비들까지 동등하게 참여시킨 것을 보면 얼마나 깨어 있는 사람이었는지 알 수 있다.

정여립은 이곳에 서당을 짓고 학문과 무예를 가르쳤다. 활쏘기와 말타기, 그리고 진법 훈련까지 600여 명의 대동계원들은 문무를 수련했다. 1587년 정해왜변 당시 관군의 힘으로는 부족해 전주부윤 남언경이 정여립에 도움을 요청하자 대동계원들과 함께 전투에 참여해 왜구를 물리쳤다. 이를 통해 대동계가 은밀하고 비밀스러운 조직이 아닌, 양성화된 예비군 같은 조직이었음을 알 수 있다. 이후 대동계는 주목의 대상이 됐다. 승려와 천민들까지 규합한 조직으로 당시로서는 범상치 않은 불손한 조직으로 보일 수밖에 없었다. 의심 많은 선조는 당연히 곱지 않은 시선으로 정여립과 대동계를 바라보게 됐다.

게다가 정여립은 '천하공물론(天下公物論)'을 주장했다. "천하는 공물인데 어찌 정해진 주인이 있겠는가? 능력 있는 자가 나라를 다스려야 한다."라고 하며 군주제를 비판했다. 그 시기에는 생각하기 어려운 진보적 사고였지만, 이 때문에 역모로 몰리게 된 것이다.

선조 22년(1589) 10월 2일, 황해감사 한준의 비밀 장계가 역모 고변으로 시작됐다. 조선 최대의 비극 기축옥사(己丑獄死)가 시작된 것이다. 3년여의 조사 기간 동안 정여립을 비롯한 1,000여 명의 선비가 목숨을 잃었다. 조선의 4대 사화인 무오사화(1498), 갑자사화(1504), 기묘사화(1519), 을사사화(1545)의 희생자를 모두 합해도 500여 명인 것을 감안하면 실로 엄청난 규모의 비극적 사건이다. 역모를 조사하는 총책임자는 송강 정철이었다. 역모 고변은 황해도 감사가 했는데, 그

주동자는 전라도에 있었고, 역모라 할 만한 뚜렷한 증거도 없었다. 진상이 모호한 사건의 조사를 정적들에게 맡긴 것 자체가 비극의 출발이다. 1,000여 명이나 희생된 것은 정여립의 정치적 라이벌들에 의한 숙청 작업이라고 볼 수 있으며, 정적에게 칼을 쥐어 준 선조에게 큰 책임이 있다. 처음 수사 책임자는 동인 정언신이었지만, 정여립과 친분이 있을 것이란 서인들의 반발로 서인 정철이 수사 책임자로 교체된 것이다. 우리에게 시인으로 더 잘 알려진 정철은 정치인으로서는 왕 앞에서도 자신의 소신을 굽히지 않고 할 말을 하는 강직한 사람이었다. 정철은 역모 관련자들을 엄하게 다스릴 것을 주장했고, 사건 수사 책임자인 위관으로 임명된 후 강경하게 옥사를 진행시켰다.

> "판돈녕부사(判敦寧府事) 정철(鄭澈)이 숙배(肅拜)한 뒤에 비밀 차자를 올렸는데, 역적을 체포하고 경외(京外)를 계엄(戒嚴)하라는 내용이었다."
>
> - 『선조실록』 23권. 선조 22년 10월 11일

　　율곡 이이 사망 후 동인들에게 패권을 넘겨주고 기회만을 엿보던 서인들에게는 정치적 라이벌들을 처리할 좋은 명분이며 기회가 생긴 것이다. 정여립 모반 사건은 동인에 대한 탄압 수단으로 변질되어 수많은 선비들이 피를 흘리고 억울한 피해자를 양산한 비극이 된 것이다. 더불어 처형당한 사람들의 공통점은 선조의 실정에 대해 비판적인 사람들이었다.

　　조사 과정을 보면 "우리 민족이 이렇게 잔인한 민족이었나?" 하

는 생각이 들 정도로 비정했다. 정철과 대립 관계에 있던 동인의 영수 이발은 본인뿐만 아니라, 80세 노모는 매를 맞아 죽고 10세 아들은 압슬형이라는 고문으로 사망하게 된다. 또한 좌의정 정언신과 백유양, 최영경, 정개청 등 당시 유능한 인재들이 물증도 없이 죽어 갔다. 한마디로 옷깃만 스쳐도 사건의 연루자가 됐다.

그러나 정여립 모반 사건이 조작됐다는 주장은 상당한 설득력을 가진다. 물증도 없는 사건에 피해자가 1,000여 명이나 되는 대형 살인극이 벌어졌기 때문이다. 당시 정권을 주도하던 동인들이 역모에 가담할 이유도 없고 상황도 아니었기에 유능한 지식인들의 죽음이 안타깝기만 하다. 선조는 이렇듯 당쟁을 이용해 왕권을 강화하려는 의도를 분명히 갖고 있었다.

"정철은 자기와 뜻이 다른 사람을 모조리 잡아 없애고 국중에 함정을 파서 사람들을 빠뜨릴 기구를 만들었습니다."

- 『선조실록』 57권, 선조 27년 11월 13일

정철은 소신이 강한 원칙주의자였다. 율곡 이이가 사망한 후 서인을 대표할 구심점을 잃은 상황에서 서인의 영수로서 정치적 신념을 지키고, 당파적 이익에만 충실하면서 너무나도 큰 비극으로 치닫게 된 것이다. 이 사건을 기점으로 서인이 정권의 중심에 서지만 정여립과 같은 진보적인 지식인들이 활약할 토양이 사라지면서 조선 사회가 퇴보의 방향으로 접어든다.

최고의 인재를 알아보고 발굴하는
안목을 갖추다

　　문제적 군주 선조는 임진왜란과 붕당을 이용한 당쟁이라는 두 가지로 후손들에게 무능한 왕, 무책임한 왕으로 매우 부정적인 인식을 갖게 한다. 하지만 당시 선조에 대한 평가는 전혀 달랐다. 선조 이전과 달리 선조 즉위 후에는 정치적으로 안정됐다. 또한 인재들이 많이 발굴되어 다양한 활동을 했다. 그래서 선조의 시대는 융성했다는 의미인 '목릉성세(穆陵盛世, 목릉은 선조의 능이다)'라는 말이 따라 붙었다. 조선 최고의 사상가인 퇴계 이황과 율곡 이이가 모두 선조 대에 활동했으며, 류성룡, 정철, 이산해, 김효원, 박순, 이항복, 이덕형, 성혼, 노수신, 이원익, 기대승, 윤두수, 서경덕, 김성일, 이발 등이 모두 선조 대의 인물들이다. 그래서 선조 대는 학문과 문화의 전성기였다는 높은 평가를 받기도 한다. 선조 스스로가 학문적 소양을 갖췄기에 뛰어난 인재들의 재능을 알아보고 등용한 것은 선조의 능력이고 업적이다.

그중 선조의 인재 발탁에서 하이라이트는 이순신(李舜臣)의 등용이다. 부친상으로 관직에서 물러나 있는 장군을 종4품 만호로 전격 승진 발탁했고, 임진왜란 1년 전인 1591년 2월 정읍현감(종6품)이었던 이순신을 정3품의 전라좌수사로 임명했다. 이순신의 전라좌수사 임명은 파격 승진이라며 반대하는 신하들이 많았지만 선조는 뜻을 굽히지 않았다. 장군의 전라좌수사 임명은 그야말로 신의 한수였다. 남해안에 장군이 없었다면 왜군의 북진을 어떻게 저지했겠으며, 호남의 곡창지대를 어떻게 사수할 수 있었겠는가. 선조의 인재를 알아보는 안목이 뛰어났음을 볼 수 있는 대목이다.

왜와 휴전 상태에 있던 1596년 선조는 새로운 의서를 편찬하라고 지시했다. 6명의 당대 최고 명의들이 모여 집필을 준비하는데, 그 팀을 주도한 사람이 당시 내의원 수의였던 허준(許浚)이다. 하지만 다음해인 1597년 정유재란이 발발하며 편찬 작업에 참여한 의원들이 죽거나 병들어 의서 편찬이 중단됐다. 설상가상 의서 편찬 지시를 내린 선조마저 숨지자, 의서 편찬에 동력을 상실한다. 하지만 포기하지 않고 홀로 연구를 거듭한 허준은 1610년 총 25권으로 구성된 의학서를 편찬했다. 조선을 넘어 동아시아 의서를 집대성한 『동의보감(東醫寶鑑)』을 완성한 것이다.

허준이 과거 시험을 치루지 않고 내의원이 된 데는 인연이 작용했다. 이조참판을 지낸 유희춘의 가족이 허준의 치료를 받고 모두 병이 나았다. 허준의 학식과 의술이 뛰어남을 알아본 유희춘은 당시 이조판서인 홍담에게 허준을 내의원에 천거해 주도록 편지를 보냈다고 자신의 저서 『미암일기(眉巖日記)』에 밝히고 있다. 전의감이나 혜민서 생도들이 식년시에서 우수한 성적을 거두고 합격하더라도 종8품직으로 시작하는 것이 일반적이었는데, 허준은 종4품 첨정 벼슬로 내의원 생활을 시작했다. 실력 있는 인재를 높은 품계로 특별 채용한 케이스였다. 허준의 능력은 숨길 수 없는 낭중지추(囊中之錐)였다. 그렇지만 선조의 두터운 신임으로 계속해 승진하자 문관들의 시기와 견제 속에 상소가 이어졌다.

"내의(內醫) 허준(許浚)이 왕자를 치료했다고 하여 가자(加資)할 것을 특명하였는데, 허준이 비록 구활(救活)한 공이 있다고는 하지만… 종전에 없던 상전(賞典)을 과하게 베푸시는 것은 불가하니 개정을 명하소서."

- 『선조실록』 24권, 선조 23년 12월 25일

허준은 영의정급인 정1품 보국숭록대부의 관작을 받았지만 사헌부, 사간원의 언관들이 난리를 치는 바람에 결국 철회하게 되고 허준 사후 정1품으로 추증을 받는다. 서자 출신 의관으로서 전무후무한 출세 가도를 달린 허준이었다.

1590년 왕자가 두창(천연두)에 걸렸다. 두창은 귀신이 들려 걸리는 병이라 여겨 굿을 하던 시대였으므로 약이나 치료법이 없었다. 그렇다 보니 내의원에서 왕자의 치료를 위해 나서는 의원이 없었다.

이에 허준이 홀로 왕자의 두창 치료에 전념했고 왕자의 병은 깨끗이 치료됐다. 두창은 당시로서는 치사율이 매우 높은 전염병으로 홍역, 콜레라와 함께 조선의 3대 전염병이었으며, '마마'라고 불리기도 했다. 이렇게 두려운 병을 이기고 왕자를 살려 내니 선조가 매우 기뻐하며 허준에게 당상관의 품계를 내렸다.

"조선인들은 두창을 귀신이 불러온 병으로 여겨 약을 사용하면 귀신이 노해 죽는다고 믿었다. 예전에 왕자가 두창에 걸렸는데 의관들이 풍속 금기에 얽매어 수수방관하다가 목숨을 잃어…"

- 『언해두창집요』, 허준

이미 두창으로 아들을 잃었던 선조는 이번만큼은 두고 볼 수 없다 여겨 허준을 지목해 왕자를 치료하게 했다. 이에 허준이 여러 의서를 참고해 결국 묘약을 찾게 된 것이다. 그리고 『언해두창집요』라는 두창 치료법을 담은 의서를 발간한다. 무조건 죽기만을 기다리던 귀신들린 병을 이제 고칠 수 있게 된 것이다. 당시로서는 엄청난 모험을 한 대담한 선택이며 도전이었다.

『지봉유설(芝峰類設)』에는 "옛 풍속에 마마는 약 쓰는 것을 금하고 앉아서 죽기를 기다렸다. 허준이 비로소 약을 써서 살아난 자가 자못 많았다."라는 기록이 있다.

선조 재임 41년 동안 가장 인정할 만한 업적은 후대에도 큰 영향을 미치게 한『동의보감』편찬이다. 선조는 그냥 편찬만 후원한 것이 아니라『동의보감』의 편찬 방향까지 지시하고 편찬에 참여할 당대 최고 의원들까지 모아 편찬 팀을 구성했다. 본격적인 대규모 프로젝트를 구상하고 출발시킨 것이다. 편찬 작업을 시작한 다음해 정유재란이 발발하면서 집필이 어려워졌지만, 선조는 500여 권의 참고용 의서를 하사하면서까지 집필을 독려했다. 전란 중이었음에도『동의보감』완성에 대한 선조의 의지를 엿볼 수 있다. 선조는『동의보감』을 의원이 보는 책이 아닌, 일반 백성이 보고 참고할 수 있는 의서가 되길 바랐다.

[선조가 허준에게 지시한 편찬 지침]

1. 병에 걸리지 않도록 수양이 우선이다. 약물 치료는 차선으로 하라.

2. 중국과 조선의 의서를 통틀어 핵심 처방만을 선별하라.

3. 국산 약을 활용할 수 있도록 향약을 장려하라.

선조의 피란(避亂)길에 동행해 선조의 건강을 챙긴 허준은 임진왜란 후에 호성공신 3등에 책봉되었다.

1608년 2월, 선조가 승하하면서 내의원 수의였던 허준은 독한 약을 처방해 선조를 죽음에 이르게 했다는 탄핵에 직면했다. 엄벌에 처해야 한다는 의견이 많았으나 광해군은 허준을 의주로 귀향 보내는 것으로 일단락 짓는다. 광해군은 동궁 시절 자신을 살려 준 허준을 배려했고, 허준은 그곳에서 연구에 몰두하며 '인체가 곧 작은 우주'라는 철학을 담은 『동의보감』[5]을 완성한다. 그의 나이 72세였다. 허준은 이 책에 침술, 약재, 탕약을 이용한 다양한 치료법을 체계적으로 완성해 기록했다. 전쟁과 피란, 그리고 귀향 등 정말 어려운 환경 속에서도 굴하지 않고 책을 완성시킨 것은 의학자로서 허준의 특별한 집념이 있었기에 가능했다. 그리고 3년 후인 1613년 광해군의 명으로 『동의보감』이 간행된다.

---

5 『동의보감』 25권은 5개 편으로 구성돼 있다. 1. 내경(오장육부의 구성 원리와 관련 질병) 2. 외형(신체 외형의 구성 원리와 관련 질병) 3. 잡병(소아과, 부인과, 기타 질환) 4. 탕액 (본초학) 5. 침구(침구학)편으로 나뉘며, 질환과 그 처방에 관한 내용으로 구성돼 있다.

조선의 국운을 건 7년 전쟁,
임진왜란

임진왜란은 조선, 일본, 중국에서 30만 명 이상이 동원된 16세기 최대 규모의 국제 전쟁이다. 임진왜란보다 4년 빠른 1588년 칼레해전(영국군이 스페인 무적함대를 물리친 전쟁)에 동원된 병력이 양쪽을 합해 3~4만 명인 것을 감안하면 실로 엄청난 규모의 전쟁이었던 것이다. 도요토미 히데요시는 전국 통일을 이뤘지만 내란 등 불안 요소가 존재했다. 또한 유력한 영주들 중에는 히데요시의 명령에 반기를 들고 있는 불만 세력이 남아 있었다. 이런 상황에서 그는 권력을 쟁취하고 유지하기 위한 수단으로 전쟁을 선택했고, 이는 국내 불만을 외부로 돌리려는 의도이기도 했다. 또한 경제적인 이유도 분명히 존재했다.

"명을 정복하면 일왕은 북경으로, 나는 영파로 가겠다."

- 도요토미 히데요시

영파는 은 무역이 활발하던 곳이다. 당시 일본은 세계에서 두 번째로 많은 은을 생산했다. 하지만 중국의 해금 정책으로 바다를 통한 무역은 단절돼 있었다. 그러나 일본 무사들을 통한 밀무역은 유지되고 있었기에 은광을 소유하고 있던 히데요시는 은 무역을 장악하기 위해 전쟁을 일으킨 측면도 있었다.

도요토미 히데요시의 야망은 명나라를 향해 있었다. 히데요시는 대마도주 소 요시시게를 불러 조선 국왕을 입조(入朝, 상국의 조정에 신하로 들어오라는 의미) 시키고, 명나라로 가는 길을 조선이 돕게 하라는 '정명향도(征明嚮導, 명으로 향하는 왜에게 길을 안내하라는 의미)'를 명했다. 말이 좋아서 안내지, 일본의 앞잡이가 되라는 얘기였다. 일본을 오랑캐로 여겼던 조선에게는 말도 안 되는 요구였다. 조선과의 무역에 의지해 왔던 대마도주는 이를 그대로 전달했다가는 조선과의 관계가 파탄 날 것이고, 히데요시에게 안 된다고 했다가는 목숨이 위태로울 것이기에 조선에 통신사 파견을 요청한다. 통신사 일행을 그가 직접 만나면 이 요구가 얼마나 터무니없는 요구인지 알 것이라고 판단한 것이다. 그리고 조선에는 '가도입명(假道入明)', 즉 길을 빌려 명나라로 들어간다는 내용으로 순화해 전달한 것이다.

1590년 3월, 일본의 거듭된 요청에 조선 조정은 통신사를 일본으로 파견한다. 정사 황윤길(黃允吉), 부사 김성일(金誠一), 서장관 허성(許筬) 외에 200여 명에 이르는 대규모 사절단이었다.

조선은 오랫동안 외척의 전횡으로 나라가 병들고 정치 시스템이 온전치 못한 상태였다. 선조 즉위 후에는 집권 사림이 동인과 서인이라는 당파로 나뉘어 협력이 되지 않았고, 무려 1,000여 명의 선비들이 희생된 기축옥사로 인해 정치적으로 혼란스러운 상황이었다. 때문에 국외 정세 변화를 제대로 관찰하지 못했다.

통신사로 일본에 다녀온 정사 황윤길(서인)은 도요토미 히데요시의 눈에 광채가 있어 왜가 반드시 조선을 칠 것이니 대비해야 한다고 했다. 서장관 허성(동인)도 전쟁을 준비해야 한다고 주장했다. 하지만 부사 김성일(동인)은 도요토미 히데요시가 쥐의 눈을 가져 두려워할 필요가 없다며 전쟁을 일으킬 위인이 못 된다고 보고했다. 김성일은 퇴계 이황의 수제자로 조선의 엘리트다. 그렇지만 일본을 바라보는 편견이 아래 그의 글에서 나타난다.

"바다 동쪽 한쪽 구석 오랑캐들이 사는데 성질은 교만하고 지역도 별스럽다."

"심보는 이리 같고 목소리는 올빼미며 독을 품은 전갈이라 가까이할 수가 없네."

통신사로 일본에 다녀오면서 남긴 여행기 『해사록』에 기록된 글로, 이 글에서 확인할 수 있듯이 일본을 얕잡아 보는 김성일의 유학자적 우월의식이 올바른 상황 판단을 할 수 없게 했다.

이렇게 통신사 일행의 의견이 다를 때는 정사의 의견에 무게를 두는 것이 일반적이었으나, 집권 세력인 동인 김성일의 의견에 무게가 실렸다. 아마도 선조는 자기가 믿고 싶은 대로, 자기에게 유리한 대로 결론을 내고 싶었을 것이다. 기축옥사 등의 당쟁으로 사회·정치적으로 혼란스러운 이때 전쟁까지 겹친다면 어떻겠는가. 전쟁을 바라지 않는 선조의 마음이 잘못된 의사결정을 하게 한 결정적 요인이 아니었을까. 마찬가지로 조선의 지배층도 전쟁이 일어날 것이라는 가정이 싫었던 것이다. 여기에 조선 조정은 일본의 군사력마저도 철저히 오판해 일본이 동원할 수 있는 배가 기껏해야 100척일 것이라고 과소평가했다. 왜가 전쟁 의지가 있는지 확인하기 위해 통신사 일행을 파견해 놓고도 올바른 판단을 위한 사실에 집중하지 못했다.

그래도 선조는 전쟁이 일어날 것이라는 전제하에 총력을 기울이진 않았지만, 왜의 침략 경고를 마냥 무시하진 않았다. 전국에 장수가 될 만한 인재들을 천거하라고 비변사에 명했다는 『징비록』의 기록을 보면 소극적이지만 나름의 대비를 한 것으로 보인다. 이때 정읍 현감이던 이순신이 전라좌수사로 발탁되었다.

"이순신을 전라좌도 수사로 삼았다. 이때 순신의 명성이 드러나기 시작하여 칭찬과 천거가 잇따라서…"

— 『선조수정실록』 25권, 선조 24년 2월 1일

시간이 지나며 왜의 침략 조짐이 고조되면서 선조는 대장 신립과 이일을 각 도에 보내어 병비(兵備)를 순시(巡視)하도록 했다.

이런 기록을 보면 선조가 왜의 침략이 없을 거라고 믿고 마냥 손을 놓고 있었던 것은 아니었다. 그렇지만 통신사 일행이 돌아온 후 임진왜란까지 1년여의 기간 동안 총력을 기울이지 못한 책임은 잘못된 의사결정을 한 선조와 조선의 지배층에 있다.

1592년 4월 13일 새벽, 400여 척의 적선이 부산 앞바다를 뒤덮었다. 왜의 조선 침략이 시작된 것이다. 왜는 침략 당일 부산진성을 함락하고, 다음날 동래성을 함락했다. 부산진첨사 정발과 동래부사 송상현은 준비 없이 맞이한 왜군 앞에서 속수무책이었지만, 죽는 순간까지 성을 포기하지 않고 조선의 장수로서 기백을 잃지 않았다. 이후 왜군이 부산에 침공한 사실을 조선 조정은 나흘 후에나 보고 받은 것을 보면 외세 침략을 방어하기란 처음부터 불가능했다. 조선 출범 후 200년간 이어져 온 평화로 인해 조선은 국토 방위에 무감각해졌으며, 성리학의 나라답게 숭문 사상(문을 숭상하고 무를 천시함)이 오랫동안 자리 잡다 보니 군대를 훈련하고 양성하는 기본적인 안보 시스템이 작동하지 않았던 것이다.

왜군은 부산과 상주를 거쳐 한양으로 향하면서 지름길인 조령(문경새재)으로 향했다. 선조는 조선 최고의 장수 신립(申砬)을 삼도순변사(경상, 전라, 충청 세 도의 군대를 총괄하는 사령관)로 삼아 충주로 내려 보냈다. 신립이 내려온다는 소식을 들은 충주의 백성들이 피란도 가지 않았을 만큼 그의 명성은 당대 최고였다. 왜군이 지름길인 조령을 선택했다는 것은 조선 입장에서는 좋은 기회였지만, 신립은 방어를 위한 최적의 장소인 조령을 포기하고 충주의 평야지대를 선택한다. 신립의 부하 장수인 김여물은 조령의 험준한 지형을 이용해 적을 막아야 한다고 진언했다. 하지만 신립은 자신의 주특기인 기병전을 펼치기 위해 평야를 선택했다. 조총이라는 적의 무기는 생각지 않고 천혜의 요새인 조령을 포기한 것이다. 설상가상 마침 내린 비로 기병전을 펼치기 어려운 상황이 된 조선군은 탄금대 앞에 배수진을 쳤으나, 신립의 전술은 실패로 끝났다. 탄금대 전투에서 조선의 8천 군사들은 전멸했고, 끝까지 싸우던 신립은 부하 장수 김여물과 함께 강에 투신해 죽음을 맞았다. 신립의 패배를 기점으로 선조는 한양을 버리고 피란을 가기로 결심한다. 새도 넘기 힘든 고개라 하여 '조령(鳥嶺)'이라는 이름이 붙은 문경새재의 지리적 이점을 이용해 적을 막았다면 전투의 양상이 많이 달라졌을지도 모른다는 아쉬움이 남는다.

절체절명의 위기 속 리더,
누구보다 먼저 조선을 포기한 군주

　　임진왜란 발발 보름여가 지난 1592년 4월 30일 새벽, 비가 쏟아지는 가운데 선조는 한양을 버리고 몽진(蒙塵, '먼지를 뒤집어 쓴다'는 뜻으로 고단한 피란길을 의미함)을 떠난다. 개성을 거쳐 5월 7일 평양에 도착했으며, 북방의 강한 군사력을 기대했던 선조는 "내가 평양 백성들과 함께 하겠다."고 약속한다. 하지만 한 달여 만에 평양을 떠나 다시 의주로 향했다. 영변[6]에 도착한 선조는 광해군을 세자로 삼고 분조(조정을 둘로 나누는 일)를 명해 함경도로 보냈다.

　　"세자에게 종묘사직을 받들고 분조(分朝)하도록 명하였다. 상이 밤에 종신(從臣)을 불러 의논하기를, '나는 내부(內附)를 청하겠다. 세자는 당연히

6　김소월의 시 '진달래꽃'에 나오는 곳이다.

종묘사직을 받들고 감무(監撫)하면서 나라에 머물러야 할 것이다. 누가 나를 따라 요동으로 건너가겠는가.'…"

- 『선조수정실록』 26권, 선조 25년 6월 1일

의주에 도착한 선조는 왜군의 계속된 북진으로 의주에서 더 이상 피할 곳이 없자 명나라로 건너가 살겠다는 '요동내부책'을 거론한다. 왕이 백성을 버리고 피란을 간 것도 모자라 명나라로 망명하겠다는 의지를 내보인 것이다. 군사도, 백성도 포기하지 않은 나라를 가장 먼저 포기한 군주. 자신의 안전 이외에는 아무것도 판단하지 못한 선조는 왕으로서도, 아버지로서도 정말 최악의 리더로, 전란 극복에 걸림돌만 되었다.

왜군의 강력한 군사력 앞에 전투마다 패해 더 이상 물러설 곳이 없었던 상황에서 전쟁의 물줄기는 바다에서 바뀌었다. 조선군의 첫 승전보는 옥포해전이었다. 적군의 사상자는 4천여 명에 달했지만, 조선군은 2명의 부상자만 발생한 완벽한 승리였다. 바로 이순신의 23전 23승 중 첫 번째 전투였다. 옥포해전은 연전연패하던 조선군에게 왜군과 싸워서 이길 수 있다는 자신감을 갖게 한 아주 중요한 계기가 됐다. 이후 이순신 함대는 한산도에서 와키자카 야스하루가 이끄는 왜 수군의 주력을 괴멸시키며 남해안을 장악하고 호남의 곡창지대를 지켜냈다. 이로 인해 왜군은 군량을 본토에서 조달해야 하는 어려움에 직면하게 되어 수륙 병진 전략을 펼치는 데 아주 큰 차질이 생겼다.

평양 이북까지 점령했던 왜군에게 첫 번째 고비가 찾아왔다. 고니시 유키나가의 군사들은 대부분 일본 남쪽의 규슈 지방 출신들로, 강한 추위를 겪어 본 적이 없는 병사들에게 평양 이북의 맹추위는 몸을 얼어붙게 했다. 또한 이순신 함대에 막혀 계산된 보급이 이뤄지지 않으면서 춥고 배고픈 상황에 빠져 버렸다. 결국 1593년 1월, 조명 연합군에 의해 왜군이 평양성 전투에서 대패하면서, 이를 기점으로 전세가 역전됐다. 게다가 이순신 함대의 연전연승과 각지에서 의병들이 활약하면서 전쟁의 양상이 바뀌기 시작하자, 조선 조정은 명군이 왜군을 몰아내고 전쟁을 종식시킬 수 있겠다는 장밋빛 기대를 가지게 된다. 하지만 곧이어 벌어진 파주 벽제관 전투에서 명군이 왜군에게 참패하면서, 더 이상 전진하지 않고 왜군과의 전투를 피하는 형국이 벌어진다.

명군은 무리할 생각이 없었다. 어느 정도 참전의 목적을 이뤘기 때문이다. 명목상 출병 이유는 조선을 돕겠다는 것이었지만, 명나라는 철저히 자국의 이익을 고려해 참전했다. 의주까지 점령한 왜군이 압록강을 건너 북경까지 침입할 것을 우려한 명나라는 조선의 원군 요청 이전부터 전쟁에 어떻게 개입할 것인지 논의했다. 실질적으로 명나라 본토인 북경과 요동에 대한 위협을 제거하려는 출병이었다. 따라서 명나라는 고니시군(1군)과 가토군(2군)이 한양 부근까지 후퇴한 상황에서 더 이상 전투를 통해 병력 손실을 입는 것보다 휴전 협정을 통해 상황을 정리하는 것이 유리하다고 판단한 것이다. 하지만 명나라와 왜의 협상 과정에서 조선은 완전히 배제되었다. 군 지휘권을 가진 명나라의 의도대로 왜군과 휴전 협정을 맺었으며, 휴전을 통해 왜군은 울산에서 순천에 이르는 남해안 지역에 성을 쌓고 장기 주둔하는 형세로 바뀌었다. 왜군은 남해안으로 철수하고 명군은 대다수가 요동으로 철수했다. 그러나 우리 영토, 우리 백성의 고통은 해소되지 않은 것이다.

다시 한양을 수복한 선조는 성난 민심을 바라보지 않았다. 오랜 전쟁으로 지친 백성들을 부역으로 고단하게 하고, 군수용이라는 명목을 내세워 재산을 환수하는 등 백성들의 원성을 샀다. 이에 백성들은 관청을 습격하고 식량을 나누는 등 민란을 일으킨다. 하지만 선조는 잔혹하게 민란을 진압하고 관련자를 처형했다. 임금을 백성의 아버지라 여겼지만 선조는 군왕의 그릇이 아니었다. 자기 백성의 고충과 울부짖음에 아랑곳하지 않고 임금의 권위만 찾으려 한 선조는 백성을 사랑해야 할 의무를 저버린 왕이다.

임진왜란을 통해 우리는 자력으로 나라를 지킬 능력이 없는 상태에서 강대국의 참전은 전쟁 주도권과 민족의 운명을 모두 잃는 비극을 낳을 수 있음을 깨달았다. 비록 결렬되기는 했지만 1592년 8월 협상에서 고니시는 대동강을 기점으로 한반도를 분할하자고 제안했다. 대동강 이남은 일본이 취하고, 대동강 이북은 명나라가 취하자는 분할 제안이었던 것이다. 명나라가 이 제안을 받아들였다면 어떠했 겠는가. 정말 끔찍한 가정이다. 국력이 약해지면 언제든지 우리 영토 가 강대국의 흥정 대상이 될 수 있음을 기억해야 한다. 해방 이후, 그 리고 6.25 전쟁의 휴전 이후 우리는 계속해서 강대국의 보호라는 명 목 아래 간섭을 받아 왔다. 아픈 역사의 교훈을 거울삼아 우리가 국 력을 신장해야 하는 이유다.

1597년 1월, 왜군의 2차 침략인 정유재란이 시작된다. 1차 침 략 목표는 조선 점령 후 명나라로의 진출이었지만, 현실적으로 어렵 다는 것을 깨달은 도요토미 히데요시는 경기, 충청, 전라, 경상 4개도 를 장악하겠다는 목표를 가지고 전쟁을 다시 시작한다.

선조는 이순신에게 적의 본진인 부산을 치라고 명했다. 하지 만 이순신은 적은 병력으로 남해안을 지키는 것이 최선의 전략이라 여겨 이를 따르지 않았다. 조선 수군의 운명을 한 번의 해전에 걸 수 없었던 것이다. 선조는 이순신의 삼도수군통제사 직을 빼앗고 원균 을 삼도수군통제사로 임명해 부산포로 진격할 것을 명했다. 전투에 나선 원균은 칠천량에서 대패하고 자신도 전사하고 만다. 이 패배로 훈련 받은 다수의 군사와 장수들, 백 척이 넘는 배를 잃었을 뿐만 아 니라, 조선의 제해권을 일본으로 넘겨주는 정말 뼈아픈 결과를 맞았 다. 선조는 어쩔 수 없이 이순신 장군을 다시 찾았고 삼도수군통제사 직을 되돌려 주었다.

이순신은 이름뿐인 수군이었지만 재건 작업에 착수한다. 흩어진 장수와 병졸을 모으고 군량을 보충하기 위해 백방을 누볐으며, 그의 준비는 침착했고 빨랐다. 하지만 조선 수군의 배가 12척이라는 보고를 받은 선조는 수군을 폐지하고 육전에 참가하라는 '명공육전(命公陸戰)'의 조서를 내렸다. 하지만 이순신은 물러서지 않고, 끝까지 싸우겠다는 장계를 올려 선조를 설득한다. 우리가 다 아는 그 유명한 문장이 이 장계에 나오는 것이다.

"임진년부터 5~6년간 적이 전라, 충청도로 진격하지 못한 것은 우리 수군이 바닷길을 막고 있었기 때문입니다. 신에게는 아직 12척의 배가 있사옵니다. 죽을힘을 다해 막아 싸운다면 아직 할 수 있는 일입니다. 지금 만약 우리 수군을 폐한다면 이는 적이 다행으로 여길 것이며, 서해를 거쳐 바로 한양에 이를 것입니다. 이것이 신이 두려워하는 바입니다. 전선의 수가 비록 적지만, 미천한 신이 아직 죽지 않았기에 적이 우리를 업신여기지는 못할 것입니다."

12척의 배로 수백 척, 수만 명의 적과 맞서 싸우겠다는 발상이 무모한 일일지도 모른다. 그러나 조선 수군의 역할은 왜군의 북상을 막고 호남의 곡창지대를 지키는 것이었다. 이순신이 바다에 버티고 있었기 때문에 왜군의 이동은 물론이고 식량 보급에 있어서도 큰 차질을 겪을 수밖에 없었다. 선조는 이런 수군의 중요성을 깊게 생각하지 않은 것이다. 모든 걸 명나라에 의존하려 했던 선조는 "배가 12척이야? 그럼 수군 없애버려~"라고 기대를 갖지 않은 것이다. 이런 선조의 경솔한 결정에 이순신은 참으로 충정과 진심이 묻어나는 장계로 수군을 유지해 명량해전을 준비했다. 이것이 목숨을 건 마지막 전투라고 생각했을지도 모른다. 그만큼 조선 수군의 전력이 미비했기 때문이다. 그리고 사흘 후 모두의 예상과 다르게, 아니 그 스스로도 예상할 수 없었던 대승을 거둔다. 13척으로 133척에 맞서 승리를 거둔, 전 세계 해전 사상 유래가 없는 대승이었다. 엄청난 고난과 역경 속에서도 굴하지 않고 자신의 역할을 다하는 그의 모습에 감탄하지 않을 수 없다. 누가 봐도 불가능한 전투를 승리로 이끈 이순신의 활약이었지만 선조는 냉담했고, 이순신의 공을 시기하고 인정하려 하지 않았다.

"통제사(統制使) 이순신(李舜臣)이 사소한 왜적을 잡은 것은 바로 그의 직분에 마땅한 일이며 큰 공이 있는 것도 아니다."

- 『선조실록』93권, 선조 30년 10월 20일

"이순신에 대하여는 참으로 포상할 만한 일이지만 가자(加資, 품계를 올려주는 것)하는 것은 좀 지나친 듯하다."

- 『선조실록』99권, 선조 31년 4월 15일

1598년 노량해전을 끝으로 왜의 조선 침략 전쟁은 끝이 났다. 조선에 깊은 상처를 남긴 7년 전쟁. 백성들의 삶은 가난과 궁핍으로 차마 눈뜨고 볼 수 없었다.

필요에 따라 얼굴을 바꾼다면
신뢰할 수 있을까
― 원칙이 없는 선조의 이중성

　　기축옥사 당시 권력의 정점에 있던 정철은 무소불위의 칼을 휘두르며 주변을 벌벌 떨게 했다. 하지만 영광은 오래가지 못했는데, 옥사 직후 선조의 태도가 급변했기 때문이다. 선조는 정철을 향해 "호랑이와 독수리의 절개를 가졌다."고 칭송했지만, 옥사 직후 정철 때문에 무고한 인재들이 죽었다며 '독하고 간사한 정철'이라고 비난했다. 결국 1591년 좌의정에서 파직된 후 평안도 강계에 위리안치(圍籬安置, 죄인을 배소에서 달아나지 못하도록 가시로 울타리를 만들고 그 안에 가둠)됐다.

　　선조가 정철에 대해 갑작스레 태도를 바꾼 이유는 무엇일까? 결정적 이유는 세자 책봉 문제였다. 하루는 영의정 이산해, 좌의정 정철, 우의정 류성룡이 세자 책봉에 관해 논의한 후 함께 임금을 만나기로 했다. 하지만 약속한 날짜에 영의정 이산해는 나오지 않았다. 선조의 마음을 알고 있었던 이산해는 괜히 잘못 얘기했다가 경을 칠까 두려웠던 것이다. 궐에서 만난 정철과 류성룡이 어전으로 가 선조를 만났다. 그 자리에서 신중한 류성룡에 앞서 정철이 선조에게 고했다.

"전하! 이제 세자를 정해 국본을 튼튼히 해야 할 때라고 생각되옵니다."
"그래 경들은 누가 세자가 되는 것이 옳다고 생각하시오?"
"광해군이 총명하니 전하의 뒤를 이을 수 있을 것이옵니다."
"광해군을 세자에 책봉 하시옵소서."
"내가 아직 마음을 정하지 못하였으니, 그 문제는 나중에 논의합시다."

정철은 원칙주의자답게 선조의 의중은 고려하지 않고 소신 발언을 한 것이다. 하지만 선조는 마음속으로 인빈 김씨의 아들인 신성군을 염두에 두고 있었다. 역린을 건드린 이 사건을 기점으로 선조는 정철을 대하는 태도가 돌변했다. 하지만 정치 9단 선조의 속내는 이것이 다가 아니었을 가능성이 높다. 선조는 재위 기간 내내 특정 세력을 지속적으로 지지한 적이 없다. 동인과 서인을 번갈아 가며 손을 들어주면서 충성심을 유도했다. 이것이 왕권을 유지하는 길이라 생각했고, 실제로 자신의 세력 없이 41년을 왕좌에 앉아 있었던 것을 보면 정치 감각이 매우 뛰어났다고 봐야 할 것이다. 그런 관점에서 힘의 균형을 맞추기 위해 정철을 버린 것이 아닌가 생각된다. 또한 1,000여 명의 죽음에 대한 책임을 정철에게만 뒤집어씌우는 선조의 비겁함이 엿보인다. 절대 권력자인 왕의 지지 없이 정적 천여 명을 죽인다는 것은 불가능한 일이건만 선조는 그 모든 책임을 정철에게 미루고 결국 토사구팽으로 마무리한다. 「관동별곡」, 「사미인곡」, 「속 미인곡」, 「성산별곡」의 4대 가사를 지어 후손들에게 훌륭한 문학가로 알려진 정철이지만, 정치인 정철의 삶은 영광스럽지 못했다. '동인 백 정'이란 오명을 얻고 많은 피를 흘리게 한 정철은 임진왜란이 일어난 다음해인 1593년 12월, 강화도에서 쓸쓸히 죽었다.

이런 선조의 이중성에 희생된 이가 더 있다. 바로 이순신이다. 정읍현감(종6품) 재직 중 진도군수(종4품)로 발령이 난 그는 부임지로 가기도 전 가리포첨사(종3품)로 전임되었고, 잇따라 전라좌수사(정3품) 로 다시 한 번 발령이 났다. 7단계나 품계가 뛰어오른 특진에 신하들 과 사간원의 반대가 이어지자 선조는 위와 같은 방법을 써 가면서까 지 이순신을 전라좌수사로 임명했다.

"이순신은 경력이 매우 얕으므로 중망(衆望)에 흡족할 수 없습니다. 아 무리 인재가 부족하다고 하지만 어떻게 현령을 갑자기 수사(水使)에 승임시 킬 수 있겠습니까."

- 『선조실록』 25권, 선조 24년 2월 18일

임진왜란 발발 1년 2개월 전 왜군의 침략을 염두에 둔 선조의 인사 조치였다. 당시 지방관에 머물고 있던 이순신을 해군 사령관으로 파격 승진시킨 것은 장군의 잠재력을 알아본 선조의 안목이었고, 그 안목은 정확했다. 전라좌수사로 부임한 이순신은 탁월한 지휘력을 보였으며, 전쟁이 임박했음을 느끼고 침착하게 좌수영을 세워 나갔다. 나무를 잘라 배를 만들고, 쇠를 녹여 무기를 만들었으며, 둔전을 통해 쌀을 확보하고 소금을 굽고 물고기를 팔아 병사들의 옷을 해 입혔다. 능력 있는 지휘관을 만난 전라좌수영은 5개 수영(충청수영, 전라우수영, 전라좌수영, 경상우수영, 경상좌수영) 중 유일하게 전투 준비가 되어 있었다.

옥포해전에서 승리했을 때만 해도 선조는 자신의 선택이 옳았음을 인정하고 기뻐했다. 그리고 그의 능력을 인정하여 1593년 조선 최초로 삼도수군통제영을 설립해 그를 삼도수군통제사로 임명했다. 조선의 제1대 해군참모총장이 된 것이다.

하지만 이순신의 연전연승과 함께 피란민들이 이순신의 진영으로 가면 살 수 있다는 희망으로 몰려들기 시작했고, 자연스럽게 백성들의 존경과 사랑을 받는다. 선조 자신은 백성을 버린 왕으로 백성들에게 원망을 듣는 이 순간, 왕보다 더 큰 공으로 백성들의 사랑을 받는 장수가 있으니 이순신을 좋게만 볼 수 없었다. 남해안의 군사력을 총지휘하며 백성들의 민심까지 얻고 있는 장수를 경계하기 시작한 것이다. 정유재란이 시작되면서 곪아 있던 선조의 마음이 터뜨려져 왕명을 거역한 죄로 이순신을 한양으로 압송해 정말 죽이려 했다. 그를 천거했던 류성룡도 몸을 사릴 정도의 긴장감 도는 상황까지 갔다. 이때 우의정 정탁이 목숨을 건 상소문인 '신구차(伸救箚)'로 이순신을 구한다. 이순신의 목숨을 구하면서도, 선조의 자존심을 살리는 지혜로운 명문(名文)으로 이순신이 명량과 노량에서 공을 세우고 임진왜란을 종결할 수 있게 했다.

선조는 자신이 능력을 알아보고 등용해 키운 장수였지만, 한순간 마음이 변했다. 귀가 얇은 선조에게 원균과 서인들의 이순신에 대한 모함은 적중했고, 의심 많은 선조는 이순신을 삐딱하게 바라보며 기회를 엿보고 있었던 것이다. 임금도 사람이기에 백성의 사랑을 독차지한 신하에게 시기와 질투가 생길 수 있다. 그렇지만 이를 표현하는 것은 전혀 다른 문제다. 도량이 넓은 군주는 못 되더라도 상식적인 판단으로 전쟁 영웅을 대우했어야 했다. 선조는 고민했을 것이다. 전쟁 영웅 이순신을 제거하자니 왜군과의 싸움이 아직 끝나지 않은 상황이고, 그대로 권한을 부여하자니 막강한 군사력과 백성들의 신망까지 가진 이순신이 혹시 딴마음이라도 먹지 않을까 하는 두려움이 존재했을 것으로 보인다. 서자 출신 왕이라는 콤플렉스가 삐뚤어진 자존심으로 나타나게 되면서 임금의 권위만을 생각하며 올바른 판단을 하지 못했다. 학식이 뛰어난 군주라는 기대감은 한순간에 물거품이 되고 말았다.

임진왜란이 시작되고 선조는 광해군에게 분조를 맡기며 실질적인 군왕의 역할을 수행하도록 했다. 그 과정 속에서 광해군은 백성과 의병들에게 칭송 받는 세자였다. 기대 이상의 역할로 왕실의 권위를 지키고 분조 활동을 성공적으로 수행했다. 선조는 국란 극복을 위해 목숨 걸고 전장을 누빈 광해군에게 예(禮)와 의(義) 모두를 지키지 않았다.

임진왜란을 겪으며 심해진 선조의 질투심에 전쟁 극복의 최대 공신들이었던 이순신이 버려졌고, 류성룡이 버려졌다. 마찬가지로 분조를 이끌며 큰 공을 세운 광해군은 세자로서 확고한 지위를 약속 받고 싶었으나, 선조는 아들 광해를 인정하지 않고 냉대하며 왕좌를 물려주고 싶지 않음을 노골적으로 드러냈다. 이런 상황 속에서 선조는 19세의 어린 아내 인목왕후와 재혼한다. 설상가상 적장자를 원했던 선조에게 아들 영창대군이 생기며 광해군의 앞날은 한치 앞도 알 수 없게 되었다. 이대로라면 영창대군에게 밀려 광해군은 왕위에 오르기 어려운 지경이었다. 하지만 갑작스런 선조의 죽음에 광해군이 왕위에 올랐다. 3세의 어린 영창대군을 왕위에 올릴 수 없었기에 광해군에게 기회가 온 것이지, 만약 선조가 몇 년만 더 살았다면 왕좌는 광해군이 아니라 영창대군에게 넘어갔을 확률이 높다. 광해군은 이런 아버지에 대한 서운함을 오랜 시간 간직하면서 인내했고, 결국 왕위에 오른 것이다. 국왕인 자신을 대신해 전란 극복에 최선을 다한 아들에게 결국 상처와 분노만 남겨 주고 떠난 선조는 국왕 이전에 아버지로서의 삶도 실패했음을 보여 준다.

1604년 선조는 전란 극복에 대한 공신을 책봉한다. 공신 책봉은 선조의 계산된 술책이었으며, 선조의 옹졸함을 한없이 보여 주는 대목이다. 공신 등급은 선무공신(宣武功臣), 호성공신(扈聖功臣), 선무원

종공신(宣武原從功臣)으로 구분됐다. 선무공신은 전란에 큰 공을 세운 장수 18명이었다. 이 중 1등 공신은 이순신, 원균, 권율이었지만, 이 순신과 원균은 이미 전사한 장수였다. 공을 세운 장수들 중 생존자들이 많이 제외되었고, 의병장들은 여기에 포함되지 못했다. 선조는 칠천량에서 대패한 원균을 이순신과 같은 1등 공신으로 책봉하며 상대적으로 이순신의 공을 깎아 내리는 꼼수를 썼다. 그러면서 잘못된 인선과 작전명령의 최종 책임자인 본인의 과오를 희석시키려 했다. 반면 피란길에 왕을 호위한 신하들은 호성공신에 다수 봉해졌다. 단지 왕을 따라서 피란을 갔다는 이유로 공신에 책봉된 것이다. 86명에 이르는 호성공신에는 마구간지기와 내시, 그리고 왕의 심부름꾼도 포함돼 있다. 목숨 걸고 전장에서 싸운 선무공신이 단 18명에 그친 것에 비하면 참으로 어이없는 상황이다. 영의정 이항복은 호성공신 1등에 책봉되고 나서 민망함을 이기지 못하고, 전장에서 장수들이 세운 공에도 미치지 못하는데 1등 공신은 과하다며 취소해 줄 것을 요청했을 정도였다. 무관보다는 문신 중심이고, 전쟁터보다는 왕과 가까이 있었던 사람들이 더 공로가 있다고 인정받은 것이다.

"이번 왜란의 적을 평정한 것은 오로지 중국 군대의 힘이었고 우리나라 장사(將士)는 중국 군대의 뒤를 따르거나 혹은 요행히 잔적(殘賊)의 머리를 얻었을 뿐으로 일찍이 제 힘으로는 한 명의 적병을 베거나 하나의 적진을 함락하지 못하였다."

- 『선조실록』 135권, 선조 34년 3월 14일

선조는 임진왜란 극복의 공을 명나라에게 돌렸다. 이름 없는 백성들이 의병이 되어 목숨 걸고 싸운 애국을 모른 척하고, 기울었던 전쟁 양상을 바다에서 바꿔 버린 이순신과 장수들의 충성을 인정하지 않았다. 명나라 원군 때문에 국난을 극복했다고 해야, 본인이 백성을 버리고 파천한 일이나, 명나라로 망명하겠다고 한 과오를 조금이라도 감출 수 있기 때문일 것이다. 이 상황에 대해서 사관은 이렇게 기록했다.

> "공신을 세워 상을 주는 것이 어찌 이처럼 구차한 데에 쓰려고 한 것이겠는가(丹書鐵券之設, 初豈若此之苟也)."
>
> -『선조실록』175권, 선조 37년 6월 25일

임진왜란이 끝난 후에도 많은 의병장들이 공을 인정받지 못했다. 의병장들은 자발적으로 재산을 털어서 무기를 장만하고, 의병들을 모집해 훈련을 시켰고, 목숨을 아끼지 않고 싸웠다. 하지만 나라에 모든 것을 바친 의병장들에게 보은을 하지 않았다는 사실은, 국왕 선조가 얼마나 졸렬한 리더였는지를 보여 주는 증거다. 힘을 합쳐 싸워도 모자랄 상황에 영웅들을 시기하고 의심하는 선조의 리더십은 국난을 극복하는 데 전혀 도움이 되지 못했다.

선조는 임진왜란을 겪으며 그동안 군주로서 자신이 가졌던 신념과 철학을 완전히 상실했고, 왕으로서의 책임감은 찾아볼 수가 없었다. 오로지 자신의 지위와 권위를 지키기에 급급했고, 끊임없는 의심과 견제로 신하들을 통제했다.

선조에게는 원칙이 없었다는 것이 참 아쉽다. 큰 조직이든 작은 조직이든 원칙이 있어야 조직 내의 의사결정과 행동에 일관성을 유지할 수 있다. 만약 원칙이 없다면 조직의 역량을 결집시키기 어려울 뿐 아니라 비생산적인 논쟁이 수시로 일어나게 된다. 그래서 조직과 조직을 운영하는 리더에게는 원칙이 필요하다. 구성원들을 평가하는 데도 공정한 원칙이 있어야 한다. 선조는 그 기본적인 원칙마저 무시했기 때문에 리더로서 필요 이상의 악평을 받는 부분도 있다.

조직 내에서 사람과 제도를 향한 일관성은 매우 중요하다. 그 일관성을 유지하기 위해서는 원칙이라는 기준이 필요하다. 효율적인 업무 분담을 위해서나 부서 운영에 관한 원칙 등과 같이 원활한 팀 커뮤니케이션을 위해서라도 원칙은 꼭 필요하다. 원칙이 존재하지만 상황에 따라 흔들리고 타협한다면 구성원들은 그 리더를 신뢰할 수 없게 된다. 리더는 자신이 말하는 바를 일상적 행동으로 실천해야만 하며, 구성원들에게 언행일치의 모범을 보여 주어야 한다. 구성원들은 리더가 무엇을 말하는가 보다 무엇을 하는가에 초점을 맞춰 바라보기 때문이다.

유능과 무능의 경계선에서

선조가 처음부터 무능하고 책임감 없는 왕은 아니었다. 선조를 평가할 때는 임진왜란 전 25년과 임진왜란 후 16년을 나눠서 봐야 올바로 이해할 수 있다. 선조의 통치 전반기는 안정적인 국정 운영을 위해 노심초사 고민하고 공부했으며, 훌륭한 인재를 등용하기 위해 노력했다. 하지만 태생적 한계를 극복하지 못하고 전란으로 인한 정국의 어려움 속에서 변질되고 만다.

조선 왕조 최초로 서자 출신으로 왕이 된 선조는 정통성이란 큰 흠집을 갖고 출발했다. 방계 혈통의 왕족이 운이 좋게 왕위에 오른 케이스다. 선조의 아버지 덕흥군은 중종의 아들이지만, 후궁 창빈 안씨의 아들로 서자였다. 덕흥군은 아들 셋을 두었는데 첫째 하원군, 둘째 하릉군, 그리고 셋째 하성군이며, 그가 바로 선조다.

명종 12년(1557), 왕은 자신의 장남 순회세자를 잃고 다른 왕손들 사이에서 후계를 정해야 하는 상황이 되었다. 전해지는 바에 따르면 명종은 여러 왕손들 중에서 덕흥군의 셋째 아들인 하성군을 많이 아꼈다고 한다. 하루는 명종이 여러 왕손들을 모아 놓고 자신의 익선관(왕의 모자)을 써 보라고 명령했다. 왕의 명령에 왕손들은 저마다 한 번씩 익선관을 머리에 써 보았지만 하성군만 익선관을 쓰지 않았다.

"하성군. 너는 왜 명을 따르지 않느냐?"

"전하, 분부를 거두어 주시옵소서. 차마 전하의 명을 받들 수 없나이다."

"이유가 무엇인고?"

"전하. 익선관은 오직 전하만이 쓰실 수 있는 관이옵니다. 아무리 전하의 명이 있다 하여도 감히 받들기 어려운 분부이옵니다."

이 일을 계기로 명종은 하성군을 한층 더 총애하게 되었고, 하성군은 16세에 조선의 14대 임금이 된다. 지혜를 갖추고 학문적 소양을 갖춘 선조를 향해 명군(名君)의 자질이 있다는 평가는 이상할 것이 없었다.

그러나 이후 선조에 대한 평가는 변화한다. 선조의 공신을 배척하고 믿음을 배신하는 통치행위는 비겁하고 정의롭지 못한 리더십이라고 욕먹지만 더 큰 문제는 차세대로 이어지는 미래를 위한 준비와 배려가 하나도 없었다는 것이다. 아버지의 냉대를 받으며 견뎌 온 광해군은 아버지의 지지 없이 설움을 간직한 채 왕위에 올랐다.

선조는 병상에 누워 있으면서도 후계에 대한 교지를 차일피일 미뤘다. 끝까지 버티다 결국 죽음이 임박해서야 세자를 왕위에 앉히고 왕비와 영창대군을 잘 보살피라는 교지를 내렸다.

광해군은 영창대군의 존재로 인해 아버지가 죽는 순간까지 자신에게 후계 교지를 미뤄 온 사실이 트라우마로 발전했다. 어린 동생이지만 자신의 자리를 끝까지 위협했던 영창대군과 계모를 결국 죽인 비극의 시작은 선조의 우유부단에서 시작됐다고도 볼 수도 있다. 권력을 잡은 대북 세력은 권력 강화를 위해 광해군의 이런 불안감을 자극하면서 이용했다. 광해군의 폭력성이 나타나게 되는 과정을 자세히 보면 숨죽이며 견뎌 왔던 세자 시절의 울분이 섞여 있는 것으로 보인다.

선조가 왜란 당시 분조를 이끌며 신하와 백성들에 칭송 받았던 광해군을 진즉 세자로 인정했다면 준비된 차기 왕으로서의 면모는 더욱 안정적으로 다듬어졌을 것이다. 세자였지만 세자가 아니었던 광해군은 결핍과 냉대를 견디며 아버지에 대한 복수심을 키웠을 것이다. 하지만 아버지가 죽자 복수의 대상이 아버지가 사랑했던 영창대군과 인목왕후로 변경된 것일지도 모른다. 이후 광해군은 왕권 강화에 치중하며 신하들과도 등을 돌린다. 미래를 바라보지 못한 선조의 무능력은 광해군이 좋은 왕이 될 수 있는 기회를 원천적으로 박탈했다. 게다가 약소국 조선의 위치를 명확히 알고 명분이 아닌, 실리를 선택한 광해군의 외교 전략이 적중했다면 병자호란을 맞은 굴욕의 시간을 피할 수 있지 않았을까 하는 아쉬움이 더욱 크다.

선조의 가장 뼈아픈 실수는 자신의 조선이 아들의 조선이 된다는 사실을 망각한 것이다. 선조는 자신만 바라본 이기적인 왕이며, 조선을 사랑한 군주가 아니다. 선조가 아들을 사랑하고 배려했다면, 국가의 미래를 걱정한 군주였다면 이렇게 무책임한 승계는 하지 않았을 것이다. 태종이 후대에 좋은 평가를 받는 것은 아들 세종의 조선을 미리 바라보고 준비할 수 있도록 제도적·물리적·심리적 요소들을 제어할 수 있게 배려했기 때문이다. 리더로서 앞을 내다보는 능력, 이것을 비전이라 한다면 리더에게 비전은 공동체의 번영을 위한 필수 요소이다.

선조는 자기 확신이 없었다. 자기 확신이 분명한 사람은 이리저리 휘둘리지 않는다. 어려운 역경 속에서도 문제를 향해 도전하고 능동적으로 성과를 향해 집중한다. 그는 자신에 대한 믿음이 없었기에 임금으로서 신하들과 백성들을 어떻게 이끌어야 할지에 대한 자신감이 없었다. '내가 어떤 임금인지? 무엇을 해야 할지? 어떻게 해야 할지? 어디로 가야 할지?' 이런 질문에 대해 선조는 시간이 흐를수록 답을 찾지 못하고 오히려 멀어져 갔다.

선조는 인재를 알아보는 안목은 탁월했지만 출중한 인재를 인정하고 세워 주는 포용력이 없었기에 결국 성과물로 남기지 못하는 한계를 보인 것이다.

조선 왕 27명 중 묘호를 받지 못한 왕은 2명이다.

연산군과 광해군. 반정으로 쫓겨난 그들에게는 묘호를 선사하지 않았다.

연산군은 말할 것 없이 폭군이라는 평가에 이견이 없지만

광해군에 대한 평가는 시간이 흐르면서,

그리고 시각에 따라 그 평가가 상반된다.

광해군이 쫓겨난 후 인조 정권의 친명 배금 정책은 병자호란을 불러왔다.

실리 외교를 추진한 광해군이 왕권을 유지했다면 하는 아쉬움이 남는다.

Chapter 7

뛰어났으나
때를 잘못 만나다,
광해군

光海君 李琿

'반찬 중 으뜸은 소금'이라고 말한 소년

광해군(재위 1608~1623)의 자질은 어릴 적부터 남달랐다. 『정무록』의 기록을 보면 선조가 보물을 진열해 놓고 왕자들에게 고르도록 했다. 여러 왕자가 앞다퉈 보물을 취하는데 광해군만은 붓과 먹을 골랐다고 한다. 선조는 이 모습을 어떻게 받아들였을까? 선조는 13명의 아들이 있었지만 모두 후궁의 자식들이었다. 세자를 정하기 전 선조는 여러 모양으로 왕자들을 시험했다. 『공사견문록』 1권 「공사견문」에는 다음과 같은 내용이 기록돼 있다.

"선조가 왕자들에게 '반찬 중에서 으뜸이 무엇이냐?' 하고 질문했는데, 왕자들은 고기, 생선, 꿀떡 등 자신이 좋아하는 반찬을 대답했다. 그때 광해군은 '소금입니다.'라고 대답했다. 그 이유는 소금이 없으면 아무리 귀한 음식도 맛을 낼 수가 없기 때문이라고 답했다고 한다."

좋아하는 반찬이 아닌, 으뜸이 되는 것이 무엇이냐는 질문의 본질을 올바로 파악하고 답한 광해군이 왕자들 가운데 가장 총명한 것으로 해석할 수 있다. 뿐만 아니라 광해군은 품성이 바르고 학문을 좋아했다는 기록이 있다. 이를 토대로 광해군은 어질고 현명한 군주 감으로 손색이 없었다고 볼 수 있다.

"상의 장자(長子)인 임해군(臨海君) 이진(李珒)은 성질이 거칠고 게을러 학문을 힘쓰지 않고 종들이 제 마음대로 하도록 놔두어 폐단을 더욱 심하게 일으켰다. 그러나 광해군은 행동을 조심하고 학문을 부지런히 하여 중외(中外) 백성들의 마음이 복속하였으므로 상이 가려서 세웠다."

― 『선조수정실록』 26권, 선조 25년 4월 14일

선조가 맏아들인 임해군을 세자로 책봉하지 않은 이유는 행실에 문제가 많았기 때문이다. 『갑진만록』에 의하면 임해군은 의롭지 못한 짓을 많이 했는데, 백성의 땅과 노비를 빼앗고, 심지어 살인까지 하는 등 그 죄악을 이루 다 적을 수 없다고 기록하고 있다. 임진왜란 발발 후 선조가 한양을 버리고 피란길에 올랐을 때 제일 먼저 경복궁이 불탔는데, 이런 악행 때문에 민가 중에는 임해군의 집이 제일 먼저 약탈과 방화 대상이 됐다.

광해군은 18세라는 늦은 나이에 세자에 임명됐다. 방계에서 왕이 되었다는 열등감을 평생 안고 산 선조는 자신의 후계만은 적장자에게 물려주고 싶었다. 서자들 가운데 세자를 정해야 하는 상황에서 선조는 굳이 세자를 일찍 정해 권력이 분산되는 것이 싫었기 때문에 늦게까지 세자를 정하지 않은 것이다. 오랫동안 적장자가 생기길 기다린 이유다.

조선 왕실은 통상적으로 10세를 전후해 세자에 봉해지고, 30세를 전후해 왕위에 오르며, 50세에 죽음으로 차기 왕이 즉위하는 20년 주기의 사이클이 일반적인 흐름이라고 볼 수 있다. 이른 세자 책봉을 통해 임금의 통치를 보고 배우며, 학습할 수 있는 준비의 시간을 가지게 한다. 세자 책봉은 후대 임금을 향한 선대 임금의 배려이며, 백년지대계(百年之大計)인 것이다. 임진왜란이 일어나 급하게 세자를 정해야 하는 상황이 아니었다면 선조는 광해군을 세자로 임명하지 않았을 것이다. 선조는 기본적으로 광해군을 총애하지 않았으며, 게다가 그가 총애하는 인빈 김씨의 소생인 어린 신성군을 예뻐했기 때문이다. 영의정 이산해가 신성군을 세자로 추대하려 한 것도 선조의 의중을 알고 있었기 때문이었으며, 좌의정 정철이 광해군을 세자에 추대하려다 유배를 간 것도 선조의 마음에 신성군이 있음을 방증한다. 광해군은 아버지가 야속했다. 비록 서자지만 대신들과 주변의 평가는 광해군에게 기울었고, 광해군 스스로도 좋은 군주가 될 수 있다는 자신이 있었다. 하지만 유독 선조만은 광해군에게 냉정했다. 이런 아버지에게 한 마디도 거스르지 않고 인내했던 광해군은 가슴속에 얼음장 같은 차가움을 간직한 채어엿한 청년이 되었다. 그러던 중 전쟁이 발발한다. 아이러니하게도 광해군을 세자로 만든 것은 바로 임진왜란(壬辰倭亂)이었다.

왕이 버리려는 나라를 붙들고
죽을힘을 다한 왕세자

　　도성을 떠난 왕실은 둘로 나뉘어 세자인 광해군에게 분조(分朝, 국가를 나누어 경영)를 맡겨 전쟁터를 누비며 흩어진 민심을 수습케 했다. 이는 조선 역사상 처음 있는 일이었다. 분조는 의병을 모집하고 군량미를 확보해 병사들의 사기를 진작시키며, 조정이 건재함을 알리고 백성들의 구심점이 되었다. 이미 점령된 황해도와 함경도 일대의 전장을 누비며 목숨을 건 광해군을 백성들은 믿고 따랐다. 또한 광해군은 전국의 의병들을 조직적으로 지휘하며 조선군의 교통로를 확보하고 왜군의 보급로를 차단하는 성과를 일궈 낸다. 『건재문집(健齋文集)』(의병장 김천일이 남긴 시문집)을 보면 그가 의병 활동을 독려하기 위해 내린 글이 남아 있다.

　　"종사의 존망이 오직 그대들의 손에 달려 있으니 나라를 살리고 백성을 구해 부디 큰 공을 세워 주기 바란다".

광해군의 이런 활약은 의병들의 항전 의지를 북돋았다. 뿐만 아니라 의병들에게도 관군과 마찬가지로 군량을 지급하고 면세 혜택을 내리는 등 지원을 아끼지 않았다, 전쟁 극복에 아무런 역할을 하지 못하는 임금을 대신해 광해군의 분조 활동은 기대 이상의 성과를 얻으며 백성들과 조정 신료들은 광해군이 차기 왕으로 손색없다고 평가했다. 적자도 아니며 왕의 지지를 받지 못하는 핸디캡 많은 세자였지만, 광해군은 자신의 가치를 증명하며 주변의 기우를 잠재웠다. 27개월간 조선 각지를 돌며 국가의 구심점이 되어 온 광해군의 분조 활동은 왕실의 책임을 다하고자 하는 진심이었다.

그러나 선조는 의주까지 피신한 상황에서 광해에게 왕위를 물려주고 자신은 요동으로 망명하겠다는 의지를 내보인다. 조선인 중에 조선을 가장 먼저 포기한 사람이 선조다. 명나라가 참전한 이후 전세가 뒤바뀌고 한양을 수복한 선조는 아마도 수치스러웠을 것이다. 명나라는 노골적으로 선조의 무능을 꼬집으며 광해군의 분조 활동을 격려했다. 그러면서 전라도와 경상도의 방어를 광해군에게 맡기라는 칙서를 보낸다.

"그대는 마땅히 분발하여 마음을 다해 부왕의 실패를 만회하여 보존되도록 도모하라."

- 『선조실록』 61권, 선조 28년 3월 27일

자존심에 큰 상처를 입은 선조는 더 이상 광해군과 부자 관계가 아니었으며, 자연스럽게 광해군을 더욱 견제하게 된다. 그러면서 선조는 자신이 왕위를 물려주겠다는 선위 소동을 벌인다. 중신들에게 "나와 세자 중 누구에게 충성할래?"라는 질문을 던진 것이다. 권력욕이 강한 선조는 마음에도 없는 이 선위 소동을 재임 기간 동안 21번이나 벌이며 신하들의 충성심을 점검하는 게임을 즐겼다. 신하들은 "또 시작하셨군!" 하면서 반복된 이 상황에 적응했을지 몰라도, 광해군은 그때마다 왕의 침전 앞에 무릎을 꿇고 명을 거두어 달라고 해야 하는 고초를 겪어야 했다. 어릴 적부터 정치적 희생양으로 정신적·육체적 스트레스를 많이 받을 수밖에 없었던 광해군은 이런 상황을 반복하며 정치 행태의 본질을 깨달았을 것으로 보인다.

광해군의 대안이라고 생각한 신성군이 왜란 중 사망하면서 광해군은 한시름 놓는가 했지만, 임진왜란이 끝나고 8년 후인 1606년 계비 인목왕후가 적자인 영창대군을 낳는다. 선조가 그렇게도 원하던 적자가 생기며 후계 구도를 둘러싼 긴장감이 다시 시작된다. 세자의 정치적 입지를 위협하는 적자의 탄생은 14년이나 세자 자리를 지킨 광해군을 위태롭게 했다. 조정은 자연스럽게 당시 집권 세력이었던 북인이 정인홍을 중심으로 광해군을 지지하는 대북(大北), 유영경을 중심으로 영창대군을 지지하는 소북(小北)으로 나뉘게 되었다. 선조는 영창대군을 지지하는 유영경을 영의정에 앉히며 소북에 힘을 실어 줬다.

이런 상황에 선조는 광해를 더 노골적으로 대했다. 『당의통략』

에는 선조가 광해군을 향해 "명나라의 책봉도 받지 못했는데 어찌 세자라 하겠는가? 다시는 문안을 오지 말라." 했고, 광해군은 땅에 엎드려 피를 토했다고 기록하고 있다.

선조는 기회만 되면 광해군을 폐세자 시키고 싶었지만 광해군은 16년간의 세자 시절 내내 단 한 번도 책잡힐 일을 하지 않았다. 긴 시간이었지만 잘 견디고 이겨 낸 광해군의 신중하고 치밀한 성품을 엿볼 수 있다.

임진왜란 당시 최고령 의병장으로 활약했던 정인홍은 이런 위태로운 상황 속에서 광해군의 정신적 지주이자 후원자로, 강단 있게 광해군을 지지했다. 어린 영창대군을 광해군 대신 세자에 책봉하자고 주장하는 유영경이 조선을 위태롭게 하고 있다는 확고한 신념을 갖고, 그는 목숨을 걸고 유영경을 탄핵한 것이다. 하지만 영창대군에게 맘이 있던 선조가 유영경이 아닌, 정인홍을 유배 보내면서 광해군에게는 불리한 상황이 되어 버렸다. 하지만 그런 긴장감 속에 반전이 일어난다. 1608년 2월, 선조가 사망했다. 사망 전 선조는 3세의 영창대군에게 왕위를 물려줄 수 없었기에 광해군을 차기 왕으로 지명하고 숨을 거둔다. 우여곡절 끝에 백성과 신하의 지지를 받은 세자 광해군이 34세의 나이로 조선 15대 국왕으로 즉위한다. 광해군은 16년간의 실무 경험을 쌓은 준비된 왕이었기에 모두가 기대하며 즉위를 반겼다.

전쟁의 상흔을 어루만지고
대화합의 장을 열다

눈물의 세자 시절을 견디고 왕위에 올랐지만, 전후 피폐해진 조선 상황과 주변국의 위협 등 국가적으로 가장 힘든 시기에 왕위에 오른 광해군이었기에 분열보다 화합으로 위기를 극복하고 싶었다. 강한 왕권을 바탕으로 일사분란하게 민생을 안정시키길 원한 것이다.

광해군은 즉위하면서 탕평을 인재 등용의 원칙으로 천명했다.

"각기 명목을 만들어 서로 배척함에 있어 전혀 꺼리는 기색이 없으니, 이는 매우 국가의 복이 아닌 것이다. 지금은 의당 피차를 막론하고 오직 인재만을 천거하고 어진 사람만을 기용하여 다함께 시대의 어려움을 극복해 나가게 하라."

- 『광해군일기』 1권, 광해 즉위년 2월 25일

임진왜란 전 서인 정철의 옥중 처결을 두고 동인이 남인과 북인으로 갈라지면서 붕당은 서인, 남인, 북인으로 나뉘어 있었다. 이런 상황 속에서 임진왜란 이후 북인이 광해군을 지지하면서 즉위를 도왔으며, 광해군 즉위 후 북인이 조정의 모든 권한을 가질 수 있을 것이라 예상했다. 하지만 광해군은 붕당을 묻지 않고 인재를 등용하겠다는 선언을 한 것이다.

광해군 즉위 후 첫 영의정은 남인 이원익이 맡았으며, 이항복, 이덕형, 기자헌 등 붕당과 관계없이 골고루 기용했다. 경험이 많은 서인과 남인의 원로대신들이 정승과 6조에 포진돼 국정 운영을 이끌었고, 조정의 언론과 인사를 맡은 이조판서와 이조전랑, 승지, 대간 등의 주요직은 북인들이 주도할 수 있도록 배려했다. 광해군의 첫 인사는 아주 균형감 있는 연립 정권이었다.

그러나 백성들의 삶은 처참할 지경이었다. 임진왜란 이후 굶주림과 무질서 속에 도시는 황폐했다. 성혼의『우계집』을 보면 "굶어 죽은 시체가 길에 가득하여 얻어먹는 자가 수천 명이고, 죽는 자가 매일 60~70명 이상이다."라고 기록돼 있다. 이에 광해군 초기 백성들에게 은혜를 베푼다는 의미로 선혜청(宣惠廳)을 두어 '대동법(大同法, 특산물로 바치던 세금을 쌀로 통일해 내게 한 조세 제도)'을 실시했다. 그동안은 방납업자가 세금으로 내야 할 특산물을 구해 주는 대가로 폭리를 취하면서 백성들의 삶을 고단하게 했는데, 이런 방납의 폐단을 혁파하기 위해 대동법을 실시하게 된 것이다. 지방관과 방납업자의 커넥션 문제는 이전부터 있어 왔는데, 중종 때 조광조가 이런 폐단을 없애기 위해 특산물 대신 쌀로 세금을 내게 해야 한다는 '수미법'을 처음 주장했다. 그리고 선조 때로 넘어와 율곡 이이와 류성룡이 다시 수미법을 주장했지만 기득권의 반발로 실시되지 못했다. 이러한 법안을 광해군의 용단으로 광해군 즉위년에 실시하게 된 것이다.

광해군은 토지 1결당 12두를 거두어 재산의 정도에 따라 세금을 징수하게 했다. 한마디로 부자 증세를 단행한 것이다. 토지 1결에서 약 300두의 곡식을 수확할 수 있었으니 3.5% 정도의 세금을 징수한 것이다. 당연히 부자들과 방납업자들의 반발도 컸다. 그는 대동법을 실시하면서도 이것이 정말 옳은 정책인지 잘못된 정책인지 혼란스러워 하기도 했다. 그도 그럴 것이 조선 개국 후 200여 년이 지나는 동안 계속 특산물로 세금을 거둬들였는데 갑자기 바꾸면서 여러 반발이 일어나니 스스로도 갈등이 될 수밖에 없었을 것이다. 1608년 5월, 대동법 시행 9개월 후 광해군의 생각을 읽을 수 있는 기록이 있다.

"당초 나의 생각에도 이는 진실로 시행하기 어려울 것으로 여겼으나, 예로부터 나라를 소유한 자가 모두 토양의 실정에 맞게 공물(貢物)을 바치게 한 데에는 그 뜻이 있다."

- 『광해군일기』 13권, 광해 1년 2월 5일

대동법을 우선적으로 실시한 경기도 지역의 백성들은 매우 흡족해하면서 기념비까지 세웠다. 대동법을 지지하는 신하들은 대동법의 확대를 주장했지만 광해군은 쉽게 결정하지 못했다. 게다가 지주들의 반대가 너무 컸기 때문에 타 지역으로의 확대가 전격적으로 이어지지는 못했다. 이후 인조 때 강원도로 확대되고 여러 왕을 거치며 결국 대동법이 전국으로 확대되기까지 무려 100년이 걸렸다. 대동법이 광해군의 완전한 업적으로 보기 어렵다는 일부 역사가들이 있지만, 백성들의 요구에도 이전 왕들이 실시하지 못했던 개혁 법안을 출발시킨 것은 쉽지 않은 결정이었다. 대동법은 백성들을 위한 정책이었고 만족스런 결과를 얻었으므로 광해군의 업적으로 평가해야 한다.

광해군은 임진왜란 중 불타버린 궁궐을 재건해 왕실의 위엄을 되찾으려고 했다. 1616년 누르하치가 여진족을 통합해 후금을 건국하고 전통적 강자인 명나라에 도전장을 내민다. 이에 1618년 명나라의 요청으로 조선은 13,000여 명의 군사를 파병했다. 그런 비상시국임에도 광해군은 궁궐이 언제 완성되는지 관심을 놓지 않았다. 임진왜란 전 조선은 세 개의 궁궐을 가지고 있었다. 태조 때 만들어진 조선의 정궁(正宮)인 경복궁, 태종 때 왕의 임시 거처인 이궁(離宮)으로 만들어진 창덕궁, 성종 때 왕실의 어른들을 위해 만들어진 창경궁이다. 하지만 임진왜란 당시 3개의 궁궐이 모두 불타버렸고, 전후 선조는 경복궁을 다시 건립하기에는 역부족이었기에 창덕궁을 복원해 광해군 2년에 완성한다. 이어 소실된 창경궁도 다시 건립했다. 광해군은 왕실의 권위를 회복하기 위해 궁궐을 다시 짓는 데 공을 들였다. 하지만 시기적으로 적절하지 않다고 판단한 신하들은 궁궐에 집착하는 광해군에 비판적이었다.

"서사(西師)가 패전하여 수만 명의 백성이 쓰러져 죽어 갔으니, 군사를 징발하고 군량을 운송하여 강변으로 들여보내는 것이 당장의 급무였는데도 밤낮으로 일삼는 것이라고는 오직 궁궐을 짓는 한 가지 일밖에 없었다. 만약 궁궐을 짓고 보수하는 마음으로 나라를 다스렸다면 어찌 어지럽거나 망하는 화가 있었겠는가."

- 『광해군일기』 138권, 광해 11년 3월 17일

광해군의 궁궐 건립은 창경궁을 끝으로 멈췄어야 했지만, 인왕산 아래 왕기가 서려 있다는 얘기를 들은 광해군은 정원군의 옛집을 빼앗는 등 인왕산 아래쪽으로 인경궁과 경덕궁을 추가로 짓는다. 어렵게 왕이 된 광해군이 왕권의 위협 요소를 제거하려는 생각에 몰두하면서 냉정함을 잃었고, 이로 인해 국가적 재정 압박에 시달리며 민생을 어렵게 했다.

광해군은 어려워진 재정 확보를 위해 관직을 팔게 되는데, 이른바 '공명첩(空名帖, 이름을 기재하지 않은 관직 임명장)'을 만들어 팔고 이것을 산 사람은 자신의 이름을 적어 넣고 관직을 얻었다. 또한 속죄은(贖罪銀) 제도를 만들어 죄수들 중 돈을 낸 사람의 죄를 면해 줬다. 유전무죄를 합법화한 악법까지 만들어 내며 재정 확보에 열을 올리니 신하들에게 반정의 이유를 하나 더 만들어 준 것이다.

광해군이 왕권을 지키는 것과 왕의 권위에 유난히 집착했음을 보여 주는 행위가 있다. 존호는 왕이 승하한 후 신하들이 지어 올리는 것인데, 광해군은 자신의 존호를 직접 지은 것이다. 무려 48자로 조선 왕조에서 가장 긴 존호였다.

체천흥운준덕홍공(體天興運俊德弘功), 신성영숙흠문인무(神聖英肅欽文仁武),
서륜입기명성광렬(紓倫立紀明誠光烈), 융봉현보무정중희(隆奉顯保懋定重熙),
예철장의장헌순정(睿哲莊毅章憲順靖), 건의수정창도숭업(建義守正彰道崇業)

조선 시대에는 혼군으로 불렸지만, 1930년대가 되면서 광해군이 강대국 사이에서 중립 외교로 조선을 이끌려 했다는 긍정적 평가가 나왔다. 또한 1970년대에는 민생 안정과 국가 재정을 안정시켰다는 재평가가 이뤄지면서 긍정과 부정의 이미지를 모두 가진 왕으로 평가 받고 있다. 광해군에 대한 평가는 아직도 학계의 의견이 일치되지 않아 논란 중이다.

나라의 안녕을 위해
명분보다 실리를 택한 외교정책

광해군 10년(1618), 명나라가 후금과의 전쟁을 위해 조선에 파병을 요청한다. 조선 조정은 '재조지은(再造之恩, 임진왜란 때 명이 도와준 은혜)'을 외치며 명나라의 파병 요청을 들어줘야 한다고 의견을 모았다. 하지만 광해군은 출병에 신중했다. 훈련되지 않은 군대를 파병하면 전쟁에 도움이 되지 않을 뿐더러 아까운 목숨만 허비하게 될 것이라는 생각이었다. 나라가 망할지언정 군대를 보내야 한다는 맹목적 신념에 사로잡힌 신하들과 갈등을 피할 수 없었다.

명나라가 임진왜란에 참여한 것은 사실이지만, 일본의 요동 진출을 사전에 막고자 조선 땅을 전장으로 삼은 것이기에 엄밀히 따지자면 자국을 위한 출병이었다. 이 사실을 명확히 알고 있는 광해군으로서는 자신의 세자 책봉을 수차례 거부하고 국왕 승인 과정에서도 많은 은을 요구하며 갑질을 한 명나라의 출병 요구에 응하고 싶은 마음이 없었다. 뿐만 아니라 누루하치의 후금이 명나라의 군사력보다 강하다고 판단했기에 후금의 원한을 사게 될 것을 경계했다. 하지만 신하들은 명나라의 승리를 예상하며 파병을 하지 않는다면 명나라의 보복이 우려된다는 반대 입장을 내놓으며 팽팽히 맞섰다.

임진왜란이 끝난 지 20년밖에 안 된 상황에서 전후(戰後) 복구에 집중해야 할 조선에게 파병은 현실적으로 너무나 큰 짐이었다. 임진왜란 당시 분조 활동을 하며 전장과 명나라 군사력을 잘 이해하고 있던 광해군은 전란을 경험한 신하들이 남아 있지 않음을 한탄했다.

"옛 사람들은 적의 형세를 잘 정탐해 가지고 그에 맞게 잘 대응하였다. 설사 해당 관청의 당상관이라고 하더라도 세상 물정을 모르는 선비가 어떻게 군사기밀과 군사업무를 알 수가 있겠는가."

- 『광해군일기』 166권, 광해 13년 6월 22일

결국 조선은 파병을 결정했다. 1619년 2월 19일, 강홍립이 이끄는 13,000여 명의 군사가 압록강을 건너 요동으로 출발했고, 3월 2일 심하(선허)에 도착해 명나라와 연합군을 형성했다. 명나라는 10만 대군을 투입해 후금의 수도인 허투알라(홍경) 공격을 시도했다. 적을 기다리지 않고 적의 수도를 공격한다는 것은 멸망을 시키겠다는 의도였다. 명나라는 허투알라를 향해 북로군, 중로좌익군, 중로우익군, 남로군 4개의 군으로 나눠 진격했다. 조선군은 남로군에 합류해 연합군을 형성했다. 임진왜란 당시에도 조·명 연합군이 남쪽의 왜군을 격파하기 위해 동서남북의 사로병진 작전을 썼는데, 여러 갈래의 병진 작전은 명나라가 주로 사용하는 작전이었다. 후금은 여러 갈래로 진격하는 명군을 향해 각개격파를 선택했다. 3월 1일 후금은 주력 부대인 팔기군(八旗軍)[7]을 보내 명의 중로좌익군을 격파하고, 다음날 북로군을 전멸시킨다. 두 부대의 패배를 지켜본 명나라의 중로우익군은 전투를 회피하고 도주했다. 조선군이 전투를 시작하기도 전에 명나라의 주력 부대가 패배하거나 도주한 상황으로 이미 전투의 승패가 결정된 것이나 다름없는 상황이었다. 3월 4일 후금을 만난 조선군은 순식간에 좌·우영군을 잃으며 타격을 받아 항복했다. 후금의 팔기군은 10만의 명군보다 군사는 적었으나 전쟁으로 모인 군사 집단이 아니라 평소에도 집단으로 사냥하는 조직에서 출발해 함께 생활하였으므로 응집력과 팀워크가 명군에 비해 탁월했다.

광해군의 예상대로 후금은 강했고, 명나라는 패배했다. 이는 파병을 반대했던 광해군이 정국의 주도권을 가질 수 있는 계기가 됐지만, 상황은 그렇지 못했다. 조선군을 이끈 강홍립의 항복이 문제가 된 것이다. 특히 서인들은 강홍립이 전투에 최선을 다하지 않고 투항한 것이 광해군이 비밀리에 내린 명 때문이라고 주장했다. 이것이 훗날 광해군 축출의 명분이 되고 말았다. 하지만 여러 사료를 종합

---

7 후금의 주력인 팔기군은 기병대이다. 1기에 7,500여 명으로, 팔기(八旗)를 다 합치면 6만여 명으로 구성돼 있다.

해 보면 의도적 투항의 사전 약속은 없었다. 좌·우영군이 전멸해 이미 절반 이상의 군사를 잃은 조선군은 본영마저 포위돼 있었고, 후금이 수차례 투항을 권유했기 때문에 강홍립은 부하들의 목숨을 소중히 여겨 투항을 결정했다. 그렇지만 강홍립은 전투가 벌어지기 사흘 전 통역을 맡은 역관 하세국(河世國)을 후금 진영으로 보내 조선은 후금과 원한이 없음을 알리고 명나라의 요청 때문에 어쩔 수 없이 전투에 참여했다는 사실을 알린 것으로 보인다. 양강 구도에서 약소국이 취할 수 있는 선택이라고 봐야 한다. 광해군은 항복을 지시하지는 않았지만 강국인 후금과의 전쟁은 피하는 것이 상책이니 신중하게 처신하라고 강홍립에게 명했다. 정무 감각을 가진 강홍립은 이를 인지하고 있었고 목표가 명나라인 후금 또한 조선과는 굳이 싸울 생각이 없었다. 강홍립이 포로로 잡혀 있던 때에도 광해군은 강홍립과의 서신을 후금과의 대화 창구로 삼았다. 광해군은 명나라와 사대 관계를 유지할 수밖에 없는 상태에서 강국 후금을 적으로 돌리지 않기 위해 후금과의 소통을 이어 간 것이다. 강홍립과 함께 포로가 된 이민환이 쓴 『책중일록(柵中日錄)』에는 후금도 조선과 대화가 필요할 때 강홍립을 활용해 대화를 이어 갔다고 기록하고 있다. 명나라와 대립 관계에 있는 누르하치는 조선과의 대화를 감추지 않고 조선이 후금과 화친하고 싶어 한다는 사실을 드러내며 명나라를 압박했다. 광해군은 약소국의 군주로서 당시 국제 정세를 정확히 판단하고 적절한 전략을 구사했다고 봐야 한다. 하지만 조정 대신들은 눈을 감고 귀를 막은 사람들처럼 아버지 국가인 명나라에 보답해야 한다는 '재조지은'의

맹목적 사대주의만을 외치며 현실과 동떨어진 철없는 소리만 해대니 답답한 광해군은 이렇게 일침했다.

"고상한 말과 큰 소리만으로 하늘을 덮을 듯한 흉악한 적의 칼날을 막아낼 수 있겠는가. 적들이 말을 타고 들어와 마구 짓밟는 날에 이들을 담론으로써 막아낼 수 있겠는가. 붓으로 무찌를 수 있겠는가."

- 『광해군일기』 166권, 광해 13년 6월 1일

광해군의 의중은 명분이 아니라 조선을 위한 실리였다. 우방인 명나라는 달래고 후금은 자극하지 않겠다는 현실적인 전략으로 강대국의 틈바구니 속에서 살아남으려 한 약소국 군주의 노력이었다.

지혜로우나 잔혹했고,
눈을 떴으나 다 볼 수 없었던

    광해군 5년(1613) 4월, 문경새재를 지나던 은 상인을 살해하고 은 700냥을 강탈한 사건이 발생했다. 사건의 주모자들은 여주 강가에 거처를 마련하고 공동생활을 하는 강변칠우라 불리던 7명의 서자들이었다. 범인은 전 정승 박순의 서자 박응서와 전 목사 서익의 서자 서양갑 등 고관의 자제들이었다. 사회에 대한 불만이 많았던 이들이 공동생활을 하며 표출된 사건이었지만, 대북에 의해 역모 사건으로 비화되었다. 이른바 '칠서의 난'으로 둔갑되어 영창대군의 옹립을 위한 거사 자금을 마련하기 위해 벌인 일이라고 자백했다. 이 자백은 두려움에 떨고 있는 박응서에게 이이첨이 살길이 있다면서 회유하며 시작됐다.

    "이이첨이 김제남(영창대군의 외할아버지)과 짜고 영창대군을 추대하려 했다."고 말하게 했다고 『묵재일기』는 전한다. 김제남은 이들을 알지도 못하며 만난 적도 없다고 부인했지만 아무 소용이 없었다. 결국 광해군 5년, 영창대군을 왕위에 옹립하려 한다는 이유로 김제남을 포함한 관련 인물들을 무참히 살해한다. 이것이 '계축옥사(癸丑獄事)'다. 뚜렷한 증거가 없음에도 비정하게 어린 영창대군을 강화에 유배 보내 방에 가두고 아궁이에 불을 지펴 쪄 죽였다. 광해군은 사건의 진실에 초점을 맞추기보다 정적 제거에 무게를 두고 대북과 함께 이를 처결하여 다른 당파들의 불만을 샀다.

광해군은 즉위 직후 불안한 마음에 죄 없는 친형 임해군을 역모 사건으로 귀향을 보내 죽였다. 그런데 그가 왕권이 어느 정도 안정화된 시기에 힘없는 어린 동생 영창대군까지 죽인 것은 이해하기 어려운 집착으로 보인다. 또한 대북파가 중심이 되어 영창대군의 생모 인목대비를 폐할 것을 주장하며 서궁에 유폐시킨다. 이 과정에서 대북 강경파를 제외한 서인과 남인, 소북까지 모두 폐모를 반대했으나, 남인 이원익과 이덕형, 서인 이항복 등 폐모론에 반대한 사람들은 모두 귀향을 가거나 쫓겨났다. 광해군은 강경파 이이첨과 손잡고 당론을 무시한 채 폐모론을 지지했다. 결국 인목대비를 폐서인한 광해군은 자식이 부모와 인연을 끊을 수 없다는 유교 사상을 무시하고 조선의 사대부들에게 큰 충격을 주며 모든 이들이 등을 돌리게 했다.

대북은 모든 당파를 밀어내고 권력을 독점했지만 그 세가 워낙 작아 집권당으로서 역할을 하기에 역부족이었다. 가장 작은 소수당이었던 북인은 그나마 대북과 소북으로 나뉘면서 당세가 더욱 약화된 상황이었다. 이렇게 작은 조직이었기에 광해군 말기 반정에 대한 분위기가 무르익으며 사방에서 여러 고변이 있었지만, 서인들의 능양 군 추대는 알아채지 못했다. 광해군 15년 3월 12일, 반정 당일에도 광평대군의 후손 이이반이 반정에 대한 내용을 광해군에게 고변했으나, 술에 취한 광해군은 대수롭지 않게 여겼다. 그리고 그날 반정군이 들이닥쳤다.

광해군에 대한 평가는 한마디로 규정하기 어렵다. 명군이다, 혼군이다 평가하기보다 부분 부분을 잘 바라볼 필요가 있다. 흔히 얘기하듯 강대국들 사이에서 중립 외교를 표방하며 힘없는 조선을 지키려 한 외교정책은 광해군의 현명함을 보여 준다. 하지만 자신이 가진 열등감을 극복하지 못하고 내치에 실패를 거듭해 결국 쫓겨난 국왕이 됐다. 광해군은 소수 강경파에 휘둘려 정치 집단과 소통에 실패했고 통합의 정치를 포기하면서 너무나 큰 대가를 치르게 된 것이다.

광해군이 세자 시절 보여 줬던 지혜로움과 왕족으로서의 패기는 많은 백성과 신하들에게 신뢰와 믿음을 주었다. 아버지 선조가 백성을 버리고 자신의 살길만을 찾아 북으로 피신할 때, 국왕을 대신한 광해군은 조선의 주인다운 모습으로 책임을 다했다. 집권 초기 보여 줬던 광해군의 국정 운영은 광해군이 국왕이 되길 바라던 많은 사람들의 기대에 부응하는 모습이었다. 하지만 시간이 지나며 그는 변하기 시작했다. 광해군 4년부터 시작된 고변에 대응하는 광해군의 모습은 그동안 광해군이 보여 주던 모습이 아니었다.

김직재 역모 사건(광해군 4년), 계축옥사(광해군 5년) 등의 고변을 들은 광해군은 진위를 파악하기 위해 노력하기보다 피의 숙청으로 사건을 마무리했다. 왕권에 집착했던 광해군은 자신의 왕권에 대항하거나 지지하지 않는 세력은 모두 숙청하겠다는 의지를 보인다. 이후 10여 년간 비슷한 행태가 반복되는 일을 겪으며 신하들은 광해군을 두려워하게 됐다. 결국 두려움을 넘어 위험한 인물이라는 판단이 서게 되면서 군주를 교체해야 한다는 결론에 이르게 된 것이다. 고변에 대응하는 광해군의 모습에 안타까움을 가질 수밖에 없다. 수많은 고변에 많은 사람들을 죽였던 광해군은 스스로도 이런 상황에 지쳐 있었던 것으로 보인다. 실제 인조반정에 대한 고변은 누가 언제 역모를 일으킨다는 구체적인 고변이 있었다. 그것도 여러 번 반복되었다. 하지만 광해군은 적극적으로 대응하지 않았다. 가장 중요한 순간에 광해군은 정치적 판단력을 잃었고, 결국 마지막 고변이 있은 다음날 새벽, 궁에 불이 나며 1,000여 명의 군사가 창덕궁을 습격했다. 광해군은 도망칠 수밖에 없었다. 서둘러 궁을 나서는 광해군의 일행은 내시 몇 명뿐이었다. 임금의 호위 무사까지 반정군에 가담해 측근에 신하가 남아 있지 않은 외로운 왕이었던 것이다.

광해군이 신하들의 경고를 흘려들은 것은 한 여인 때문이었다. 광해군을 동궁 시절부터 모신 상궁 김개시(金介屎)였다. '똥 시(屎)' 자를 써 김개똥이라 부르던 천민 출신의 상궁이다. 실록에는 이례적으로 김개시의 외모를 언급했다.

"나이가 차서도 용모가 피지 않았는데, 흉악하고 약았으며 계교가 많았다."

- 『광해군일기[중초본]』 69권, 광해 5년 8월 11일

기록을 보면 그녀는 추녀였을 것으로 짐작되며, 광해군보다 나이도 많았다. 하지만 그는 보통 상궁이 아니었다. 『연려실기술』에는 "대궐 안의 모든 일들이 그녀의 손에서 한결같이 결정되었다."고 기록돼 있다. 그녀는 광해군이 신뢰하는 정치적 조력자였으며, 최측근이었다. 일개 상궁이 궁 안의 모든 일들에 관여했을 만큼 막강한 힘을 가진 조선판 비선 실세였다. 연산군 때 장녹수와 흡사했지만 끝은 달랐다. 장녹수는 끝까지 연산군의 옆을 지켰지만, 김개시는 서인들에게 뇌물을 받고 반정 세력과 손을 잡는다. 그녀는 고변이 들어올 때마다 충성스러운 사람이니 걱정하지 말라며 광해군을 안심시켰다. 광해군의 눈과 귀를 가리고 판단을 흐리게 한 배신자였다. 한 나라의 임금이 궁녀 한사람에게 휘둘려 국정 운영을 망친 것은 개탄할 일이 아닌가. 인조반정은 충분히 막을 수 있었다. 다시 말해 광해군은 쫓겨나지 않을 수 있었다. 정상적으로 국정이 운영됐다면 말이다. 불행하게도 인조반정을 성공으로 이끈 것은 광해군 자신이었다.

국가 경영이 소수에 의해 결정되는 것은 매우 위험하다. 각기 다른 분야에 모두 능통한 사람은 극소수이기 때문이다. 그래서 전문가 집단이 필요하다. 경제·사회·국방·외교 등 각 분야의 전문가들

이 정책을 연구하고 소통하며 방향을 정하는 것이 올바른 국정 운영이다.

국정 운영을 함께 하는 신하들과 상시적 소통을 통해 최선의 방향을 논의하고 시스템으로 구축된 기구를 통해 실행하는 것이 실패 확률을 줄일 수 있는 제도적 장치일 것이다.

쫓겨난 광해와 청나라에 무릎 꿇은 인조, 진짜 승자는?

인조반정이 광해군의 폭정 때문에 일어났다는 것은 서인들의 명분일 뿐 실제적으로는 세력 다툼을 통한 국정 장악이 더 큰 이유였다. 당시 국정을 주도하던 대북의 전횡에 서인과 남인들은 어떤 식으로든 주도권을 가져오고 싶어 했다. 가장 큰 세력을 형성한 서인들은 기회가 필요했다.

성리학의 나라 조선에서 중립 외교를 통해 명나라뿐만 아니라 후금과의 관계도 원만히 하려는 광해군의 정책은 성리학자인 신료들에게는 두고 볼 수 없는 일이었다. 이런 상황에서 광해군의 지지 세력인 대북 정권마저도 유학자들이었기에 명을 배신할 수 없다면서 반기를 든다. 결국 중화주의 이외에는 모든 것이 배척 대상이라고 여긴 유학자들에게 광해군도 마찬가지였다. 광해군은 성리학적 명분론에서 벗어나 백성들이 전쟁을 겪지 않도록 하는 것이 백성들을 지키는 길이고, 조선의 왕이 할 일이라고 생각했다. 하지만 신하들은 성리학의 틀 안에서 자신들의 입장을 대변하는 왕을 원했다. 조선이 추구해야 할 정의가 오직 명나라였던 신료들에게는 백성은 없고 명분만이 중요했다.

단 한 명의 신하도 광해군의 생각에 동조하는 자가 없었으며, 모든 부서가 손을 놓고 왕에게 대항하는 모습을 연상하면 광해군이 얼마나 고독한 왕이었는지 가늠된다.

광해군을 폐위시키며 공표한 죄목의 첫째가 명나라와의 의리를 저버렸다는 것이었다. 결과적으로 친명 배금(親明排金) 정책을 펴며 정묘호란과 병자호란을 당한 조선 조정은 자신들의 오판이 불러온 재앙에 어떠한 책임 의식이나 반성도 없었다. 임금이 오랑캐와 손잡으려 한다며 쫓아낸 그들은 임금을 오랑캐에게 무릎 꿇고 절을 하게 만들었다. 두 번의 처절한 패배 앞에서도 조선의 선비들은 배움이 없는 사상적 장애를 보였다.

인조반정을 통해 새로운 왕이 등극했다는 사실을 안 명나라와 후금의 반응은 어땠을까? 명나라는 깜짝 놀라며 지혜로운 임금을 왜 몰아냈냐고 추궁했다. 군대를 보내 바로잡기 전에 광해군을 다시 복위시키라고 했다. 강경한 입장을 가진 명나라였지만, 계속 조선을 압박한다면 조선이 후금과 손을 잡을까 염려해 결국 새로운 임금 인조를 승인한다.

후금도 마찬가지 반응이었다. 광해군과 원만한 소통을 이어가던 후금에게 새로운 정권이 들어서며 자신들을 오랑캐라 여기고 배척하니 노발대발할 수밖에 없었다. 결국 광해군의 원수를 갚겠다는 명분을 가지고 후금은 정묘호란(1627)을 일으킨다. 3만의 강한 군사력 앞에 준비되지 않은 조선은 그들의 요구에 따를 수밖에 없었다. 조선은 오랑캐라 여기던 후금을 형님 국가로 모시기로 했고, 후금은 철수했다. 이후 세력이 강해진 후금은 국호를 '청'으로 바꾸고 조선에 군신 관계를 요구했으며, 이에 조선 조정은 둘로 나뉘었다. 아버지 나라인 명나라를 배신할 수 없다는 척화론자와 청나라의 강한 군사력을 인정하고 현실적인 선택을 하자는 주화론자가 대립했다. 이미 쇠퇴한 명나라였지만 조선의 선비들은 그 틀을 깨지 못하고, 그것을 명분이라고 생각했다. 지금 생각해 보면 명분과 의리에 대한 과도한 집착이 가히 병적이라고 밖에 볼 수 없다. 결국 조선은 병자호란(1636)을 맞아 2개월 만에 청나라에 항복하며 굴욕의 역사를 남겼다.

임금이 삼전도로 나아가 무릎을 꿇고 땅에 머리를 조아리는 '삼궤구고두례(삼배구고두례)'의 치욕까지 당하는 조선을 목도한 후 광해군은 어떤 생각을 하며 죽어 갔을까? "내가 좀 더 잘 했다면 조선이 이런 치욕을 겪지 않았을텐데…" 이런 생각을 하지 않았을까. 광해군은 강화도와 교동도를 거쳐 1641년 제주도에서 19년간의 유배 생활을 마치고 숨을 거둔다. 병자호란이라는 아픈 역사의 책임은 광해군뿐만 아니라 광해군만을 탓하며 국가의 미래를 바라보지 못한 국가 지도자들에게 있다. 왕을 몰아낼 정도의 조직과 힘이 있었다면 나라를 올바른 방향으로 이끌 지혜와 힘도 있었을 것이다. 이들의 이기적이고 지엽적인 정치 행위를 비난하고 싶다.

'역사는 승자의 기록'이라고 말한다. 반정을 성공한 서인들의 입장에서 『광해군일기』가 쓰였기에 그런 부분을 감안한다면 광해군 입장에서는 억울한 부분도 많을 것이다. 세자 시절과 집권 초기 광해군의 모습을 떠올린다면 "광해군이 이 정도까지 변할 수 있을까?" 하는 의문이 드는 것은 사실이다. 이런 관점에서 본다면 광해군도 정쟁의 희생양일 수 있다. 그래서인지 인조 즉위 후 백성들 사이에서 퍼진 「상시가」라는 노래가 승자들을 꼬집고 있다.

"아, 너희 훈신들아 스스로 뽐내지 말라. 그의 집에 살면서 그의 전토를 점유하고 그의 말을 타며 그의 일을 행한다면 너희들과 그 사람이 다를 게 뭐가 있나."

- 『인조실록』 9권, 인조 3년 6월 19일

새로 들어선 정권이 광해군 정권과 다르지 않았기에 백성들의 삶은 크게 달라지지 않았다. 반정을 성공시킨 세력들의 명분은 집권을 위한 구실이었을 뿐이다. 새 정권의 무능한 외교정책으로 전쟁이 이어지고 백성들의 삶은 더욱 피폐해졌다. 청나라에 굴복한 조선을 보며 결과적으로 광해군의 외교정책은 당시 국제 정세를 현명하게 판단한 것이라고 볼 수 있다. 시대의 변화를 읽고 조선의 살길을 찾고자 한 선구자적 시각을 승자가 남긴 역사는 기록하지 않았다.

병자호란 이후 조선의 관료들은 철저한 자기반성이 필요했다. 성리학이라는 프레임에 갇혀 주변국의 변화를 바라보려고도 하지 않은 그들은 조선중화주의를 추구하기 위한 것이라고 주장하지만, 그것은 유학자들의 변명일 뿐이다. 조선 최고의 엘리트들이 모인 집단임에도 그들은 세상의 변화를 바라보는 눈과 의식이 전무했다. 그것은 무능 때문이 아니라 사상적 철창에 갇힌 노예들이었기 때문이다. 그에 반해 광해군은 주변국의 변화를 바라보고 약소국 조선이 취해야 할 스탠스를 정확히 판단한 유연한 사고를 가진 리더였다. 변화의 필요성 자체를 느끼지 못하는 신하들에게 얘기해 주고 싶었을 것이다. 변화하지 못하면 미래도 없다는 것을. 결국 광해군은 깨지지 않는 단단함으로 결속된 그들을 설득할 수 없었다. 청년 시절 전장을 누비며 뿜어냈던 그의 열정은 자포자기의 심정으로 사그라들면서 변화를 포기했다.

'리더십이란 변화를 사랑하는 것을 배우는 것'이라는 탐 피터스의 말처럼 현명한 리더들은 변화에 저항하기보다는 변화를 준비하며 주도하는 것을 즐긴다. 변화만이 미래를 보장할 확실한 방안이기 때문이다. 현명한 리더는 주변 환경을 면밀히 관찰하면서 그 변화에 대응하는 방법을 찾아야 한다. 환경을 탓해야 할 대상이 아닌, 극복해야 할 대상으로 여기고 주어진 역할과 책임에 집중한다면 도태되는 일 없이 어떤 위기도 극복할 수 있을 것이다.

무수리의 아들로 국왕에 오른 조선 왕조 최고의 행운아 영조.

조선의 최장수 국왕으로 52년간 집권하고 83세에 승하했다.

아들을 뒤주에서 죽게 한 냉정한 아버지.

아버지로서는 실패했지만,

조선 최고의 국왕을 길러 낸 할아버지로서 역사에 기여했다.

백성들에 필요한 정책을 백성들에 물어보고 집행한 소통을 아는 왕.

백성들을 불쌍히 여기고 고통을 만져 주길 원했던 사랑을 가진 왕.

조선 후기 르네상스의 시작은 영조로부터 시작됐다.

Chapter 8

절반의 성공,
절반의 실패,
영조

英祖 李昑

불안정한 정통성을 그러안고
왕좌에 오르다

　숙종은 불같이 사랑했던 희빈 장씨의 아들 윤(경종)을 일찍부터
세자로 삼았지만 말년에는 소심하고 병약한 세자를 연잉군(영조)으로
교체하고 싶어 했다. 숙종은 집권당인 노론과 결탁해 후사를 바꾸고
싶었으나 일을 마무리하기 전에 승하하면서 경종이 왕위에 오르게
된다. 정치적 입지가 약한 경종은 노론의 노골적인 압박으로 이복동
생인 연잉군(영조)을 세제로 책봉하고, 거기에 더해 대리청정까지 맡
기라는 요구에 응했다. 33세의 젊은 경종에게 후계를 넘기라는 굴욕
적인 종용이었다. 이에 소론 강경파의 영수 김일경은 노론 4대신을
4흉(凶)이라는 신축소(辛丑疏)를 올려 탄핵하고 연잉군을 지지하는 노
론 대신들이 경종을 시해하고 연잉군을 왕위에 올리려 한다는 목호
룡의 고변까지 더해지며 노론 정권이 순식간에 무너지고 소론이 정
권을 잡는 '신임옥사'가 일어났다. 이때 8개월간에 걸쳐 국문이 진행

되면서 영의정 김창집, 좌의정 이건명, 중추부판사 조태채, 중추부영사 이이명 등 노론 4대신을 비롯한 노론의 대다수 인물이 화를 입었다.

신축옥사와 임인옥사를 통해 60여 명이 처형당하고 170여 명이 유배형을 받았다. 죽이지 않으면 죽을 수밖에 없는 조선의 정치 현실이 씁쓸하다. 경종과 영조, 둘 다 적통도 아니었고 특별한 노선도 없었다. 단지 소론이 지지하는 경종이 왕이 됐기 때문에 노론은 다른 대안을 찾을 수밖에 없었다. 그것이 연잉군 영조였다. 노론은 임금인 경종을 존중하지 않고 홀대했다. 숙종에게 억눌렸던 다수당의 조급함과 교만이 신임옥사를 만들었다.

경종은 재위 4년(1724) 8월 25일, 창경궁 환취정에서 숨을 거두었다. 연잉군이 제공한 생감과 게장을 먹은 뒤 병세가 악화되어 승하했다고 기록돼 있지만, 많은 사람들은 경종이 독살됐다고 믿고 있었다. 닷새 후인 8월 30일, 장희빈의 연적인 숙빈 최씨의 아들 연잉군이 인정문에서 즉위했다. 그가 바로 30세의 영조(재위 1724~1776)이다. 하지만 이로 인해 영조는 재위 내내 경종 독살설에서 자유로울 수 없었다. 영조는 왕이 될 가능성이 없는 천출의 자식이었기에 그의 등극은 대단히 이례적인 일이었고, 영조에게는 엄청난 행운이었다. 조선왕조 최고의 행운아라고 봐도 무방하다. 그렇기에 영조는 출신의 한계를 극복하고 능력을 보여 줘야 했다.

영조 즉위 후 다시 정권을 잡은 노론은 김일경과 목호룡을 역적이라고 공격했다. 신축옥사와 임인옥사가 다시 도마 위에 오르며 노론의 공격이 시작된 것이다. 노론에게 정치적 빚을 지고 있던 영조는 노론의 편에 설 수 밖에 없었다. 영조는 즉위 후 역모 죄로 처형된 노론 4대신의 신원을 복권시켰다. 이때부터 소론은 강경파와 온건파로 갈라지고 영조와 함께하겠다는 온건파들을 중심으로 일명 탕평파가 형성된다. 소론 강경파는 소론 내에서도 고립되어 생사를 위한 결단을 내려야 했다. 영조는 즉위년 12월, 63세의 김일경과 목호룡을 국문장에 세웠다. 그들은 경종을 죽인 노론과 영조가 역적이라는 신념을 굽히지 않았고, 끝까지 경종에게 충성을 바치며 사형당했다.

안팎의 흔들리는 시선에
대처하는 자세

　　영조가 왕위에 오른 지 3년 만인 1727년 12월, 영조의 정통성
을 흔드는 괘서(흉서)가 전주를 시작으로 전국 각지에 나돌며 정치적
위기를 맞게 된다. 괘서의 내용은 실록에 기록되지 않았다. 보고를
받은 영조가 사관에게 기록하지 말 것을 명했기 때문이다. 영조가 경
종을 독살했고 숙종의 친아들이 아니라는 괘서의 내용은, 그만큼 영
조에게는 치명적이고 낯 뜨거운 일이었다. 또한 민심을 흔들기에 충
분한 내용이었다. 괘서를 퍼뜨린 세력은 경종을 지지하던 김일경으
로 대표되는 소론 강경파였다. 그들은 난을 일으키기 위해 준비하면
서 저변의 동력을 얻기 위해 괘서를 퍼뜨린 것이다. 영조가 즉위하면
서 노론에게 밀려 정치적으로 타격을 입은 소론 강경파의 반격이다.
영조의 정통성을 부정하며 경종의 복수를 위한 결집이었다. 이인좌
의 난(1728, 무신란)의 예고였다.

영조 3년(1727) 12월, 집권 세력인 노론과 권력에서 밀려난 소론의 당파 싸움으로 조정은 잠잠할 날이 없었다. 그때 노론의 독주가 위험하다고 판단한 영조는 노론을 몰아내고 소론을 등용하는 '정미환국(丁未換局)'을 단행했다. 영조는 노론에 의해 왕이 됐지만 노론과 왕권을 나눌 생각은 없었다. "내가 조선의 임금이다."라고 외치고 싶었던 것이다. 노론의 영수 민진원을 비롯해 노론 관료들을 대거 파직하고 소론의 영수 이광좌를 영의정에 임명했다. 판이 바뀌어 소론이 정국을 주도하게 된 것이다. 그런데 정미환국은 영조에게 신의 한 수가 됐다. 무신란을 준비하던 소론 세력들에게 노론의 퇴장은 거사의 명분을 퇴색시키는 것이었기 때문이다. 실제로 거사 때 한양에서 내응(內應)이 없었던 것도 정미환국의 영향으로 볼 수 있다.

무신란(戊申亂)은 소론 강경파와 일부 남인들이 주도했지만, 여기에 향리, 군관, 노비들에 이르기까지 다양한 계층이 참여한 것은 경종 독살설이 하층민들에게도 설득력이 있었고 불의한 기득권을 부정하는 민중 의식이 강해졌기 때문이다. 이들은 인조의 장남인 소현세자의 손자 밀풍군 이탄을 대안으로 거사를 도모했다. 충청도에 이인좌(남인), 경상도에 정희량(남인), 전라도에 담양부사 심유현(소론), 태인현감 박필현(소론), 한양에 이유익(소론), 평안도에 평안병사 이사성이 연합해 난을 주도했다. 전국적으로 20만 명이 가담한 대규모 봉기였다.

이들의 거사는 단기간 급하게 준비한 것이 아니라 오랜 시간 동안 꼼꼼히, 또 치밀하게 준비한 흔적이 나타난다. 1728년(무신년)

1월 1일, 담양 화약고에서 화재가 발생했다. 담양부사 심유현은 화재로 화약 4,000근과 무기가 소실됐다고 보고했다. 사실은 한양으로 올라가 성문을 부수고 전투에 사용할 목적으로 화약을 빼돌린 후 거짓 보고를 한 것이다. 심유현은 경종의 왕비인 단의왕후의 동생으로 경종 독살설을 퍼뜨린 장본인이다. 청주의 이인좌도 자신의 사재를 털어 말을 구입하고 군사들에게 입힐 군복도 사전에 준비했다. 경상도의 정희량도 사재를 털어 군사를 모집하고 군대의 깃발로 사용하기 위한 비단을 구입했다. 지역은 각기 달랐지만 모두가 주도면밀하게 거사를 준비했다.

영조 4년(1728) 3월 15일 밤, 군사들의 함성이 일어나며 청주성으로 군사들이 진격했다. 성 안에 있던 내응 세력이 성문을 열어 청주성을 점령하는 데는 그리 오랜 시간이 걸리지 않았다. 경기도 양성에서 올라온 권서봉은 군사들이 장례식을 가장해 상여에 무기를 숨겨 청주성 주변 숲속에 숨겨 놓았다가 밤이 되어 일제히 성을 공략했다. 이인좌가 청주성을 점령하자 호남과 영남에서도 잇따라 거사를 시작했다.

『당의통략』에는 "군중(軍中)에 경종의 위패를 모셔 놓고 조석으로 곡을 했다."는 기록이 있다. 거병 세력들은 선왕의 복수를 다짐하며 결의를 다졌다. 한편 조정에서는 청주성 점령 사실을 접하고 진압군을 구성하면서 총융사 김중기에게 출전을 명했다. 하지만 김중기는 두려움으로 핑계를 대며 출정을 머뭇거렸다. 이때 소론 온건파인 병조판서 오명항이 출전을 자처했다.

"임금이 욕을 당하면 신하는 죽어야 합니다. 신이 스스로 가서 적을 토멸하기를 청합니다."

- 『영조실록』 16권, 영조 4년 3월 17일

영조는 크게 기뻐하며 오명항에게 도순무사(都巡撫使)의 직을 내렸다. 진압군은 경기도 안성에서 이인좌를 격파하고 다시 죽산에서 승리했다. 산사로 도주한 이인좌가 승려들에게 붙잡히면서 이인좌의 봉기는 예상보다 치열하지 않게 끝이 났다. 정미환국의 영향이었다. 정미환국이 없었다면 소론 전체와 남인이 가담하는 전국적 봉기로 이어져 감당하기 쉽지 않았을 것이다. 결국 소론 강경파가 시작한 봉기를 소론 온건파가 진압했다. 노론은 소론에게 진압군을 맡기는 것에 반대했다. 하지만 영조의 생각은 달랐다. 소론이 소론을 진압해야 난을 일으킨 소론의 명분이 약해진다고 판단했고, 즉위를 반대했던 소론이 난을 진압하게 해 자신의 정통성을 강화하겠다는 생각이었다.

난이 평정되고 사태를 수습하는 과정에서 영조는 자신과 관련된 이유로 일어난 난이었기에 최대한 빨리 마무리하고 싶었다. 처벌 또한 민심을 고려해 핵심 관계자만 처벌하도록 전교를 내렸다.

"어리석은 백성들이 부득이해서 적을 따른 경우는 그 정상이 애처로우니, 죄를 용서할 만하다."

영조로서는 현명한 판단이었다. 그러면서 난을 진압하는 과정을 기록하고, 자신의 정통성을 확보하고자『감란록(勘亂錄)』을 편찬한다. 영조는 책에서 심유현이 퍼뜨린 경종 독살설은 사실이 아닌, 모함이란 것과 소론이 무신란을 일으켰지만 근본적인 원인은 당쟁 때문이라며 탕평의 필요성을 주장했다. 또한 영조는 난이 일어난 원인에 대해 조정이 당쟁만을 일삼아 재능 있는 자를 등용하지 않았고, 기근으로 백성들이 죽을 지경임에도 이를 돌보지 않은 것이 문제라며, 책임은 조정에 있다는 교서를 내려 공표했다. 정치적 갈등 극복을 위해 공식적으로 탕평 정국을 선포한 것이다. 그러면서 민심을 안정시키고자 백성들 말에 귀 기울이고 직접 만나 민원을 청취했다.

『서경(書經)』「홍범조(洪範條)」에 '무편무당 왕도탕탕 무당무편 왕도평평(無偏無黨 王道蕩蕩 無黨無偏 王道平平)'이란 말이 있다. 여기서 비롯된 것이 '탕탕평평'이고, 이를 줄여서 '탕평(蕩平)'이라 이른 것이다. 탕평은 어느 한 쪽으로 치우치지 않아야 왕도가 넓고 공평하게 펼쳐진다는 뜻이다. 영조는 당쟁의 폐해를 너무나도 잘 알고 있었기에 망국에 이르기 전에 탕평책[8]을 통해 붕당정치를 넘어 정치적 안정과 화합을

---

8 중신들과 탕평책에 관한 논의를 하는 도중 청포묵에 여러 가지 채소를 버무린 음식이 나오면서 이것을 탕평채라고 부르게 됐다고 전해진다.

추구할 것을 주장하며, 이를 강력하게 추진했다.

영조는 탕평을 추진하면서 '쌍거호대(雙擧互對)'의 인사 원칙을 제시했다. 영의정에 노론이 임명되면 좌의정은 소론이, 판서에 소론이 임명되면 참판은 노론이 맡는 형식으로 당파 간의 견제와 균형을 유지하고 형평성을 맞춰 불만을 최소화하는 인사 원칙이었다. 영조는 자신의 정통성마저 뒤흔들며 인정하지 않았던 소론을 정치적으로 보복하지 않고 화합의 정치로 가겠다는 의지를 탕평으로 먼저 보여 줬다. 또한 1727년 '탕평교서'를 반포하며 조선의 차세대 리더를 양성하는 성균관에 탕평비를 세워 유생들에게 편당을 짓는 소인이 되지 말고 화합하는 군자가 되라는 교훈을 심어 주며 자신의 의지를 확고히 한다. 현재도 성균관대학교 내에 이 탕평비가 존재한다.

영조는 무신란을 통해 많은 교훈을 얻었고 국정 철학에 많은 영감을 받았다. 무신란은 영조에게 당쟁의 폐단을 뼈저리게 느끼게 한 사건이다. 안정적인 왕권 유지를 위해서는 한 당파에게 힘을 실어 주어선 안 된다는 깨달음을 얻었고, 이를 통해 영조는 탕평의 의지가 더욱 확고해졌다.

무신란을 통해 배움을 얻고 발전하고자 노력한 영조의 철학은 기존 국왕들이 보여 줬던 리더십과는 다르다. 하지만 영조의 탕평 노력에도 불구하고 결국 노론의 독재체제가 다시 형성되었기에 의도는 좋았으나 성공한 탕평책으로 볼 수는 없다.

지독한 콤플렉스,
사도세자의 비극을 잉태하다

　　1728년 맏아들 효장세자를 잃은 영조는 큰 슬픔에 빠졌다. 실의에 빠진 영조에게 7년 후 다시 아들이 태어난다. 영조 11년(1735), 42세에 원자를 얻은 영조는 매우 기뻐했다. 게다가 원자는 매우 총명했다. 첫돌에 63자를 해독했다고 실록이 기록한 걸 보면 아마도 원자는 천재였으리라. 바로 그가 사도세자이다. 그는 2세에 세자로 책봉되고, 3세부터 서연 교육에 힘썼다. 영조가 사도세자에게 얼마나 큰 기대를 했는지 알 수 있는 책이 있다. 왕세자의 학업 진도를 기록한 『열성조계강책자차제』이다. 사도세자는 3세에 『효경소학(孝經小學)』을 공부하고 5세에 『소학초략(小學抄略)』, 7세에 『동몽선습(童蒙先習)』을 공부했다. 8세에 본격적으로 소학과 효경(孝經)을 공부해 다른 왕세자들보다 2년 정도 진도가 빨랐다. 똑똑한 아들을 보며 기대가 컸던 영조는 세자를 가르치기 위해 직접 교재를 만들었다. 『어제상훈(御製賞勳)』,

『어제조훈(御製祖訓)』이다. 임금은 끊임없이 공부해야 하고 신하의 간쟁을 잘 받아들이는 등 국왕으로서 생각하고 행해야 할 왕의 교본 같은 내용이었다.

조선 시대 왕실 교육은 상당히 체계화된 시스템으로 구성돼 있다. 원자가 태어나면 각 나이별 시기에 맞는 교육 프로그램을 관장하는 관청을 두어 효율적으로 교육했다.

· 0~3세 보양청(輔養廳): 아이 양육에 관한 일기를 쓴다.

· 4~5세 강학청(講學廳): 글을 배우기 시작한다.

· 세자 책봉 후 세자시강원(世子侍講院): 왕세자의 교육을 담당한 관청으로 20명의 스승을 배치해 국왕 후보자에게 강한 교육을 시킨다. 세자시강원은 세자가 머무는 동궁 바로 옆에 위치하고 스승도 24시간 교대 근무로 언제든지 세자의 학문 성장에 도움을 줄 수 있도록 했다. 동궁(東宮)의 의미는 해가 떠오르는 동쪽을 상징해 차기 국왕이 될 세자를 해와 같은 존재로 동궁이라 칭한 것이다.

조선 시대 교육법은 균형을 중요시 여겨 '육예(六藝)'를 배우게 했다. 육예는 예(禮, 예절), 악(樂, 음악), 사(射, 활쏘기), 어(御, 말타기), 서(書, 글쓰기), 수(數, 수학)를 말한다. 이를 기본 교양 교육으로 삼아 지덕체(智德體)

를 다스릴 수 있게 했다. 이는 조선의 선비들은 다방면에 걸쳐 교양을 갖춰야 한다고 생각했기 때문이다.

사도세자는 어린 나이부터 실시된 공부 스트레스가 매우 심했을 것으로 보인다. 특히 한 달에 2번 있는 회강(會講)은 그간 공부한 내용을 스승들 앞에서 시험을 보는 것이었다. 스승들의 질의에 대답하는 형식의 시험으로 20명이나 되는 스승들에 둘러싸인 세자는 위축될 수밖에 없었다. 거기에 아버지 영조도 함께 참여해 아들의 시험을 주관할 때면 더 힘든 시간이 되었다. 올바로 대답하지 못하면 영조는 여러 사람 앞에서 그를 꾸짖고 나무랐기 때문이다.

사도세자는 영특하고 총명했지만 10대가 되면서 심리적 변화가 나타나기 시작한다. 『한중록(閑中錄)』은 10세가 된 사도세자가 영조를 두려워해 "감히 마주 앉지도 못하고 신하들처럼 몸을 굽혀 엎드리고 보셨으니…"라고 기록하고 있다.

10대는 자신의 가치관과 주체성이 확립되는 시기지만 아버지 영조는 아들의 자아를 무시한 채 자신의 계획대로 성장해 주길 바랐다. 부모의 욕심대로 무리한 것을 강요하다 보면 기대에 부응하지 못하는 자신을 바라보며 아이는 자존감이 낮아지고 실패를 당연하게 받아들이는 패배주의에 빠진다. 이런 상태가 길어지면 우울증에 빠질 수도 있다.

사도세자는 영특했지만 강인하고 호방한 무인적 기질이 강해 학문보다 잡서에 더 관심이 많았다. 홍역을 앓아누워 있을 때도 『삼국지』를 보면서 무인들의 활약에 재미를 느껴 손에서 놓지 않았다고 한다. 또한 대리청정 시『무예신보』를 편찬할 정도로 무예에 관심이 많았다. 영조는 그런 아들의 성향을 걱정하며 받아들이려 하지 않았다.

영조는 자신의 마음이나 생각을 감추지 않고 드러내는 성격이었다. 좋아하는 사람과 미워하는 사람을 구분해 노골적으로 표현했는데, 조정의 신하들뿐만 아니라 아들에게도 못마땅한 기색을 드러냈다. 천인의 아들로 왕에 오른 영조는 심리적으로 위축되어 정통성에 관한 열등감에 사로잡혀 있었다. 왕권의 정당성과 관련해 마음고생이 심했던 영조에게는 일종의 편집증 증세가 있었다. 불길한 문자를 극도로 꺼려 사용하지 못하게 하는가 하면 자신이 좋아하는 사람과 싫어하는 사람이 함께 있는 것조차 싫어했다. 뿐만 아니라 영조는 불길한 말을 듣기라도 하면 바로 귀를 씻었는데, 사도세자를 만나고 나면 늘 물로 귀를 씻었다. 이런 아버지의 행동에 사도세자는 자신이 귀 씻는 물받이라고 한탄했다. 자신의 마음대로 되지 않는 자식에 대한 영조의 냉대가 점점 표면으로 드러난 것이다.

조선의 왕들이 정기적으로 외출했던 능행길에 아들을 동행시키는 것은 아주 자연스러운 일이다. 선왕을 찾아뵙고 정성으로 예를 다하는 모습을 아들에게 가르쳐 주기 위함이다. 하지만 영조는 능행길에 사도세자를 데려가지 않았다. 여러 가지로 마음에 들지 않았기 때문이다. 아버지의 관심과 사랑이 고팠던 사도세자는 아버지의 사랑을 받는 누이 화완옹주에게 선왕의 능행길에 동행할 수 있도록 아버지를 설득해 달라고 부탁했다. 할아버지를 모신 명릉 능행길에 동행한 사도세자에 대해『한중록』은 이렇게 기록하고 있다.

"1756년 8월 1일에 처음으로 숙종 능에 동행하시고 기분이 시원하게 풀리신 듯 하더라."

사도세자가 성장하면서 아버지 영조와 갈등이 잦아졌는데, 그때마다 갈등을 중재해 왔던 동복(同腹)누이인 화평옹주가 세상을 떠나면서 이들의 갈등을 완화시켜 줄 사람이 없어졌다.

1759년 66세가 된 영조가 15세의 정순왕후와 재혼을 했다. 사도세자에게는 상황이 더욱 악화된 것이다. 정순왕후는 노론계 핵심 집안인 경주 김씨였고, 소론과 연대 의식이 강했던 사도세자에게 적대적일 수밖에 없었다. 열 살이나 어린 새어머니를 맞은 사도세자의 입지는 더욱 줄어들었다.

영조 31년(1775)에 나주괘서 사건이 조정을 흔들었다. 영조가 왕위에 오르기 위해 이복형인 경종을 독살했다는 내용으로, 소론을 지지한 경종을 영조와 노론이 손잡고 독살했다는 것이었다. 영조 3년 무신란을 전후해 한참 뜨거웠던 경종 독살설이 다시 재점화된 것이다. 영조는 매우 분노했다. 하지만 당시 대리청정을 맡고 있던 사도세자는 소론을 처벌하라는 노론의 요구를 거부했다. 소론을 옹호하는 것으로 판단한 노론은 사도세자에 대한 불만이 커졌고, 그와 대립이 시작되면서 영조와 사도세자의 관계를 벌려 왕권 이양을 막으려고 했다.

영조는 52년간의 재위 중 8번이나 양위를 선언했다. 첫 번째 양위 선언은 사도세자가 다섯 살 때인 1739년이었다. 누가 봐도 진심이 아닌 신하들의 충성심을 시험하기 위한 이벤트였다. 10년 뒤 1749년 네 번째 양위 선언을 반대하는 신하들에게 15세가 된 세자한테 대리청정을 맡기겠다고 선언한다. 그러면서 영조는 자신이 있을 때 세자가 어떻게 하는지 지켜볼 것이라고 말했다. 이때부터 시작해 13년 5개월 동안 대리청정을 하게 된 사도세자는 영조와 끊임없이 갈등했다. 영조는 아들의 국정 운영이 마음에 들지 않았고, 모든 일은 자신을 거친 뒤 결정하라고 지시했다. 또한 하루 동안 처리한 일을 빠짐없이 작성해 보고하라고 했다. 말만 대리청정이었지 사도세자는 심부름꾼에 불과했던 것이다. 이런 영조의 지나친 간섭과 꾸중에 사도세자는 스트레스가 극에 달했다. 이런 상황을 지켜보던 영의정 김재로가 영조에게 상소를 통해 조언했다.

"동궁 저하(東宮邸下)께서 어린 나이에 대리(代理)하여 수응(酬應)이 다 합당하고 정령(政令)의 사이에 또한 일찍이 성상의 뜻을 우러러 몸 받지 않음이 없으니 신은 일찍이 찬탄(贊歎)하였는데, 전하(殿下)께서는 매양 지나치게 책망을 하십니다."

- 『영조실록』 74권, 영조 27년 6월 12일

사도세자의 아내 혜경궁 홍씨가 삶을 회고하며 쓴『한중록』에는 남편 사도세자에게 광증이 있었다고 기록하고 있다. 경패증(驚悖症, 사람을 보면 놀라고 두려워함), 뇌벽증(雷霹症, 천둥·벼락소리를 두려워함), 의대증(衣帶症, 옷을 입지 못함)을 앓았고 자살을 시도하려 우물에 빠지려 했다는 것이다. 이런 정신적 질환이 충분히 있을 수 있다고 여겨지는 것은 실록에도 사도세자가 21세 때 영조의 발걸음 소리만 들어도 가슴이 막히고 뛰는 증상이 있다고 기록하고 있기 때문이다. 또한 사도세자가 장인 홍봉한에게 보낸 서신이 최근에 발견됐는데, 고통스런 자기 상황을 전하고 있다.

"열이 나고 울화가 치밀어 미칠 듯 합니다. 이런 증세를 의관에게 말할 수는 없습니다."

어린 나이부터 아버지와 신하들의 관심과 기대 그리고 실망과 갈등으로 이어지는 사도세자의 삶이 정말 고단하고 힘든 과정이었을 것이다. 문안 인사도 받지 않는 아버지와의 갈등이 점점 깊어져 가면서 사도세자는 시종을 죽이는 이상 행동까지 하게 된다.

1762년 5월, 나경언 고변 사건이 터지면서 사도세자의 비행이 영조에게 알려지고 사도세자의 친모인 영빈 이씨 선희궁이 아들의 병증이 돌이킬 수 없음을 영조에게 알리면서, 결국 영조는 결심을 한 것으로 보인다.

영조 38년(1762) 윤5월 13일, 조선 최대의 비극이 벌어졌다. 가로 세로 160cm의 뒤주에 갇힌 사도세자가 8일 후 숨지는 '임오화변(壬午禍變)'이다.

영조는 아들 사도세자에게 칼을 주고 자결하라고 명했다. 이에 사도세자는 목을 매어 자결하려고 시도했다. 하지만 수하들이 말려 목을 맬 수 없었던 사도세자는 땅에 이마를 찧어 자결하려고 했다. 이에 영조는 뒤주를 가져오라고 명했고, 가져온 뒤주가 너무 작아 더 큰 뒤주를 가져오라고 명했다. 이런 걸 보면 뒤주 사건은 계획된 것이 아니라 즉흥적으로 일어난 일로 보인다. 영조가 피눈물을 머금고 아들인 세자를 죽인 것도 궁극적으로 노론(老論) 외척(外戚)의 손에서 살아남기 위한 고육지책(苦肉之策)이었을지도 모른다. 세자가 죽은 후, 영조가 친히 죽은 아들을 생각하고 슬퍼한다는 뜻의 '사도(思悼)'라는 시호(諡號)를 내린 것은 영조의 말 못 할 아픔을 대변한다. 그렇다고 아들이 자신의 기준에 못 미친다고 미워하고 박대한 것이 정당화될 수 없다. 결국 사도세자의 병증도 아버지 때문에 생긴 것으로 볼 수 있기에 이 비극의 책임은 영조에게 있다. 이 같은 비극의 시작은 지나친 조기 교육의 폐해로도 볼 수 있다.

백성의 생활을 파고들고 싶었던
인자한 국왕

영조가 직접 쓴 현판을 보면 영조의 국정 철학이 엿보인다.

- 균공애민(均貢愛民): 세금을 고르게 하여 백성을 사랑한다.
- 절용축력(節用蓄力): 씀씀이를 절약해 힘을 비축한다.

조선의 남성은 16세부터 60세까지 군역의 의무를 졌다. 생계를 위해 군대에 가지 않을 경우에 내는 세금을 군포(軍布)라 했다. 그런데 조선 후기에 이르면 이 군포가 너무 무거워 백성들을 가장 괴롭게 하고, 군포를 감당할 수 없어 화전민이 되는 경우도 많았다. 군포는 1년에 2필을 내야 했는데, 1필의 폭은 37.4cm 길이 16m로 1필을 짜는 데 10일가량 걸렸다. 아들이 둘인 집은 남자가 셋이므로 총 6필의 군포를 내야 하는데, 여기에 죽은 아버지 대신 대립자를 세우지 못하면 아버지 몫의 군포도 계속 내야 하는 백골징포(白骨徵布), 16세 미만의 어린아이에게까지 군포를 징수하는 황구첨정(黃口簽丁), 군포 부담자가 도망하면 친척에게 군포를 징수하는 족징(族徵), 옆집이 도망가 세금을 못 내면 향촌 사회에서 분담해야 하는 인징(隣徵) 등 실제로 내야 하는 군포는 너무나 많아 삶이 고통스러웠다. 반면 당시 양반들은 군포를 내지 않는 것이 양반의 특권이요, 신분이라 생각했다. 양반의 군역 제외는 자연스럽게 국가 재정의 악화로 이어졌다. 이때 어사 박문수로 우리에게 잘 알려진 호조판서 박문수가 양반들도 똑같이 군포를 내자며 호포론[戶布論. 신분과 상관없이 호(戶) 단위로 군포를 징수함]을 주장했다. 영조도 이에 찬성한다.

영조는 세금을 고르게 한다는 균공(均貢)을 펼치기 위해 호포(가구당 세금 납부)와 결포(토지 소유 양에 따라 세금 납부)로 세금 납부 방식을 손보려 했다. 신하들에게 호포와 결포에 대해 의견을 물어보니 반대를 했다. 그동안 군포를 내지 않던 양반들은 새로운 세금 정책으로 안 내던 세금을 내야 하니 물어보나마나였다. 영조는 조세 정의를 펼치고 싶었으나 시작부터 쉽지 않았던 것이다. 양반들이 반대하는 건 당연할 터 일반 백성들에게 물어보는 것이 옳다고 판단한 영조는 홍화문 앞에서 많은 사람들에게 찬성하는 쪽은 남쪽에 서게 하고 반대하는 사람은 북쪽에 서게 하는 방식으로 의견을 물었다. 여론조사를 통해 정책을 정하려 했던 것이다. 이렇게 백성들을 직접 만나 의견을 묻는 것을 임문(臨門)이라 했는데, 영조는 재위 20년부터 임문을 시작해 총 30여 차례 시행해 백성들의 소리를 들으려 했다. 영조는 백성들을 위한 정책을 펴면서 백성들의 의견을 듣는 것이 당연하다고 여겼다. 이런 쌍방향 소통을 생각한다는 것은 백성을 통치의 대상으로만 본 것이 아니라 동반자로 여긴 것이기에 영조의 소통이 값진 것이다.

영조의 노력에도 불구하고 기득권의 강한 반발로 호포법은 실시되지 못했다. 양반 사대부들과 유생들까지 합세해 자신들의 특권을 지키기 위해 강하게 저항한 것이다. 영조는 이에 한 발 물러서면서 사대부들을 강하게 질타했다.

"너희들은 유생에게 호포를 부과하는 것을 불가하다고 여길 것이나 위로 삼공(三公)에서부터 아래로 사서인(士庶人)에 이르기까지 역(役)은 고르게 해야 하는 것이다. 또 백성은 나의 동포이니 백성과 함께해야 한다. 너희들 처지에서 백성을 볼 때에는 너와 나의 구별이 있을지 모르나, 내가 볼 때에는 모두가 나의 적자(赤子)인 것이다."

- 『영조실록』71권, 영조 26년 7월 3일

영조는 또 "내가 만일 잠저(潛邸)에 있다면 나도 의당 호포를 냈을 것이다."라고 말했다. 영조는 양반이나 평민이나 다 같은 나의 백성이라는 신념을 지녔으며, 백성을 '동포'라고 자주 표현했다. 동포이며 적자인 백성들의 고통을 알고 있었던 영조는 그 대안으로 '균역법(均役法)'을 실시한다. 균역법은 백성들의 군포 부담을 줄이기 위해 기존 2필을 징수하던 군포를 1필로 줄인 세금 납부 제도이다. 국가적으로는 큰 타격이 아닐 수 없었지만 백성들의 눈물을 닦아 주고 싶었던 영조의 결단이었다. 감포(減布)에 따른 부족한 재원을 마련하기 위해 박문수가 제안한 어전세(漁箭稅)·염세(鹽稅)·선세(船稅) 등을 국가 재정으로 포함하게 해 균역청에서 관장하게 했다.

그리고 노론 홍계희의 제안으로 '선무군관포(選武軍官布)'를 시행했다. 선무군관포는 양반이 아닌 부유층 자제들까지 양역에서 빠져 있었는데, 이들에게 선무군관이란 칭호를 내리며 군포를 거두게 한 것이다. 이렇게 영조의 대표적인 애민 정책인 균역법이 1751년 9월 공포되었다. 양반까지 포함된 개혁은 아니었지만 백성들의 부담을 절대적으로 줄여 준 세제 개혁으로 쉽지 않은 변화의 한 고개를 넘었다. 이후 양반까지 과세한 호포법이 실시되기까지 120년이란 시간이 더 걸리게 된다.

영조는 백성을 생각하는 정책을 많이 펼친 애민 군주다. 영조 50년(1774), 자신을 돌아보며 스스로 지은『어제문업(御製問業)』에는 영조 스스로가 자부심을 갖는 자신의 업적을 소개했는데, 첫째가 탕평이고, 둘째가 균역이며, 셋째가 준천이라고 기록했다. 준천은 지금의 청계천을 정비해 수도 한양의 물 흐름을 원활히 한 사업이지만, 실제는 백성들의 피해를 막기 위한 애민 정책이었다. 당시 천변에 살던 빈민들이 침수 피해를 당하지 않도록 개천 바닥을 깊이 파 물이 넘치지 않게 했다. 그러면서 준천 작업에 빈민들을 동원해 임금을 주어 생계비를 지원했다. 백성을 위한 공사를 하면서 일자리 창출까지 한 조선판 뉴딜 정책에 임금의 애민이 묻어났다. 공사에 담긴 임금의 사랑을 백성들도 알았는지 승려와 맹인 등 자원으로 참여하는 이가 늘어나면서 2개월 만에 청계천 정비 공사를 마무리했다. 이때 개천에서 퍼낸 흙을 쌓아 방산(芳山)이라 명했는데, 악취 나는 흙더미를 '향기나는 산'이란 반어적인 표현으로 지은 것이다. 지금의 방산시장이 바로 그곳이다. 준천 사업도 백성들과의 소통에서 시작됐기에 소통으로 필요한 정책을 찾은 셈이다.

또한 백성의 소리를 끊임없이 들으려 했던 영조는 신문고를 부활해 백성들의 억울함을 풀어 주려 했다. 태종 때 만든 신문고 제도가 연산군 때 폐지됐는데, 애민 군주 영조가 다시 부활시킨 것이다.

영조는 1725년 '압슬형(壓膝刑)'이라는 잔인하고 처참한 형벌을 없애며 인간 존중의 기준을 한 단계 진보시켰다. 압슬형은 사기 조각을 간 바닥 위에 무릎을 꿇리고 무릎 위에 사람이 올라가는 형벌로, 건강한 남자도 몇 회 만에 하반신이 망가져 걷지 못하는 끔찍한 형벌이다. 또한 얼굴에 칼로 문신을 새기는 경자(鯨刺) 등의 가혹한 처벌도 폐지시켰다. 사형수에 대해서는 3번의 심사를 받을 수 있는 '삼복법'을 엄격히 지키도록 해 목숨을 빼앗는 것에 신중을 기했다. 이처럼 죄수의 인권도 가벼이 여기지 않았던 영조의 애민이 돋보인다.

너무나 당연했던 세상 질서를 뒤집어 보다, 실학의 발전

　　"참 아름다운 글이다!" 과거 시험에 제출된 한 답안지를 보고 한 영조의 감탄사다. 영조 46년(1770)에 치러진 대과(문과) 1차 시험인 초시에서 34세 청년 박지원이 장원을 차지했다. 훗날 천재 문장가로 이름을 날리게 될 박지원의 글에 영조도 칭찬을 아끼지 않았다. 하지만 몇 달 후 치러진 복시에서 박지원은 백지 답안을 제출했다. 임금도 기대하고 있던 장원 박지원의 백지 제출은 시험관들을 당황케 했다. 입신양명(立身揚名)의 유일한 수단인 과거 시험을 보이콧 한 이유는 무엇일까?

　　연암(燕巖) 박지원(朴趾源, 1737~1805)은 노론 명문가 출신으로 1차 시험에 장원을 하고 영조가 박지원의 특출난 능력을 칭찬하며 일약 스타덤에 올랐다. 인재가 필요했던 정치권에서 박지원을 가만 놔둘

리 없었다. 계속된 정치권의 섭외가 줄을 이었지만 박지원은 평소 당쟁과 편 가르기에 반감이 컸고 당시 난장판 같은 혼탁한 과거 시험을 통해 출세하는 것에 의미를 찾지 못한 것으로 보인다. 이후 그는 과거를 포기하고 속리산, 가야산, 천마산, 묘향산 등 국내 명산을 두루 유람했다고 『연암집』은 전한다. 박지원의 가문은 청빈한 삶을 대대로 이어 온 선비 집안이었으니 가풍을 이어 혼탁한 세상에 몸을 섞지 않은 것이다.

정계 진출을 포기한 박지원은 일약 베스트셀러 작가가 된다. 그의 작품은 일관되게 양반 기득권의 행태에 대한 비판과 풍자로 독자들에 인기를 얻었다. 「양반전(兩班傳)」, 「허생전(許生傳)」, 「호질(虎叱)」 등에 나타난 일관된 주제 의식이 모두 양반 사회의 모순과 부조리를 비판적인 시각에서 신랄하게 풍자했다. 또한 그의 풍자에는 유머도 담겨 있었다. 「양반전」에 소개된 내용 중 양반(兩班)을 '냥(兩)+반(牛)=1.5냥'으로 해석해, 개(犬)값이 2냥이니 양반이 개만도 못한 존재라고 기가 막히게 풍자했다.

박지원은 백탑파(白塔派)를 형성해 그의 사상적 동지들을 만나 교류하면서 학문을 발전시켰다. 백탑은 당시 한양의 랜드마크였던 원각사지 십층 석탑(국보 2호)을 의미하는데, 현재의 탑골공원 주변이다. 이곳에 살던 박지원은 이웃인 박제가(朴齊家), 홍대용(洪大容), 이덕무(李德懋), 유득공(柳得恭) 등과 학문적으로 깊이 교류했다. 당시 숭명반청(崇明反淸) 의식이 지배적이었지만, 이들은 현실적인 시각으로 청나라를 오랑캐로만 보지 말고 배울 것은 배우자는 북학 사상을 주장했다. 백탑파는 200여 년 전 변혁의 바람을 주도한 청년들이었던 것이다. 이들도 성리학을 공부한 성리학자들이었지만, 성리학 이론에 매몰되지 않고 실용적인 학문을 받아들이고 추구한 실학자들이기도 했다.

실학은 당시 진보적인 젊은 성리학자들을 중심으로 실사구시(實事求是, 사실에 입각하여 진리를 탐구하는 것)에 입각해 연구하는 학문이라 하여 '실학'이라 부르게 되었다. 공리공론(空理空論)만 따지는 헛된 학문, 즉 '허학(虛學)'이 아닌 '실학(實學)'을 주장한 것이다. 그들은 실학을 통해 조선을 좀 더 발전시킬 수 있는 방법, 즉 민생을 안정시키고 부국강병 할 수 있는 방법을 제시하고자 했다. 대표적으로 농업을 중흥시켜야 한다고 주장하는 중농 학파(경세치용학파)와 상공업이 발전해야 나라가 부강해진다고 주장하는 중상 학파(이용후생학파)로 나뉜다. 유형원, 이익, 정약용으로 대표되는 중농 학파의 주장은 토지를 농민들이 실제 경작할 수 있도록 나누자는 것이 핵심인데, 지주들이 자기 땅을 포기할 수 없었기에 제도 개선은 불가능했다. 홍대용, 박지원, 박제가로 대표되는 중상 학파는 농업에 기초한 전통적 방식에서 벗어나 상공업을 발전시키고 기술 혁신과 대외 무역을 통해 나라가 부강해질 수 있다고 주장했다. 실학은 개혁과 개방을 요구하는 시대적 요청에 부응하는 새로운 시각이었다.

18세기는 조선뿐만 아니라 전 세계적으로 변화의 바람이 불던 시기였다. 가장 큰 변화는 국가 체제의 변화로 왕을 중심으로 한 봉건 사회에서 시민이 중심이 되는 사회로 변화하고 있는 것이었다. 1776년 미국이 독립을 선언하며 모든 인간은 평등하다는 선언을 하면서 현대 민주주의가 시작됐다. 이어 1789년 프랑스 대혁명이 일어나 귀족 사회를 무너뜨리고 시민사회가 자리를 잡았으며, 영국에서 일어난 산업혁명을 통해 인간 사회의 삶이 근본적으로 바뀌었다. 이렇듯 18세기 후반은 시민들의 의식적인 변화가 이뤄지고 경제적인 발전이 더해지면서 인류 문명의 큰 틀이 바뀌는 중요한 시기였다.

영국에 셰익스피어, 독일에 괴테가 있다면, 조선에는 박지원이 있다고 비유한다. 이들은 모두 과거의 작품들과 다르게 새로운 의식과 변혁적 사조로 대중들에 사랑받는 위대한 작가들이다. 조선의 박지원은 유교 사상의 틀을 벗어나 실학을 주장한 사람으로 서양의 계몽주의 사상과 같이 혁신을 주장한 선각자였다.

박지원은 정조 4년(1780) 5월, 영조의 부마이며 자신의 8촌 형인 금성도위 박명원이 청의 고종 70세 축하를 위한 진하겸사은사(進賀兼謝恩使)로 북경에 갈 때 자제군관(子弟軍官)으로 따라갔다. 중국 허베이성 청더시(열하)에 도착한 그는 "괴이한 구경거리와 모르는 것이 많아 문자로써는 형용할 수 없어 한스럽다."고 할 정도로 문화적 충격을 받았다. 특히 조선보다 윤택하게 잘 사는 것을 보며 "수많은 집이 높이 솟아 담은 모두 벽돌로 쌓았고 마을마다 가마가 있어 벽돌을 구위 냈다."고 기록했다. 박지원은 청나라에서 보고 들은 모든 것을 26 권의 책으로 엮어 『열하일기(熱河日記)』⁹를 펴냈고, 이 책은 조선의 대표적인 베스트셀러가 된다.

혼탁한 정계가 싫어 백지를 던졌던 박지원이었지만 청나라를 다녀온 후 생각이 바뀌기 시작했다. 박지원은 나이 50세에 음서로 관직을 받았다. 글로만 풀어냈던 실학 사상을 적용하고 싶었기 때문이다. 지방관이 된 박지원은 청나라에서 배웠던 수레와 벽돌, 물레방아 등을 제작해 실학을 구현했다. 백성들을 진정으로 위하고 구휼에 힘썼던 박지원은 임금과 백성들에게 사랑받는 진정한 실학자였다.

---

9 열하(熱河)는 중국 황제의 여름 피서지다. 원래의 목적지는 북경이었으나 더위를 피해 청나라 황제가 열하에 머무르고 있어 목적지가 바뀌게 된 것이다.

그런 선택을 하지 않았더라면
조선은 어떻게 바뀌었을까

　　82세가 된 영조는 자신의 명이 얼마 남지 않음을 직감했다. 세
손을 자신의 후계자로 공포하겠다는 생각을 가진 영조는 세손과 대
신들을 집경당으로 불렀다. 노론의 반대를 뚫고 왕위를 물려주어야
하는 난관에도 대신들에게 의미심장한 질문으로 말을 시작했다.

　　"신기(神氣)가 더욱 피곤하니 비록 한 가지의 공사(公事)를 펼치더라도
진실로 수응(酬應)하기 어렵다. 이와 같은데도 어찌 만기(萬幾)를 수행하겠느
냐? 국사(國事)를 생각하느라고 밤에 잠을 이루지 못한 지가 오래 되었다. 어
린 세손이 노론(老論)을 알겠는가? 소론(少論)을 알겠는가? 남인(南人)을 알겠
는가? 소북(少北)을 알겠는가? 국사(國事)를 알겠는가? 조사(朝事)를 알겠는
가? 병조판서를 누가 할 만한가를 알겠으며, 이조판서를 누가 할 만한가를
알겠는가? 이와 같은 형편이니 종사(宗社)를 어디에 두겠는가? 나는 어린 세

손으로 하여금 그것들을 알게 하고 싶으며, 나는 그것을 보고 싶다."

- 『영조실록』 125권, 영조 51년 11월 20일

대리청정을 맡기겠다는 얘기였지만, 세손에게 왕위를 물려주겠다는 선언이기도 했다. 대신들은 놀라면서도 한편으로 전의를 불태웠다. 노론 벽파를 대표해 좌의정 홍인한이 나섰다.

"홍인한이 말하기를, '동궁은 노론이나 소론을 알 필요가 없고, 이조판서나 병조판서를 알 필요도 없습니다. 더욱이 조사(朝事)까지도 알 필요 없습니다.' 하였다."

- 『영조실록』 125권, 영조 51년 11월 20일

스물네 살이나 된 세손이 국사를 알 필요가 없다는 것은 반대를 넘어 세손의 존재를 무시하며 차기 왕권을 줄 수 없다는 격렬한 표현이었다. 이런 홍인한을 세손의 측근인 홍국영, 서명선 등이 탄핵하면서 혼란스런 상황이 됐지만 영조의 확고한 의지는 변하지 않았다. 영조는 세손에게 임명권을 수점(受點)하라고 명하면서 문·무관 임용 대기자 명단을 주었다. 더불어 순감군(巡監軍)의 지휘권을 세손에게 넘기며 힘을 실어 줬다. 세손에게 군사 지휘권이 넘어가자 대신들은 격렬하게 반발했다. 그러자 영조는 내친김에 임금의 호위 부대인 상군(廂軍)과 협련군(挾輦軍)을 불러들였다. 영조의 의지를 확인한 대신들은 칼 앞에서 한 발 물러섰다.

그해 12월 8일, 영조는 세손의 대리청정 절목(節目)을 마련하고 정식으로 대리청정을 맡겨 공식화했다. 그럼에도 불구하고 12월 22일 대리청정 조참에 신하들이 참석하지 않았다. 끝까지 세손을 인정하지 않겠다는 노론의 표현이었지만, 영조가 승하하면서 자연스럽게 줄다리기가 끝났다. 죄인의 아들을 왕위에 올릴 수 없다는 노론의 반대를 뚫고 정조가 즉위할 수 있었던 것은 할아버지 영조의 덕이다. 만약 정조가 임금이 되지 못했다면, 조선은 노론에 의해 그리고 노론을 위해 국가가 경영되면서 암흑기로 후퇴했을 것이다.

세손에게 대리청정을 맡긴 영조는 3개월 후 경희궁 집경당에서 승하했다. 사망 전 피가 섞인 가래침을 뱉고 구토가 잦은 증상이 나타난 것으로 보아 폐렴으로 사망한 듯하다. 묘호는 영종(英宗)이었으나, 고종 29년에 지금 우리가 아는 묘호인 영조(英祖)로 바뀌었다.

영조는 스스로 자신의 업적 중에 '탕평, 균역, 준천'을 가장 자부심 느끼는 정책이라 말했다. 그중 균역법 시행은 영조 통치의 하이라이트라고 볼 수 있다. 백성들과 직접 소통하고 고통 받는 백성들을 위해 반값 군포를 시행한 것은 백성들의 삶이 나아지는 데 크게 기여했기 때문이다. 군포 1필이 약 20냥 정도 됐는데, 1냥으로 쌀 20kg을 살 수 있었으니 현재 가치로 보면 군포 1필은 약 100만 원 정도의 세금으로 볼 수 있다. 인당 100만 원 정도의 세금이 줄어든 백성들은 영조의 균역법을 목소리 높여 칭송했다. 균역법 실시로 부족해진 재정을 보충하기 위해서 새로 적용한 선무군관포도 큰 도움이 됐다. 선무군관포는 거짓으로 양반 장부에 이름을 올려놓고 군포를 내지 않던 사람들을 색출해 세금을 징수한 것이다. 이렇게 일반 백성의 세금 부담을 줄여 주고 조세 저항이 없는 세금 징수로 국가 재정의 균형을 형성한 균역법이 백성들과의 소통에서 시작됐다는 것은 현재의 정치 지도자들이 본받아야 할 정치 행위다.

영조는 솔선수범하는 리더십도 보여 줬다. 친경(親耕) 의례를 통해 왕이 직접 농사짓는 모범을 보여서 백성들에게 농업을 소중히 여김과 동시에 농업을 권장하는 행사를 열었다. 영조는 재위 기간 동안 4회의 친경을 하며 농민들을 만나고, 그들에게 의욕을 심어 주며 농업을 장려했다.

영조는 조선 왕 27명 중에 가장 장수한 왕으로 80세를 넘긴 유일한 왕이다. 당시 조선 왕들의 평균 수명이 47세인 것을 감안하면 대단히 장수한 것이다. 그렇다고 영조가 건강한 체질은 타고난 것은 아니었다. 『승정원일기』는 영조가 어릴 때부터 잔병이 많았고, 특히 몸이 차서 복통을 자주 앓았다고 기록하고 있다. 영조의 장수 비결은 여러 가지가 있는데, 건강에 대한 영조 자신의 관심도 큰 몫을 했다. 영조는 52년의 재위 기간 동안 총 6,195회의 진맥을 받았다. 연평균 119회, 월평균 10회의 진맥을 받을 정도로 건강에 대해 신경을 많이 썼다. 이는 할아버지 현종이 15년간 50회, 아버지 숙종이 46년간 869회 진맥을 받은 것과 비교하면 압도적으로 많은 수치다. 또한 『승정원일기』에는 영조가 의관에게 "1년 동안 내가 먹은 인삼의 양이 얼마나 되느냐?"라고 물은 기록이 있다. 이에 의관은 "20근 정도를 드셨습니다. 전하." 하고 대답했다. 20근은 대략 13kg 정도이니 엄청난 양의 인삼을 복용하며 건강에 신경 쓴 것을 알 수 있다.

영조 21년 8월,『승정원일기』는 "살찌는 것보다 마른 것이 나은데 동궁은 지나치게 뚱뚱해서 염려스럽다.", "내가 평소 별다른 질병이 없는 것은 살찌지 않았기 때문이다." 등의 내용을 기록하고 있다. 이는 영조의 건강 철학을 보여 주는 것으로, 영조는 항상 소식(小食)을 했다. 조선 시대 임금은 조반과 야참까지 하루 5끼를 먹는 것이 일반적이었지만 영조는 현재 우리처럼 하루 3끼를 먹었다. 또한 육식보다 채식을 위주로 식단을 꾸미고 흰쌀밥 대신 현미와 잡곡을 섞어 먹었다. 영조는 신하들과 회의를 하다가도 식사 때가 되면 회의를 멈추고 식사를 하러 갈 정도로 밥 때를 철저히 지켰다. 소식과 규칙적인 식사가 중요한 원칙이었던 것이다. 게다가 영조는 술도 즐기지 않았다. 검소한 성격의 영조는 술을 많이 빚을 경우 곡식이 모자라 백성들이 굶을 수 있다며, 재위 기간 동안 50회의 금주령을 내리기도 했다. 이를 지키지 않은 관리를 참수한 기록도 있을 만큼 영조는 금주령을 철저히 지키도록 했다.

또한 영조는 복장도 여러 겹의 비단옷을 피하고 바람이 잘 통하는 무명이나 모시 같은 간편복을 주로 입었다. 이렇게 영조가 낭비를 싫어하고 간소함을 추구하자, 신하들도 영조의 눈에 들기 위해 일부러 헌옷과 더러운 옷을 입고 입궐하는 우스꽝스런 일들도 나타났다.

영조는 똑똑했고 예리함을 갖춘 정치가였다. 그러나 성품은 직선적이며 관대하지 않았고, 예의범절을 따지는 깐깐한 스타일이었다. 이런 영조에게 독설에 가까운 직언을 하는 신하가 있었으니, 바로 박문수였다. 박문수는 영조가 왕세제로 임명됐을 때 세자시강원 설서로 임명되면서 영조와 인연을 맺었다. 박문수는 거칠 것 없는 자신감으로 임금에게도 당당하게 틀렸다고 지적하는 고집불통이었다. 한 마디로 위험한 인물이었다. 그렇지만 영조는 박문수를 내치지 않고 아꼈다. 소통하는 과정이 거칠기는 했지만 자신이 갖지 못한 생각을 들려주었기 때문에 박문수의 소중함을 알았던 것이다. 이런 부분이 영조를 좋은 리더로 평가할 수 있는 점이다. 대부분의 리더들은 참모를 선택할 때 자신과 비슷한 사람을 선호한다. 코드가 맞는 사람으로 생각과 철학이 비슷해 거부감이 적을 수밖에 없기 때문이다. 그렇지만 이 같은 조합은 의사결정 과정에서 함정이 될 수 있다. 리더와 참모가 서로 다른 사고를 지닐 때 찾을 수 있는 다양한 시각이 없기 때문이다. 신하들이 놀랄 만큼 파격적 행보를 보이는 박문수를 편견 없이 대하고 그의 직언에 귀를 기울인 영조의 소통 능력은 배울 만한 것이다.

국왕이 될 수 없는 신분으로 왕위에 오른 영조는 핸디캡을 극복하기 위해 열심히 일했다. 성실한 왕이었으며, 백성을 불쌍히 여기고 소통으로 정책을 결정하려 했던 애민 군주다. 아들을 잃고 괴로워했지만 그로 인해 얻은 깨달음으로 손자를 지키며 대업을 물려주었다. 조선의 최장수 국왕 영조가 정적들에 둘러싸인 손자 정조를 국왕으로 세운 공은 결코 가볍지 않다.

인간적 슬픔을 가진 전략가.

11세에 아버지의 참혹한 죽음을 목격하고

가슴앓이로만 아픔을 간직한 세손.

그의 소년기와 청년기를 대표할 단어는 '고통'이다.

200년 전 평등을 꿈꾸며 노비를 없애려 한 개혁가.

누구보다 백성을 사랑해 백성에게 다가간 군주.

그의 갑작스런 죽음으로 조선의 암흑기가 시작돼 버렸다.

Chapter 9

누구보다
백성을 사랑한 왕,
정조

正祖 李祘

"나는 사도세자의 아들이다."

　　정조는 1752년 영조의 둘째 아들 사도세자와 혜경궁 홍씨 사이에서 태어났다. 이름은 산, 자는 형운으로 1759년 8세의 나이에 세손으로 책봉된다. 그리고 1762년 11세의 나이에 아버지 사도세자가 뒤주에 갇혀 죽는 모습을 모두 본다. 어린 나이에 이런 끔찍한 상황을 경험하며 성장한 정조는 자신의 속내를 드러내지 않고 목표를 이뤄 가는 치밀한 전략가의 모습이 이때부터 훈련된 것으로 보인다. 영조는 노론 벽파와 손잡고 사도세자를 죽였지만, 손자만은 지키고 싶었다. 그래서 먼저 죽은 맏아들 효장세자의 양자로 입적해 죄인의 아들이라는 논란을 없애고 세손으로 하여금 국왕 수업을 받게 했다.

　　사도세자가 죽고 영조의 기대는 오롯이 정조에게로 옮겨졌다. 말로 하는 교육인 언교(言敎)보다 몸으로 보여 주는 신교(身敎)가 중요하다는 것을 깨달은 영조는 실패를 거울삼아 세손의 교육에 세심한 주의를 기울이며 손자를 향한 애정을 뿜어냈다.

하지만 아버지 사도세자가 정쟁에 희생됐듯이 정조 역시 죽음의 그늘에서 위태롭게 세손 시절을 보내야 했다. 이산의 나이 11세, 자신의 방에 놓인 편지를 보고 놀라지 않을 수 없었다. 그 편지에는 자신을 살해하겠다는 내용이 담겨 있었다. 겨우 열한 살인 어린 세손은 놀라 두려웠다. 그때부터 시작된 고통스런 시간들을 기억해 내어 자신의 일기인 『존현각일기』에 이때의 상황을 고스란히 남겼다.

"두렵고 불안하여 차라리 살고 싶지 않았다."
"바늘방석에 앉은 것처럼 두렵고 달걀을 포개 놓은 것처럼 위태로웠다."

정조의 일기로 알려진 『존현각일기』는 실제본은 전해지지 않고 1777년 간행된 『명의록』에 수록돼 전해지는데, 노론이 무서워 사관도 기록하지 못하는 내용들이 담겨 있어 이때의 상황을 잘 이해할 수 있다.

"내가 이렇게 일기를 쓰는 것은 지금 당하는 핍박을 후세에 전해 알리기 위함이다."
"흉도들이 심복을 널리 심어 놓아 밤낮으로 엿보고 살펴 나의 동정 하나하나를 살피고 탐지해 위협할 거리로 삼았다."

- 영조 51년(1775) 11월 27일

"저들은 나를 손안에 든 물건으로 여긴지 오래다."

"나는 낮에는 마음을 졸이고 밤에는 방 안을 맴돌며 잠을 이루지 못하였다."

- 영조 51년(1775) 5월 3일

세손이 이렇게 위협 받을 정도로 왕실의 권위는 무너졌고, 정권을 휘어잡은 노론은 늙은 왕 영조를 전혀 두려워하지 않았다.

"정후겸이 상(上)을 사사로이 만나 뵐 때마다 몸을 구부리지 않았고, 출입할 때에는 신발 끄는 소리가 탁탁 나서 전혀 삼가고 두려워하는 뜻이 없었으니, 상(上)이 화완에게 이르시기를, '신발 소리가 어쩌면 그리도 거만한가.' 하셨다."

- 영조 51년(1775) 7월 5일

정조는 얼마나 고통스러웠을까? 그는 이렇게 괴롭고 힘겨운 시간을 견디고 견디며 자신의 시대를 기다렸다.

영조 즉위 41년(1765), 망팔(望八, 여든을 바라본다는 뜻으로, 나이 71세에 80까지 넉넉히 살기 바란다는 의미의 축하연) 행사가 열리게 된다. 세손인 정조가 할아버지 영조에게 5번이나 청해 겨우 성사된 행사였다. 정조가 5번이나 청하면서 할아버지 축하연을 열게 된 배경에는 물론 효심도 있었겠지만, 당시 죄인의 아들은 왕이 될 수 없다는 '죄인지자불위군

왕(罪人之子不爲君王)'을 주장하는 노론의 반대가 이어지고 있는 상황에서 다음 왕위를 물려받을 세손으로서 자신의 영향력을 보여 주고 정치적 입지를 확인시켜 주는 이벤트라 볼 수 있다. 이때 정조의 나이가 14세에 불과했는데, 이런 전략적 판단을 할 줄 알았다는 것이 참으로 대단하다.

1776년 3월, 영조가 승하한 지 닷새 만에 정조는 경희궁에서 조선의 22대 왕으로 즉위한다. 정조의 나이 25세였다. 정조가 무사히 왕위에 오를 것이라고 예측한 사람은 많지 않았다. 그만큼 서슬 푸른 세월을 견디고 이겨낸 것이었다. 즉위식을 마친 정조는 상복으로 갈아입고 할아버지의 빈전 앞에서 대신들에게 "나는 사도세자의 아들이다."라고 일성(一聲)한다. 그 자리에 있던 대신들은 놀라 소스라쳤다. 왕으로 즉위하자마자 생부를 거론하니 사도세자의 죽음과 관련 있는 노론 대신들은 경악할 수밖에 없었다.

정조는 즉위 일성으로 자신이 사도세자의 아들이라고 했지만, 아버지의 원수를 갚겠다는 표현은 아니었다. 아직 그럴 힘도 없었다. 소론을 지지하던 사도세자가 죽은 후 조정은 노론이 완전히 장악해 버렸다. 또한 사도세자 문제는 "보지도, 듣지도, 말하지도 말라."는 할아버지 영조의 유훈을 어겼다간 노론의 거센 공격이 불을 보듯 뻔하기에 힘없는 정조로서는 감당하기 어려웠을 것이다. 정조에게는 시간이 필요했다. 주변에 자기 세력이 없었기 때문에 장기적으로 계획을 세울 수밖에 없었다. 문반의 세력은 규장각(정조가 설치한 왕실 도서관)에서 키우고, 무반의 세력은 장용영(정조가 만든 호위 군대)에서 키워 나가기 시작한다. 11세에 아버지의 처참한 죽음을 목격하고, 자신마저 위태로운 삶을 살았으니, 정조가 자기를 억제하고 인내하는 능력은 무서울 정도였을 것이다.

학문을 연구하고 왕권을 강화하다, 규장각

　　1776년, 드디어 왕위에 오른 정조의 첫 번째 키워드는 '개혁'이
었다. 정조는 권력가들만 잘 먹고 잘 사는 나라가 아닌, 백성 모두가
잘 사는 행복한 나라를 만들고 싶었다. 그러기 위해서는 노론이라는
권력 집단에 의해 나라가 움직이는 비정상적인 구조를 바꿔야 했다.
세손 시절부터 꿈꿔 오던 개혁을 위한 첫 걸음은 규장각 설치였다.

　　정조는 즉위하자마자 창덕궁 중심에 규장각을 설치할 것을 명
했다. 창덕궁에서 경관이 가장 아름다운 영화당 옆 언덕을 골라 2층
누각을 짓게 했다. 학문 연구 기관으로 출발한 규장각은 정조의 개혁
정책을 뒷받침할 인재들을 길러 내게 된다. 조선 시대 연구를 위한
자료들이 이때 만들어져 오늘날까지 이어 온 유산이 많아 규장각의
존재는 그 가치가 더욱 인정된다.

　　정조는 집권 초기부터 노론 외척들에 대항할 인재들이 필요했

다. 이에 규장각을 왕실 도서관으로 구상한 것이 아니라, 학식과 덕망을 갖춘 엘리트층 젊은 지식인들과 서얼 출신의 인재들을 규합하고 이들을 자신의 근위(近衛) 세력으로 양성하는 곳으로 만들려 했다. 기존 승정원이나 홍문관은 이미 타성에 젖은 기득권들이 주류였기에 정조가 의도하는 혁신 정치의 중추적 역할을 하기에는 역부족이었다. 그리하여 정조는 새 술은 새 부대에 담는 마음으로 규장각이라는 문화 정치의 본부를 만드는 선택을 하게 된 것이다.

정조는 재위 1년(1777), 『서류소통절목(庶類疏通節目)』을 반포하며 서얼들이 벼슬에 오를 수 있도록 입법화했다. 실력은 있으나 신분제의 한계로 등용되지 못했던 인재들이 드디어 쓰임 받게 된 것이다. 정조는 이렇게 말했다.

"서류들 중 뛰어난 재주를 지닌 선비로서 나라에 쓰임이 될 만한 사람이 어찌 없겠는가?"

"저 서류들도 나의 백성인데, 그들로 하여금 제자리를 얻지 못하게 하고 또한 그들의 포부도 펴 보지 못하게 한다면 이는 또한 과인의 허물인 것이다."

또한 정조는 소외된 남인 실학파와 노론 출신 북학파 등 모든 학파의 장점을 수용하고 그들을 두루 중용해 개혁을 주도해 나갔다. 특히 박제가, 이덕무, 유득공, 정약용, 이가환 등의 활약으로 조선 후기 문예 부흥기를 이끌게 된다. 세종에게 집현전이 있었던 것처럼, 정조에게는 '규장각'이라는 싱크탱크(think tank)를 중심으로 개혁 정치의 산실이 됐다.

규장각에는 제학(提學) 2인, 직제학(直提學) 2인과 직각(直閣), 대교(待敎) 등 6인의 관원을 두었는데, 이를 각신(閣臣)이라 불렀다. 각신은 이 시대 가장 명예로운 벼슬로 여겼으며, 왕의 최측근에서 정책을 논의했다. 또한 하급 관료로 서적의 교열과 정서를 맡은 4인의 검서관(檢書官)과 왕실 서적의 출납을 맡은 2인의 영첨(領籤)이 있었다. 우리가 기억하는 이덕무(李德懋), 유득공(柳得恭), 박제가(朴齊家) 등이 검서관 출신으로 비록 서출(庶出)이지만 탁월한 학식으로 정조를 보필했다. 정조는 최고의 인재들을 발탁해 배치한 규장각을 외부 권력으로부터 보호하기 위해 관직이 높은 관리라도 규장각 출입을 금해 외부의 정치적 간섭을 차단했다. 그리고 규장각 내벽에 '객래불기(客來不起, 손님이 와도 일어서지 마라)'라는 문구를 붙여 놓고 고위 관료 등의 방문에도 방해받지 않고 학문에 집중할 수 있게 했다.

특히 정조는 젊은 지식인들이 학문에 집중할 수 있는 '초계문신제도'를 만들었다. 초계문신(抄啓文臣)은 규장각에 소속돼 학문을 연구하는 37세 이하의 문신들을 의미하는데, 초계문신으로 선발된 이들은 자신의 직무를 놓고 학문적 연구에만 전념하게 했다. 또한 매월 2~3회의 시험을 통해 학문적 성과를 평가하고 상벌을 통해 철저히 관리했다. 초계문신제도는 1781년 시작되어 정조가 사망한 1800년까지 19년 동안 총 138명의 학자들을 배출했다. 정조는 이들의 학문적 성장과 발전을 도우며 자신의 개혁 정치를 뒷받침하는 세력으로 성장시켰다. 가장 대표적인 인물로 정약용을 들 수 있으며, 당대 최고의 인재라 불리는 정약전, 서유구, 김조순 등이 모두 초계문신 출신으로 19세기 정치와 문화를 주도하는 정조의 싱크탱크 역할을 했다. 세종 때 '사가독서제'를 통해 문신들의 학문적 성장을 도운 것과 유사한 제도로 학문을 사랑하고 학습의 중요성을 아는 군주들이 선택한 의미 있는 제도이다.

정조는 일을 잘하는 사람이다. 개혁을 위해 일을 추진할 수 있는 사람, 즉 원동력이 필요함을 알았고, 능력을 갖춘 인재의 양성이 우선 과제임을 알았다. 정조는 집권 초기부터 규장각이라는 인재 양성 기관을 가동하며 자신이 생각하는 변화를 견인할 인프라를 구축해 나갔다. 서두른다고 변화를 이끌어 낼 수 있는 것이 아니라, 힘과 실력이 있어야 변화를 이끌 수 있다는 것을 알았기에 결연한 군주 정조는 서서히, 그리고 꼼꼼하게 칼을 갈며 때를 기다렸다.

또한 인적 자원 확보를 위한 정조의 판단도 옳았다. 소외된 남인 실학파와 노론 출신 북학파, 그리고 신분의 한계로 등용되지 못했던 서얼들의 등용으로 실력 있는 자원들을 확보할 수 있었으며, 새로운 기회를 얻은 그들은 왕에 대한 충성심 또한 높았다. 거기에 그치지 않고 정조는 실력 있는 인재들을 적재적소에 배치하면서 개혁을 위한 시스템 구축을 견고히 해 나갔다. 이런 흐름을 보면 정조는 목표를 향해 나갈 때 어떤 일에 먼저 힘을 써야 할지 우선순위를 알았던 현명한 군주였다.

리더의 사명 중 하나는 후배들을 성장시키는 것이다. 실력을 갖춘 인재로 성장시켜 그 또한 리더의 역할을 할 수 있도록 교육과 훈련의 기회를 충분히 부여하고 스스로 능력을 갖출 수 있도록 이끌어 주는 것이 리더십의 한 부분이다. 오늘날 기업과 조직에서도 구성원들의 성장을 위해 얼마나 많은 교육과 훈련에 투자하는가? 정조는 초계문신제도를 통해 인재들의 성장을 위한 충분한 학습의 시간과 기회를 제공하며 개혁의 동력으로 만들어 냈다.

또한 리더는 인재를 등용하고 적재적소에 잘 배치해야 한다. 기업은 결국 사람이 일으키고 사람이 키워 가기 때문에 인재의 선발과 기용이 매우 중요하다. 정조는 인재 등용의 원칙을 새롭게 정비하며 능력 중심의 인재 선발을 통해 인적 자원의 풀을 넓혀 성과를 이끌어 냈다. 새로운 인재 등용 원칙에 당시 적지 않은 마찰과 갈등이 야기됐지만 정파적 견해를 떠나 국익을 중심으로 판단한 정조의 결단이 19세기 문화의 르네상스를 만들어 냈다.

복수 대신 조선 제2의 부흥을 꿈꾸다

　　정조를 향한 7차례의 암살 시도는 그가 얼마나 고단한 왕이었는지 말해 준다. 정조는 정적들의 끊임없는 공격 앞에 평생 단 하루도 깊이 잠들 수 없었던 왕이었다. 정조의 탁월한 활솜씨와 무예는 끊임없는 위협에 대한 자기방어였을 것이다.

　　정조 1년(1777) 7월 28일 새벽, 경희궁 정조의 침실인 존현각에 자객들이 나타났다. 자객들은 존현각 지붕을 뚫고 들어가 왕을 암살하려고 했다. 하지만 그 시각까지 책을 보고 있던 정조 때문에 암살 시도는 실패하고 만다. 정조는 세손 시절부터 늦은 시간까지 책을 보는 습관이 몸에 배 있었다. 어쩌면 밤늦게까지 독서하는 정조의 학습열은 죽음의 공포에 맞서는 노력이 아니었을지.

　　환관, 궁녀, 호위군관까지 연루된 왕의 암살 시도는 여기서 멈추지 않았다. 암살 사건 며칠 후 개방돼 있는 존현각의 경호 문제로 정조의 거처를 창덕궁으로 옮겼다. 그리고 닷새 후 8월 11일 밤, 자객들이 다시 궁에 침입하다 체포됐다. 경계가 강화된 비상 상황에서도 대범하게 다시 왕을 암살하려는 시도를 한 것을 보면, 죽이지 않으면 죽을 수밖에 없는 정적들의 다급함과 절실함이 엿보인다. 잡힌 자객을 추국한 결과 사도세자를 죽음으로 몰고 간 홍계희의 아들 홍술해와 홍상범 부자가 배후로 밝혀졌다. 홍술해는 황해도 관찰사 시절 백성의 재산과 곡식을 착취한 죄로 사형을 선고 받았으나 정조의 감형으로 흑산도로 유배되었다. 몸은 흑산도에 있었지만 종을 시켜 한양으로 지시 사항을 전달한 것이다.

정조의 즉위를 막으려 했지만 뜻대로 되지 않자, 정조 즉위 후 국왕을 제거하려는 암살 시도가 7차례나 이어졌다. 그러나 하늘은 정조를 지켜줬다.

노론의 나라에서 정조는 자신을 보호해 줄 근위 세력이 필요했다. 더 나아가 개혁을 위한 강력한 왕권이 필요했다. 정조는 강력한 왕권을 뒷받침할 군사를 키워 내기 위해 장용영을 설치한다.

정조는 1785년 장용위(壯勇衛)라는 국왕 호위 부대를 창설했다. 이후 꾸준히 그 규모를 확대시켜 정조 17년(1793)에는 하나의 군영으로 발전시켰다. 이것이 자신의 친위 부대인 장용영이다. 처음에는 30명으로 시작된 장용영이 화성 행차 때는 18,000명으로 강화되어 그 위용을 자랑했고, 화성에서의 대규모 군사 훈련도 주도했다. 정조는 장용영의 군사들을 최정에 부대로 양성하길 원했다. '즐풍목우(櫛風沐

雨, 바람으로 머리 빗고 빗물로 목욕하라'를 강조하며 병사들에게 맹훈련을 통해 강인한 정신력을 가져야 한다고 독려했다. 장용영은 신분과 관계없이 무예가 출중하면 서얼이나 평민도 선발함으로써 신분 차별을 철폐했다. 신분의 한계로 무사가 될 수 없었던 자들이 정조의 배려로 한을 풀게 되면서 충성도가 높은 친위대가 된 것이다. 조선의 무인들은 장용영에 들어가는 꿈을 가지고 무과 시험에 응시했다. 왕권이 강화될 때까지 자신의 감정을 숨기고 정적들과 대결 국면으로 가지 않았던 정조. 표현과 속마음이 다른 용의주도한 전략가의 모습을 여실히 보여 주는 대목이다.

정조는 수시로 궁 밖으로 나가 무사를 선발했다. 정조 시기에는 총 36번의 무과 시험이 치러졌는데, 그때마다 많은 무사들이 선발됐다. 신궁이라 불리는 정조의 활쏘기 실력은 이미 잘 알려져 있다. 50발을 쏴 49발을 명중시키고 마지막 한 발은 허공으로 쏘아 날려 버렸다. 정조가 화살을 쏠 때 자주 옆에서 지켜보았던 실학자 박제가는 '국왕의 마지막 화살은 겸손의 의미'라고 말한다. 임금은 신하들에게 겸양의 미덕을 보여 주어야 한다는 생각이었다.

정조는 조선이 무(武)를 천시하고 문(文)만을 숭상하는 것이 국가 발전에 큰 걸림돌이란 걸 깨달았다. 임진왜란과 병자호란을 겪고 백성들의 삶이 처참할 지경이 된 아픈 역사를 되풀이하지 않기 위해서는 문무를 균형 있게 발전시켜 국력을 강화해야 된다고 생각했다. 정조가 군사력 강화에 집중하게 된 이유다.

문무를 겸비한 정조는 재위 14년(1790), 종합 무예서인『무예도보통지』를 편찬한다. 이는 아버지 사도세자가 대리청정 시절 만든『무예신보』에 기록된 18기 무예에 마상 무예 6가지를 더해 표준화한 무예서이다. 정조는 이를 무사를 선발하는 기준으로 삼고, 병사들에게 18기를 중심으로 훈련하게 했다. 이 책의 수준과 가치는 실로 엄청나다.『무예도보통지』는 당시 중국과 일본 등의 무예를 정리했는데, 전투에 필요한 무예는 국적을 가리지 않고 수록해 배우게 했다. 또한 이 책의 편찬에는 규장각의 박제가, 이덕무와 장용영의 무사 백동수가 참여했다. 세 사람 모두 서얼 출신이지만 정조를 만나 능력을 발휘할 수 있었다. 당대 문장가인 박제가와 이덕무가 글을 담당하고 무사 백동수가 무예 실기를 담당했다. 그리고 도화서 화공들이 무예 동작을 세밀하게 그려 문과 무, 예술까지 합해진 당대 최고의 작품으로 정조 대 문무 발전의 상징적인 가치를 지니고 있다.

　　『무예도보통지』는 한글 언해본으로도 만들어 보급해 글을 모르는 군사나 일반 백성들도 쉽게 무예를 배울 수 있도록 그림과 한글로 설명했다. 소수의 무인 집단이 독점했던 무예 지식을 대중에게 공개한 것이다. 이 책을 보고 무과 시험에 2,500명이 초시 합격한 사실을 보면,『무예도보통지』가 무예의 대중화를 이끌고 정조의 강력한 군사적 기반이 되었음을 알 수 있다.

　　정조는 다방면에 뛰어났다. 문학·과학·의학까지 능통한 천재형 리더이다. 규장각의 문신들을 직접 가르칠 정도의 학식을 갖춘 학자 군주.

신궁이라 불릴 정도의 출중한 무예 실력, 의학서를 펴낼 정도의 의학적 지식을 가진 군주로 다방면에 실력이 뛰어난 능력자였다. 그렇지만 정조는 힘이 생긴 후에도 자신의 분노를 드러내는 정치를 펼치지 않았다. 당쟁에 휘말리지 않고 개혁을 향한 자신의 의지를 차곡차곡 추진해 나갔다. 할아버지 영조의 탕평책을 계승함과 동시에 한 발 더 나가 신분을 가리지 않고 실력 중심의 인재 등용으로 개혁을 추진했다. 정조는 조선의 폐해가 당파와 붕당(朋黨)에서부터 시작됨을 명확히 인지했다. 그는 왕권을 강화하고 백성이 살기 좋은 나라를 꿈꾸었기에 더욱 완성된 탕평책을 펼쳐 나간다. 어쩌면 탕평책은 영조가 실시했지만, 그 완성은 정조 때 실현됐다고 봐야 한다.

화성은 정조가 아버지인 사도세자의 묘를 수원으로 옮기면서 축조한 성으로, 방어 기지로서의 역할을 위해 건설된 신도시였다. 1794년 화성 건설은 10년 계획으로 시작됐지만 2년 9개월 만인 1796년에 완성되었다. 공사 기간을 대거 단축시키면서 약 4만 냥의 재정을 절감했다.

화성 건설을 준비하면서 정약용은 조선에 맞는 거중기를 개발했고, 이는 무거운 벽돌을 쌓는 데 효과적으로 이용됐다. 또한 공사에 참여한 인부들에게 급료를 지불하면서 열심히 일할 수 있는 환경을 만들었다. 국가 노역에 급료를 지불하는 것은 당시로서는 매우 파격적이었다(하루 임금 2전 5푼×20일=쌀 한섬(144kg) 구매 가능). 덕분에 예상보다 인력과 비용을 대폭 줄이면서 화성 축성을 반대하는 세력들에게 명분을 세울 수 있었다.

정조 15년(1791), 왕은 '신해통공(辛亥通共)'을 단행해 시장경제 활성화를 위한 포문을 열었다. 신해통공은 신해년에 시작된 경제 개혁으로 시전 상인들만의 특권적인 상행위를 비시전 상인들에게도 허용한 정책으로 영세 상인들의 자유로운 상업 활동을 보장하는 것이다. 지금 말로 바꾸면 대기업의 문어발식 확장을 막아 골목 상권을 지켜주고 영세 상인의 생존권을 지키는 법규라고 볼 수 있다. 신해통공으로 시전 상인들의 독점이 없어지면서 물가가 안정됐다.

"어물 등의 물가가 갑자기 전보다 싸졌다고 하니, 개혁을 하고 난 뒤에 실효가 있을 것은 이로써 미루어 알 수 있다."

- 『정조실록』 32권, 정조 15년 2월 12일

또한 '금난전권(禁亂廛權)'[10]을 혁파하며 시장경제 자율화를 조성했다. 그러면서 시전 상인들에게 금난전권을 주고 상납 받은 돈을 노론의 정치 자금으로 활용한 이른바 정경유착의 고리를 끊어 내는 계기가 되기도 했다. 이러한 정조의 경제 개혁은 조선 후기 경제 발전에 큰 원동력이 됐다.

---

10 조선 후기 육의전과 시전 상인이 상권을 독점하기 위해 정부와 결탁하여 난전을 금지할 수 있는 권리이다.

정조는 노론이라는 썩고 낡은 일당 독재를 깨부수지 않고서는 정상적인 국가 운영이 어렵다는 것을 오래 전부터 깨닫고 있었다. 그는 비정상을 정상으로 바꾸고 싶었다. 그래서 자신의 개혁 정치에 동조하고 함께할 파트너가 필요했다. 정조가 남인들을 주목하게 된 이유다. 이때부터 당쟁은 시파와 벽파의 갈등이라는 새로운 양상으로 전개됐다. 당시까지 정권을 주도했던 노론은 끝까지 당론을 고수하며 벽파(僻派)로 남고, 시류에 영합한다는 의미로 붙여진 시파(時派)는 정조의 정치 노선에 찬성하는 남인과 소론 계열을 중심으로 형성됐다.

마침내 정조는 긴 시간 준비하고 고민했던 인사를 전격적으로 단행한다. 정조 12년(1788), 남인 채제공을 우의정에 제수한 것이다. 80여 년 만의 남인 정승의 탄생은 그동안 억눌렸던 남인 계열에는 실로 엄청난 전환점이 된 것이다. 하지만 노론은 채제공의 정승 임명을 목숨 걸고 반대했다. 왕의 전교를 받아야 할 승지들과 이조판서가 왕명을 거부하는 강수를 뒀지만, 정조는 이들을 모두 파직시키고 채제공 임명을 강행했다. 이후 남인들의 출사가 이어졌지만 그 수는 많지 않았다. 그러다 정조 16년, 이인좌의 난 이후 65년 동안이나 등용되지 못했던 영남의 남인들을 복권시키는 별시를 치르면서 남인들의 등용이 본격화되고 그 세를 이뤄 나갔다. 정조는 의도대로 남인의 세력을 꾸준히 키우다가 재위 19년 채제공을 좌의정에, 이가환을 공조판서에, 정약용을 우부승지로 임명하며 자신과 함께 개혁을 이끌어 갈 남인들을 요직에 앉히며 구상을 현실화시킨다.

채제공·홍국영·정약용,
정조의 남자들

　　정조는 즉위 초 자신의 최측근인 홍국영을 도승지로 임명했다. 그리고 이듬해 금위대장을 겸직시킨다. 30세의 젊은 나이에 비서실장과 경호실장을 겸직하는 조선 최고의 실세가 된 것이다. 여기에 정조 개혁 정치의 산실인 규장각을 설립한 후 최초의 직제학 자리까지 맡기니 그야말로 홍국영의 시대라 해도 무방하다. 정조가 홍국영에게 중임을 맡길 수밖에 없었던 이유는 집권 초기 마땅히 믿고 맡길 만한 자신의 사람이 없었기 때문이기도 하다.

　　홍국영은 25세에 과거에 급제하며 영조를 보좌하는 사관이 되었다. 과거 성적이 뛰어나지 않았음에도(병과 11위, 전체 합격자 33명 중 21위에 해당) 왕의 측근에서 근무하게 된 것은 당시 명문으로 인정받는 풍산 홍씨 가문의 프리미엄이 영향을 미친 듯하다. 홍국영은 용모가 준수하고 눈치가 빠르며 수완이 좋아 임기응변에 능했다고 기록은 전한다. 그래서인지 영조에게 총애를 받았고, 이후 동궁시강원(세손 교육기관) 설서가 되면서 정조와 인연이 시작된다. 세손 시절 정조가 노론에 핍박 받을 때 옆을 지키며 정조를 보호하고 왕위에 오를 때까지 정조의 오른팔 역할을 한 것이다. 불안하고 위태로운 세손에게는 목숨 걸고 자신을 지켜 준 홍국영이었기에, 그의 야망이 어떠하든 그를 신임할 수밖에 없었다.

왕의 신임과 실권을 앞세운 홍국영은 정조의 정적인 홍인한과 정후겸 등을 숙청하고, 정조의 외가인 홍봉한과 정순왕후의 동생 김기주 일파도 무너뜨렸다. 홍국영의 이런 막강한 권세에 노론 벽파의 수장 김종수는 '홍국영과 갈라서면 역적'이라는 말을 남길 정도로 홍국영의 위세는 대단했다.

하지만 시간이 흐르며 홍국영의 야망이 정조의 개혁에 걸림돌이 되기 시작했다. 노론 집안 출신인 홍국영은 소론과 남인이 정조에게 접근하는 것을 원천적으로 차단했다. 또한 자신의 여동생을 정조의 후궁으로 만들고 아들을 낳으면 차기 왕으로 만들겠다는 계산까지 한다. 결국 주인 없는 노론의 우두머리가 되어 조선을 지배하고픈 야욕을 서서히 드러낸 것이다. 현명한 정조의 눈에 이것이 보이지 않을 리 없었다. 또한 궁녀들을 희롱하고 재상들에게도 예의를 지키지 않는 도덕적 문제들까지 불거지며 홍국영을 질책하는 목소리가 여기저기서 커지자 정조는 결단을 내렸다. 정조 3년(1779), 결국 자신의 최측근이었던 홍국영을 전격 경질한다. 물론 자진 사퇴 형식으로 물러나게 하면서 봉조하(奉朝賀, 퇴직 공신에게 내리는 특별 관직)까지 하사하는 배려를 했다. 하지만 홍국영 일파의 복직 운동 등으로 역풍을 맞아 홍국영은 재산을 몰수당하고 유배를 떠난다. 왕이 정치적 부담을 안아 가며 단죄하지 않고 자숙하며 조용히 살 기회를 줬지만, 홍국영은 야망의 늪에 빠져 반성과 참회를 하지 못하고 욕심을 내려놓지 못했다. 이후 정조 5년, 유배지인 강릉에서 34세의 젊은 나이에 술에 취해 세상을 욕하며 죽는다. 권력의 비참한 최후였다. 그가 초심을 잃지 않고 왕의 보좌역에 충실했다면, 정조와 정치적 지향점이 같았다면 정조 시대를 대표하는 주연이 될 수 있었다. 하지만 강력한 힘의 부작용인 교만에 빠져 한순간 타오르고 꺼져 버린 불꽃이 되었다.

노론에 의해 아버지 사도세자가 죽었지만 복수보다는 탕평책을 펼치면서 소외된 남인들을 등용한 정조. 그 덕에 남인의 후손 정약용을 얻을 수 있었다.

1783년 2월, 세자 책봉을 기념해 치뤄진 생원·진사과 시험에 전국에서 수많은 유생들이 참가했다. 정조는 합격생들의 답안지를 보던 중 눈에 띄는 답안지를 하나 발견했다. 그리고 합격자들을 위한 사은(賜恩) 잔치에서 그 답안지의 주인공을 만난다. 그가 바로 22세의 정약용이었다. 생원·진사시에 합격한 이들은 하급 관원이 될 수 있지만, 대부분은 성균관에 진학해 대과(문과)에 다시 응시하는 경우가 다수였다. 정조는 성균관에서 문과 시험을 준비하는 유생들을 격려하기 위해 자주 들렀고, 유생들과 토론을 하며 인재들을 격려했다. 한 번은 정조가 유생들에게 이기론(理氣論, 이와 기의 원리를 통해 우주와 인간의 존

326

재 구조와 생성 근원을 설명하는 성리학 이론)에 대해 질문했다. 퇴계 이황의 이기론[주리론, 만물 생성의 근원이 되는 이(理)를 중시]과 율곡 이이의 이기론[주기론, 만물을 구성하는 요소인 기(氣)를 중시] 중에 어떤 것이 옳다고 보는가를 물었다. 이때 정약용은 율곡 이이의 이론이 맞는 것 같다고 답한다. 이 대답에 정조는 정약용의 유연한 사고와 소신 있는 발언을 칭찬했다. 왜냐하면 남인이었던 정약용이 같은 남인 계열인 이황의 이론이 아닌, 서인인 이이의 사상을 지지한다는 것은 당시 붕당의 정체성을 넘어선 쉽지 않은 대답이었기 때문이다. 이렇듯 정조와 정약용은 첫 만남을 통해 서로에 대한 호감을 확인했다.

이후 25세 때 정약용은 문과에 응시해 탁월한 답안을 제출하지만, 정조는 남인 계열의 정약용이 두각을 나타내면 정적들로부터 공격받을 것을 염려해 선발하지 않았다. 그리고 정약용에게 "네가 지은 것이 사실은 장원에 못지않다. 다만 아직 때가 이르지 않았기 때문이다."라고 말했다.

정조는 정치적 상황을 고려해 서두르지 않고 정약용의 학문적 성장을 돕고 자신의 오른팔로 키워 나간다. 이후 28세가 되었을 때 문과에 급제한 정약용은 규장각의 초계문신으로 발탁돼 학문적 깊이를 더하게 된다.

1794년 10월, 극심한 흉년으로 인해 고통 받는 백성을 구제하기 위해 구휼 대책을 시행한 정조는 지방의 수령들이 이를 잘 수행하고 있는지 감찰하기 위해 15명의 암행어사를 각 지역으로 동시 파견

한다. 이때 암행어사로 감찰을 수행한 정약용은 수령들의 부정부패를 낱낱이 고발했다. 각종 수탈로 백성을 괴롭게 하고 비리를 저지른 사람 중에 왕실의 최측근도 있었다. 정조의 어머니 혜경궁 홍씨의 병을 치료해 정조의 총애를 받았던 어의 출신 강명길과 사도세자의 묘소를 옮긴 지관 김양직 등이다. 하지만 정약용은 주저하지 않고 그들의 엄벌을 주장했다. 정조 또한 엄벌을 지시하며, 개혁 군주로서 부패와 함께할 수 없음을 보여 준다.

이때 백성들의 참상을 그린 다산의 시조가 남아 있다.

"큰 아이 다섯 살에 기병으로 등록되고, 작은 애도 세 살에 군적에 올라 있어 두 아들 세공으로 오백 푼을 물고 나니 어서 죽길 원할 판에 옷이 다 무엇이랴"

— 『다산시문집』 제2권

정조의 신뢰를 한 몸에 받았던 정약용이었지만, 천주교가 심각한 정치 문제로 대두되면서 정약용에게 정적들의 비난이 쏟아졌다. 1799년 5월, 정약용의 형 정약종이 천주교도라는 상소가 올라왔기 때문이다. 천주교가 처음 조선에 자리 잡을 땐 서양의 선진 학문과 과학기술로 받아들여 '서학(西學)'이라는 개념으로 이해되면서 주로 관직 진출이 어려웠던 남인들이 관심을 갖게 됐다. 그러다 점차 학문적인 면에서 종교적인 면으로 경도(傾倒)되면서 자연스레 천주교도가 된 경우가 많았다. 정치적 이해관계가 달랐던 노론들에게는 천주교 사건이 정약용과 남인들을 제거하기에 아주 좋은 기회가 된 것이다. 여기에 더해 남인 중에도 천주교를 찬성하는 신서파와 반대하는 공서파로 나뉘니 남인들의 존립이 위태로운 상황이었다. 이 중 천주교 배척론자인 남인 홍낙안은 "천 사람을 죽여도 정약용을 죽이지 않으면 아무도 죽이지 않은 것과 같다."고 말한다. 왕의 최측근 정약용이었지만 남인들의 공격까지 가세되는 상황에 정약용은 정조의 만류에도 불구하고 조정을 떠나 고향으로 향했다.

정조 서거 후 천주교 탄압으로 정약용의 집안은 풍비박산이 난다. 천주교 신자였던 정약용의 셋째 형 정약종이 신부와 주고받은 편지와 각종 천주교 성물 등을 숨기려다 한성부 포교에게 적발되고 만 것이다. 이를 빌미로 정약용과 정약전까지 국문을 받게 되고 참수를 당한 정약종과 달리 둘은 유배를 떠난다. 이후 정약용의 조카사위인 황사영의 백서 사건으로 남인들은 더욱 입지가 좁아지며 노론의 압박을 받는다. 이 과정에서 정약전은 흑산도[11]로, 정약용은 강진으로 유배지를 옮기게 된다. 유학적 기반이 약한 전라도 지방에 천주교 신자가 많았기에 이들을 보내 경고 메시지를 준 것이다.

그러나 정약용은 유배 생활에 좌절하지 않고 유배지에서 학문을 갈고 닦아 연구와 저술 활동에 힘써 많은 결과물을 만들어 낸다.

---

11 정약용은 형이 유배돼 있는 흑산도가 너무 싫었다. 그래서 흑산도의 '검을 흑(黑)'을 같은 뜻을 가진 '검을 자(玆)'로 바꿔 '자산'이라 불렀고, 정약전은 그것을 호로 삼는다. 우리나라 최초의 해양생물학서인 『자산어보』는 그렇게 이름이 지어진 것이다.

한 일본인 학자가 "정약용의 18년 유배는 개인에게는 불행이지만 조선의 역사에는 엄청난 행운이었다."라고 말했을 정도이다. 그는 유배 생활 동안 182책 503권을 저술하며 제자들 또한 양성한다. 18년으로 환산하면 1년에 10책씩 책을 집필한 것인데, 더 놀라운 것은 저술한 책의 장르가 정치·경제·역사·지리·음악·과학·국방 등 다양하다는 점이다. 정약용은 다방면에 식견을 가진 만물박사 천재라고 봐야 한다.

정약용의 많은 저술은 조선 시대를 연구하는 창이라 볼 수 있다. 정약용의 대표적 저술로 일컫는 일표이서(一表二書), 즉 『경세유표(經世遺表)』, 『흠흠신서(欽欽新書)』, 『목민심서(牧民心書)』가 있다. 『경세유표』는 국가 제도 개혁안으로 중앙 관리들의 이상적인 실천서라 볼 수 있으며, 『흠흠신서』는 형법서로서 형사 사건의 재판과 심리 요령에 관한 내용을 담고 있다. 그리고 『목민심서』는 지방관들이 갖춰야 할 자세를 논한 행동 지침서라 할 수 있다.

정약용은 백성들의 삶에 매우 큰 영향을 끼치는 목민관들의 역량과 자세를 보며 실망했고, 그 중요성을 누구보다 절실하게 알았기에 이런 지침서를 통해 백성들의 삶이 좀 더 윤택해지길 바랐다. 하지만 당시 정약용은 정권에 찍힌 사상범이었기에 이 책은 금서가 된다. 그렇지만 지방관들에게 유용하고 참고할 내용이 많은 탓에 암암리에 필사해 유통됐고, 베스트셀러에 등극했다.

유배 생활 중 이처럼 많은 저술 활동을 한 것은 죄인의 신분으로 정치 참여는 못 하지만, 이 저서들을 통해 현실적인 개혁안을 만들고 후대를 위한 지침이 되길 바라는 마음이었을 것이다. 실학을 집대성한 정약용은 결국 정계로 복귀되지 못하고 삶을 마친다. 정조가 그리 허망하게 죽지 않았다면 정계로 복귀해 정승, 판서까지 올라 정조와 함께 많은 개혁 정책들을 펼치며 조선의 근대화를 위한 큰 역할을 했을 것이다. 그렇지만 긴 유배 기간이 있었기에 충분히 연구하며 집필에 집중해 후손들에 많은 유산을 남긴 것이 그나마 위안이 된다.

정약용은 18년의 유배 생활 중 후반 10년을 다산초당에서 지냈는데, 이곳 만덕산은 예부터 차밭이 많아 차로 유명했다. 다산(茶山)은 '차 다(茶)' 자를 써 정약용의 호가 된 것이다.

정조와 정약용은 서로에게 영향력을 주고받으며 시너지를 만들어 낸 관계다. 스승과 제자, 왕과 신하의 관계를 넘어 동지로서 함께했다. 위당 정인보 선생은 "정조는 정약용이 있었기에 정조일 수 있었고, 정약용은 정조가 있었기에 정약용일 수 있었다."라고 말한다.

정조의 죽음은 개혁 군주 한 사람을 잃은 것에서 끝나지 않고 정약용과 같은 유능한 인재들이 설 자리를 잃게 했다. 아마도 조선의 몰락과 19세기의 역사적 아픔은 이때 예고된 것이 아닌가 싶다.

채제공은 35세인 1755년 동부승지에 임명되고 사도세자의 스승이 되어 그에게 학문을 가르친다. 3년 후 도승지(비서실장)가 된 채제공은 사도세자와 영조의 갈등 끝에 세자를 폐위하라는 영조의 명령에 왕의 옷을 부여잡고 울면서 세자 폐위를 반대했다. 실로 목숨을 건 주청이었다. 그 덕에 영조는 세자 폐위를 철회시켰다. 이 사건으로 영조는 채제공을 더욱 신임하게 됐다.

그리고 영조는 훗날 정조에게 이렇게 말해 줬다. "진실로 나의 사심 없는 신하요, 너(정조)의 충신이다." 남인이면서도 당파를 뛰어넘으려는 채제공의 노력과 행동이 탕평책을 시행하던 영조에게 좋게 보였다. 이후 대사헌, 대사간 등 왕에게 소신 있게 간언할 수 있는 직을 수행했다. 채제공은 결정적으로 제자인 사도세자가 뒤주에 갇혀 죽을 때는 모친상으로 내려가 있어 사도세자를 돕지 못했다. 3년 상을 마치고 복귀한 그는 여러 관직을 두루 거치다 50세에 들어서 병조판서, 예조판서, 호조판서 등 요직을 맡아 국정을 이끌었다. 52세인 1772년 세손인 정조의 교육과 보호를 담당하면서 이때부터 정조와 깊은 관계를 형성한다.

채제공은 1776년 정조 즉위 후 사도세자의 일과 세손 시절 왕위 계승 문제에 개입했던 영의정 김상로, 홍계희 등을 처단할 때 형조판서 겸 판의금부사로서 옥사를 처결했다. 1778년 연행사로 중국에 갈 때 이덕무, 박제가 등 신진 학자들을 함께 데려가 젊은 학자들이 견문을 쌓도록 기회를 열어 주었다. 또한 정조의 특명으로 공노비 폐단을 바로잡는 절목을 마련하는 등 국왕의 정책을 보필했다.

1780년 홍국영(洪國榮)의 세도 정치가 막을 내리고 실각할 때 홍국영과의 친분, 사도세자의 추숭(追崇)을 주장하는 무리들과 연계되어 있다는 의심 등으로 탄핵을 받고 관직에서 물러나 거의 8년 동안이나 서울 근교 명덕산에서 은거 생활을 했다.

1788년 정조의 특명에 의해 채제공은 전격적으로 우의정에 발탁된다. 남인으로서는 80여 년 만에 정승의 자리에 오른 것이다. 채제공은 긴 시간 은거하면서 구상했던 정국 안정, 국력 회복, 경제력 향상, 문화 융성에 대한 각종 정책들의 시행을 추진한다. 먼저 정국 안정을 위해 '황극(편파가 없는 바른 길)을 세울 것', '당론을 없앨 것', '의리를 밝힐 것', '탐관오리를 징벌할 것', '백성의 어려움을 근심할 것', '권력 기강을 바로잡을 것' 등의 6조를 진언했다. 그리고 2년 후 좌의정으로 승진하는데, 이때 영의정과 우의정이 없는 독상 체제로 3년간 국정을 이끌었다. 독상 체제는 매우 드문 일인데다, 이렇게 긴 시간 동안 한 명의 정승으로 국정을 이끌어 간 적은 없었다. 강력한 개혁 드라이브를 위해 불협화음을 최소화하기 위한 정조의 결단이었을 것으로 보인다. 1791년 정조의 대표적인 경제개혁인 신해통공을 기획하고 주도한 이가 채제공이다.

1793년 수원 화성의 총책임자로 화성 건설을 지휘하게 되고 영의정에 오르며 사도세자를 신원해야 한다는 주장을 펼치며 노론의 비판이 거세졌다. 벼르고 있던 채제공은 사도세자 죽음에 대한 책임을 가려보자며 노론에 정면 대결할 것을 시사했다. 사도세자 죽음에 책임이 있는 노론은 채제공의 강력 대응에 놀라 채제공을 연일 탄핵했다. 갈등이 정점에 이르렀을 때, 정조는 노론의 영수인 좌의정 김종수와 영의정 채제공을 함께 사직시키며 돌파구를 찾는다. 정조는 2

품 이상의 고급 관료들을 모아 놓고 31년 전 영조가 작성한 '금등(金縢)' 문서를 공개했다. 죽은 사도세자를 아끼고 사랑하는 영조의 간절한 마음이 드러나는 글을 듣고 사도세자 죽음에 책임 있는 중신들은 침묵했다. 이 사단(事端)을 통해 노론은 화성 건설을 문제 삼지 않게 되었고, 정조도 사도세자 문제를 더 이상 거론하지 않겠다는 암묵적 합의가 이뤄지며 일단락됐다. 영의정이 된지 열흘 만에 자리에서 내려오며 채제공은 정조에게 화성이라는 선물을 남긴다.

정조는 신하들과 함께 창덕궁 후원을 거닌 유일한 왕이다. 하루는 규장각을 찾은 정조가 규장각에서 근무하는 30여 명의 신하들을 불러 창덕궁 후원 깊숙한 곳에 있는 '옥류천(玉流川)'으로 데리고 갔다. 이곳은 왕을 비롯한 몇몇만 출입이 허용된 곳으로, 내원(內園) 또는 금원(禁苑)으로 불렸으며, 우리에게 익숙한 명칭은 일제 강점기에 붙여진 '비원(秘苑)'이다. 이곳에 신하들을 데리고 간 것은 정말 특별한 일로, 조선 개국 후 400년 가까이 흐르는 동안 단 한 명의 신하도 출입한 적이 없는 왕의 공간이었다. 이곳에서 34명의 신하들은 놀라고 신기해하며 거니는데, 정조는 전각의 유래를 설명하고 어느 계절의 어떤 꽃이 피어 아름다운지 등등의 내용을 신하들에게 설명해 준다. 이런 임금이 또 있겠는가? 신하들은 감동받지 않을 수 없었다.

"조선 건국 이래 최초로 옥류천에 들어가 너무 영광스러워 이 역사적인 사실을 후손에게 알리기 위해 이 글을 남긴다."

- 표암 강세황[12]

애주가이며 애연가였던 정조는 신하들과 놀 줄도 알았다. 창덕궁 연못인 부용재에서 낚시를 함께하다 한 마리도 잡지 못한 다산에게 벌주를 내린다. 정조는 붓통을 꺼내 50도짜리 청주를 가득 채워 원 샷을 시키는데, 그렇게 세 잔을 마신 다산이 남긴 글을 보면 신하들이 술에 취해 방향을 구분하지 못하거나 엎드려 개처럼 울부짖은 신하도 있었다고 기록한다. 왕으로서 신하들을 대할 때 권위를 앞세우기보다 개혁을 함께해 가는 동반자로 그들을 대한 것이다.

---

12 문신이며 화가, 단원 김홍도의 스승으로, 정조의 동궁 시절 초상화를 그렸다.

조선 최초 민주주의의 시작,
정조가 했다

정조의 24년은 숨 가쁜 개혁의 연속이었다. 모두가 평등하고 행복한 나라를 그린 정조는 신분보다 능력을 우선시하는 인재 등용 원칙을 고수했다. 이는 세종과 흡사한 인재 등용 철학으로, 조선의 Top 2 국왕들은 모두 제도나 규율에 얽매이기보다 실력이 있다면 파격적인 틀 깨기로 인재를 등용했다. 이는 국익을 우선시하는 생각에서 출발해 효율을 중시하는, 당시로서는 상당한 혁신 정치였다.

정조는 주변국 어디에도 없는 악법, 조선에만 있었던 '서얼(庶孼) 차별법'이 아까운 인재들을 방치하는 국력의 손실이라고 생각했다. 조선의 수많은 서얼 출신의 인재들은 양반가에서 태어나 양반 적자(嫡子)들과 똑같은 교육을 받았지만, 자신의 재능을 사장시켜야 했기에 불행했다. 수백 년간 이어져 온 이 비정한 법은 비상식적이고, 비윤리적인 사회 제도적 차별이다. 정조는 국가와 서얼 인재 모두에게

손해인 이 제도를 용기 내어 개혁한다.

정조 1년(1777), 왕은 『서류소통절목(庶類疏通節目)』을 반포하고 서얼의 관직 진출을 공식적으로 허용하는 정책을 통해 서얼들을 인재로 등용했다.

"양전(兩銓, 이조와 병조)에 명하여 서류(庶類)들을 소통(疏通)시킬 방도를 강구하여 절목(節目)을 마련하라고 하였다."

- 『정조실록』 3권, 정조 1년 3월 21일

200년 전 정조는 기본적으로 인간의 존엄성에 대한 명확한 철학이 있었다. 신분사회인 조선에 태어나 교육받고 자라 온 왕족이 인간 존중이라는 사고를 갖는다는 게 참으로 놀라울 따름이다. 어릴 적부터 노론의 핍박 속에 위태로운 삶을 살아온 사람으로 그 마음에 경계와 시기가 자리 잡고 한을 품고 산 세월 속에 복수심과 강퍅함이 들어차 있다 해도 이상하지 않을 텐데 정조에게는 그런 모습을 찾아볼 수가 없다. 당시 인간이 차별을 겪는 것에 문제의식을 가졌다는 것은 그가 그만큼 시대를 앞서가는 위대한 철학을 품은 지도자라는 것을 증명한다. 조선 왕조를 통틀어 정조는 그냥 존경 받을 왕이 아니라 정말 위대한 왕이라고 말하고 싶다.

또한 정조는 백성의 통치자가 아니라 아버지로서 그들의 삶과 형편을 바라보았다. 1,000회 이상의 격쟁을 통해 백성들의 소리를 듣고자 했던 정조는 왕이 아니라 백성의 아버지로서 그들의 고통을 알고자 했던 것이다. 조선 왕조 500년 동안 백성의 소리에 이렇게 귀를 기울인 왕은 결코 없었다.

정조의 인간 존엄 사상을 보여 주는 대표적인 정책이 정조 2년 (1778)에 추진된다. 바로 노비제도 폐지[13]이다.

"인간으로 태어나 어찌 귀한 존재가 있고 천한 존재가 있겠는가. 이 세상에 노비보다 슬픈 존재는 없다. 고로 노비는 혁파되어야 한다."

- 정조

정조가 노비제도 혁파를 위해 실시한 정책들을 보면 그가 얼마나 많이 고민했는지를 알 수 있다. 노비(奴婢)라는 명칭을 '보인(保人, 돕는 사람)'으로 바꾸고, 노비 본인을 제외한 노비의 자식과 아버지는 즉시 해방할 것을 제안한다. 그리고 노비와 주인이 아닌, 서로의 계약 관계로 변경하는 방식을 제시한다. 당연히 노비를 재산으로 여겼던 양반들은 반발했다. 이에 정조는 노비 해방에 필요한 비용을 국가와 고용주가 반반씩 부담하는 내용을 내놓았다. 그러면서 그 재원을 마련하기 위해 대대적인 농업 개혁을 추진하는데, 국가 소유의 토지를 조성하고 토지가 없는 백성에게 농사를 맡겨 생산된 비용을 노비 해

---

13 공노비 폐지로 노비제도 완전 폐지의 단초를 마련했다. 1894년 순조 때 노비제도는 폐지됐고, 우리 역사에서 노비제도는 완전히 사라졌다.

방 비용으로 사용하겠다는 구상이었다. 하지만 정조는 이 구상들이 모두 실현되기 전 해에 숨을 거두면서 자신의 재임 중에 노비 해방을 보지 못했다.

그래도 '추노'라는 유명한 드라마를 통해 노비가 도망하면 쫓아 잡는 추쇄관 제도를 이때 폐지하면서 노비를 향한 잔인한 제도 하나가 사라지게 됐다.

"사람은 구업으로 한 때의 쾌락을 얻으려 해선 아니 되느니 나는 천한 마부에게라도 일찍이 이놈 저놈이라고 부른 적이 없다"

- 『홍재전서』, 「일득록」

당시 지체가 높은 사람들의 운송 수단은 말이었다. 보통 말에 오를 때 양반들은 종의 등을 밟고 말에 올라타고, 장군은 병사의 등을 밟고 올라탄다. 당연히 왕은 내시의 등을 밟고 말에 올랐다. 하지만 인간의 존엄과 가치를 깨달은 정조는 사람이 사람의 등을 밟고 올라서는 것은 옳지 않다고 생각했다. 정조는 장용영의 병사들을 격려하기 위해 화성의 연무대를 찾았을 때. 병사의 등을 밟고 말에서 내리지 않고 하마석(下馬石, 말에 오르거나 내릴 때 딛는 돌)을 만들어 이를 밟고 내렸다. 자신의 친위대인 병사들도 존중을 받는 것이 당연하다고 생각한 정조였다. 또한 정조는 다른 임금들과 다르게 가마를 이용하지 않았는데, 가마를 타지 않은 이유 중에 하나가 가마꾼들이 겪는 수고와 힘듦이 너무 크다는 것을 알기 때문이었다.

정조 3년에는 규장각 검서관(檢書官)으로 박제가, 유득공, 이덕무, 서이수 같은 서얼들이 관직에 진출하며 실력이 있다면 요직에도 진출할 수 있음을 보여 줬다. 정조는 즉위 해에 서얼 차별법의 폐지로 서얼들의 관직 진출 길을 열어 줬지만, 현실은 녹록지 않았다. 관직의 수는 한정돼 있었지만 출사를 원하는 양반은 많은 가운데 서얼들에게 기회가 주어지긴 사실상 어려웠다. 이런 가운데 재능이 뛰어난 서얼들이 있다는 소식을 들은 정조는 이들에 대해 알아보고 등용한다. 그들이 박제가, 유득공, 이덕무, 서이수, 4인방이다. 문신들의 반발이 없도록 정조는 새로운 자리인 검서관을 만들어 이들에게 맡겼다. 중요한 요직도 아니요, 직책이 높은 자리도 아니었지만, 정조는 매일 규장각에 들러 이들과 교류했다. 당시 정승이나 승지를 제외하고는 왕을 매일 볼 수 있는 신하는 없었다. 그만큼 왕의 측근에 있다는 것만으로도 특별한 자리였다. 정조는 재임 기간 동안 30명의 서얼 인재를 등용해 자신의 개혁 정치를 위한 싱크탱크로 활용했다.

특히 정조의 신임과 총애를 받은 박제가를 4번이나 중국에 보내 중국 전문가로 만든다. 중국을 다녀온 박제가는 중국의 선진 문명을 배워야 한다는 『북학의(北學議)』를 저술했다. 박제가는 조선이 가난한 것은 무역이 부진한 탓이라고 진단하고, 농업 중심에서 상업을 장려하고 유통을 늘려야 한다고 주장했다. 그리고 해외 무역과 국가 개방을 주장했다. 삼면이 바다인 조선은 이를 이용해 해상 무역으로 발전시키면 국력이 성장하고 부강해질 것이라고 본 것이다. 이는 사농공상(士農工商)의 계급의식이 강했던 조선 사회에서 상당히 진보적이고 혁신적인 주장이었다.

정조는 재임 시절 여러 차례에 걸쳐 왕실 재산인 내탕금[14]으로 굶주린 백성을 구제했다,

"북도에 흉년이 들었다 하여 각신(閣臣)에게 명하여 가서 먹이도록 하시고, 공상(供上)에 관계된 모든 물건들을 모두 감면하시고, 내탕금(內帑金)을 내어 따로 곡식을 무역해서 궁핍한 사람들을 구제하게 하셨으며, 백성들의 주림과 배부름과 곤궁함과 편안함을 자신이 그런 것처럼 여기셨으니, 어지신 뜻이 미치는 곳에 누가 감읍(感泣)하지 않겠습니까."

- 『정조실록』 26권, 정조 12년 10월 19일

또한 화성 건설을 추진할 때 내탕금으로 부근 백성들의 땅값과 이주비를 넉넉하게 쳐주고 화성 건설 부역에 참여한 백성들에게 급료를 지불했다. 그러면서 화성 건설에 참여한 기술자와 인부들의 이름을 『화성성역의궤』에 넣고 성벽에 새겨 넣어 자부심을 갖게 했다.

정조는 200년 전 평등을 외친 개혁의 선구자다. 18세기는 전 세계적인 변화의 시기였다. 인권, 자유, 평등이라는 인간의 존엄성을 처음 얘기하던 시대로 미국이 독립을 선언했고, 프랑스에서는 시민

---

14 내탕금은 왕실의 사유재산으로 조선 창업자인 태조 이성계가 후손들에게 물려준 재산이 이어져 내려온 것이다.

혁명이 일어났다. 이런 변화는 민중의 의식 성장으로부터 시작된 변화였기에 걷잡을 수 없는 힘과 전파력이 있었다. 반면 조선의 민주주의는 기반이 되는 민중에서 시작된 바텀업 방식의 변화가 아니라 가장 상층부에 있는 국왕 정조가 추진한 탑다운 방식의 변화였다. 그러다 보니 기득권의 강한 반발과 방해에 맞서 이를 돌파할 에너지원이 부족했다. 국왕일지라도 한 사람의 개혁 의지로는 한계가 명확히 드러나는 쉽지 않은 변화의 추진이었다.

세종과 함께 국민에게 사랑받는 정조의 인기 비결은 백성을 위한 개혁을 추구했을 뿐만 아니라 상처를 가진 사람으로 좌절을 겪고 아쉬움을 남긴 생애 때문이 아닐까 한다.

정조가 우리 역사에 길이길이 남는 존경 받는 군주인 이유는 인간미 때문이다. 대중의 사랑을 받는 리더는 인간을 존중하는 마음이 있다. 대중은 자신들을 사랑하고 존중해 주는 리더에게 열광하고 박수를 보낸다.

최후의 날,
만약 정조가 좀 더 오래 살았다면…

    정조가 좀 더 오래 살았다면 조선의 개혁이 성공적으로 안착하지 않았을까 하는 아쉬움이 크다. 또한 강한 군사력을 유지하려 했던 정조의 통치 기간이 길었다면 강병 양성의 시스템이 자리 잡고 자주국방의 틀을 갖춘 조선을 기대해 볼 수 있었을 것이다. 그랬다면 일제의 침략에 힘없이 나라를 빼앗기는 수모를 겪지 않았을 수도 있지 않을까? 정조의 단명이 우리 역사에 큰 아쉬움으로 남는 이유다.

    정조의 죽음에는 독살설이 강하게 대두되었다. 정조와 정치적 대립 관계에 있던 좌의정 심환지(沈煥之, 1730~1802)가 친척 의원인 심인을 왕의 주치의로 추천하면서 심인에 의해 독살되었을 것으로 남인들이 주장하면서, 남인들의 근거지인 영남 지역에서 독살설이 많이 퍼졌다. 하지만 화병과 스트레스가 복합된 원인으로 보는 시각이 현재에 들어서며 주류 의견이 되고 있다. 정조의 청소년기를 한 단어로 표현한다면 '고통'이다. 뒤주에 갇혀 죽는 아버지의 모습을 두 눈으로 본 11세 소년에게는 감당하기 힘든 트라우마가 됐을 것이다. 또한 세손 시절 노론의 살해 위협 앞에 잠도 못 자며 가슴 조아리는 긴 시간을 견뎌야 했다. 어찌 보면 화병을 얻는 것은 당연한 것처럼 보인다. 정조는 이 화증(火症)이 원인이 되어 종기를 달고 살았고, 결국 정조는 종기로 인한 후유증을 치료하는 과정에서 죽음에 이르렀다. 정조 스스로도 이렇게 얘기했다.

"상(上)이 이르기를, '두통이 많이 있을 때 등쪽에서도 열기가 많이 올라오니 이는 다 가슴의 화기 때문이다.' 하였다."
- 『정조실록』 54권, 정조 24년 6월 14일

『동의보감』은 종기를 '옹저(癰疽, 옹(癰)은 막힘을, 저(疽)는 걸림을 의미함)'로 표현하는데, 그 원인을 화로 인한 것이라고 정의하고 있다. 혈기가 막히고 기운이 원활하게 돌지 못하면서 여러 가지 합병증이 나타나게 된 것이다.

또한 당시 정조의 어찰이 현재에 발견되면서 독살설이 힘을 잃고 있다. 2009년 2월 정조가 쓴 편지가 무려 299통이나 발견되었는데, 그 수신인이 놀랍게도 정적이라고 알려진 노론의 영수 심환지였다. 편지는 정조가 여러 국정 현안을 심환지에게 지시하고 처리 방향을 논의하는 내용이었는데, 실제 역사적 사실이 모두 편지 내용대로 됐음을 기록에서 찾을 수 있다. 이를 통해 심환지와 정조가 정적 관계가 아닌, 정치적 파트너였다는 새로운 사실이 밝혀지면서 심환지에 의한 독살설 또한 설득력을 잃을 수밖에 없다. 그러면서 정조가 반대 세력인 노론 벽파까지도 끌어안으려 한 노력을 읽을 수 있는데, 이는 정조가 상당한 전략가로서의 모습을 보여 준 것이 아닌가 한다. 하지만 이 편지로 정조의 독살설을 완전히 배제하긴 어렵다. 암살은 항상 측근에 의해 이뤄진 사실을 기억할 필요가 있다.

정조의 개혁은 노론과의 끊임없는 싸움이었고, 정조가 재위한 24년은 개혁의 연속이었다. 정조의 개혁 정책 하나하나가 시행될 때마다 노론의 입지는 하나씩 줄어들고 있었다. 규장각을 만들어 노론에 맞설 인재들을 양성하고, 장용영을 만들어 군권을 쥐고 있던 노론의 영향력을 약화시키며, 금난전권 폐지를 통해 실질적으로 노론의 정치 자금을 끊는 개혁이었던 것이다. 노론으로서는 정조의 개혁 정책이 추가될수록 자신들의 입지가 좁아져 결국 통치 행위를 할 수 없을 거라는 위기의식이 고조되고 있었으니 노론에 의해 암살당했다 해도 이상할 일은 아니다. 문제는 정황증거다.

정조가 승하하기 직전 1800년 6월 14일부터 28일까지 정조의 종기 치료 과정에서 우연이라고 하기에는 너무나 석연찮은 일들이 많았다. 고약(환부에 바르는 한약제)으로 정조의 종기를 잘 치료해 내의원으로 발탁된 피재길이 이 기간에 나타나지 않는다. 지방을 돌고 있었던 것이다. 이때 내의원 책임자인 도제조를 노론의 영수 심환지가 겸직하고 있었다. 심환지는 친척 의원인 심인을 왕의 주치의로 불러들여 탕약을 짓게 하는데, 인삼이 주원료가 되는 경옥고를 만들어 정조에게 처방한다. 정조는 할아버지 영조의 치료 과정에서 『동의보감』에 심취해 많은 연구를 하며 책의 문제점을 보완한 의학서 『수민묘전』을 만들 정도로 의학에 도통했다. 그런 정조 스스로가 자신은 몸에 열이 많아 인삼이 맞지 않으니 인삼을 뺀 탕약을 먹어 왔는데, 심인은 이를 지키지 않았다. 그렇지만 6월 25일 정조의 병세가 호전되어 내의원들과 신하들이 기뻐하는 기록이 있다.

"신하들이 앞으로 나가 살펴본 뒤에 서로 돌아보고 기뻐하며 아뢰기를, '피고름이 다 나왔으니 근이 녹은 것을 알 수 있습니다. 경사스럽고 다행하기 그지없습니다.' 하였다."

- 『정조실록』 54권, 정조 24년 6월 25일

정조의 쾌유를 기대할 만한 순간도 있었지만 며칠 뒤 6월 28일, 정순왕후가 탕약을 들고 정조의 처소인 창경궁 영춘헌을 찾는다. 정순왕후의 방문으로 방에 있던 승지와 의원, 사관들이 모두 방에서 나올 수밖에 없었다. 일곱 살 많은 할머니가 손자를 찾은 것이다. 그리고 잠시 후 정순황후가 울며 뛰어나와 주상이 승하하셨다고 외친다. 놀란 승지와 신하들이 방으로 뛰어들어 갔을 때 정조는 숨을 거두기 전 몇 마디를 남겼다.

"상(上)이 무슨 분부가 있는 것 같아 자세히 들어보니 '수정전(壽靜殿)' 세 자였는데 수정전은 왕대비(王大妃)가 거처하는 곳이다. 마침내 더 이상 말을 하지 못하므로 신하들이 큰소리로 신들이 들어왔다고 아뢰었으나 상(上)은 대답이 없었다."

- 『정조실록』54권, 정조 24년 6월 28일

수정전은 바로 정순왕후의 처소다. 정조가 죽기 전 왜 정순왕후를 의미하는 수정전을 얘기했을까? 정순왕후는 정조에게 오기 전 임금이 아직 살아 있음에도 승지를 자신의 사람으로 교체하기도 했다.

"승지 한치응(韓致應)을 체직하고 김조순(金祖淳)을 그 후임으로 삼았다."

- 『정조실록』54권, 정조 24년 6월 28일

사도세자의 죽음에 밀접한 관계가 있는 김한구의 여식으로 정조의 강력한 반대 세력 정순왕후. 내의원 책임자인 심환지는 임금이 죽고 귀향을 가야 정상이지만, 정순왕후는 심환지를 영의정에 앉힌다. 다시 노론의 세상이 된 것이다. 신유박해[15]로 남인들을 숙청하며 정조의 개혁과 계획을 바꿔 버린다. 정조의 죽음은 지난 24년 동안 달려온 개혁의 모든 산물이 다시 원위치 되는 뼈아픈 결과를 가져왔다.

---

15   순조 원년인 신유년(1801)에 있었던 천주교 박해 사건이다.

정조의 병이 생기기 보름 전인 1800년 5월, 규장각 경연에서 정조는 '오회연교(五晦筵敎)'를 선언했다. 7월부터 남인들을 대거 등용하겠다는, 노론에게는 선전 포고와 같은 사건이다. 정조의 개혁 정책으로 불편해진 노론에게 정권까지 교체하겠다는 선언이었으니 노론은 정말 큰 위기감을 느꼈을 것이다.

　　"내가 하려고 하는 정치를 도와줬으면 하는 것이 곧 나의 소망인데, 내가 이처럼 분명히 일러준 이상 앞으로는 더 이상 여러 말을 하지 않겠다. 임금의 뜻에 부응하는 책임은 오로지 경들에게 있으니 우선 경들부터 사소한 혐의는 전부 쓸어버리고 각자 책임을 지고 속습(俗習)을 바로잡을 방책을 생각하도록 하라."

- 『정조실록』 54권, 정조 24년 5월 30일

　　오회연교 이후 정조는 정약용, 이가환 등의 남인들에게 7월부터 국정 운영에 참여할 것을 알리고 준비를 명했다. 이렇게 조선 개혁의 순간이 절정을 향해 가던 순간 갑작스럽게 정조가 사망하고 만 것이다. 이런 여러 상황들을 종합해 볼 때 정조의 사망이 그냥 병사였다고 하기에는 수긍하기 어려운 것도 사실이다.

　　그렇다면 정조는 왜 정적 심환지에게 연애편지 같은 달달한 편지들을 보내며 관계를 유지했을까? 정조에게는 아버지 사도세자의 복권이 매우 중요한 과제였다. 그런데 심환지가 사도세자의 복권을 추진한다면 다른 정파가 아닌, 노론이 해야 한다고 한 것이다. 개인적인 의사 표현이었지만 벽파의 지도자가 사도세자의 복권을 긍정적으로 얘기한 것에 정조는 마음을 뺏긴 것이다. 하지만 결과적으로 보면 심환지는 거짓말로 정조의 환심을 사고 관직을 받으며 노론의 중심 세력으로 자리매김한다. 정조 사후 순조를 대신해 수렴청정한 정순왕후와 심환지는 정조의 개혁 성과물을 모조리 원상 복귀시킨다. 장용영을 없애고 규장각을 축소했으며, 이런 개혁들을 추진했던 정약용 같은 인재들을 숙청하면서 다시 노론의 세상으로 돌아간다.

세종이 15세기 조선의 최고 전성기를 이끌었다면, 정조는 조선 후기 르네상스를 이끈 군주라고 볼 수 있다. 아쉬운 것은 조선의 전성기가 계속 이어지지 못하고 쇠한 것이다. 영조와 정조 시대는 국왕의 뛰어난 자질로 국가가 운영되었지만, 이후 국왕들이 보인 자질의 한계 때문에 전성기가 이어지지 못한 것은 어쩔 수 없는 일이다. 하지만 유능한 국왕의 통치하에서 시스템을 만들지 못함이 더 아쉬움으로 남는다.

격무 속에서 담배로 심신을 위로하며 개혁을 멈추지 않았던 외로운 왕. 권력가들에게 기울어진 나라를 백성들이 주인이 되는 꿈을 가진 집념의 군주. 하지만 어린 나이에 겪기에는 너무나도 큰 충격의 후유증으로 평생 화병을 안고 살며 잦은 종기와 부스럼으로 고통을 겪고 세상을 떠났다. 애민 군주 세종이 백성을 위한 정책을 많이 만들었다면, 정조는 백성에게 직접 다가가 그들에게 귀를 기울인 따뜻

한 군주였다.

　정조는 임금이라는 절대 지존의 자리에 있었지만 인간에 대한 사랑과 존중이 있었다. 그렇기에 권력에 의존하지 않고, 조화를 이루며 문제를 극복해 나갔다. 탁월한 능력을 갖췄다 해도 인간을 사랑하고 존중하지 않는 지도자는 사람들이 따르지 않는다. 그래서 올바른 지도자가 될 수 없다. 정조는 탁월한 능력을 갖췄지만 자신을 낮추고 모범을 보이며 행동하는 리더십을 보여 줬다. 또한 약자인 백성을 아끼고 포용하는 사랑을 가진 군주였다.

　백성의 삶의 질을 높일 수 있다면, 기득권의 강한 반발을 마주하면서도 굽히지 않고 개혁 조치를 단행하는 뚝심이 정조의 애민을 증명한다. 아마도 아버지에 대한 가슴 아픈 기억을 백성에 대한 사랑으로 승화시킨 것은 아닐지.

　고통스러운 시간을 견디며 무너지지 않았고, 담금질 된 강철처럼 우뚝 서 조선의 개혁을 이끈 군주, 정조대왕에게 깊은 찬사를 보내고 싶다.

1674년 8월 숙종은 즉위 한 달 만에 당대 정치 거물 송시열과 맞서게 된다. 숙종은 아버지 현종의 업적을 기리기 위해 행장(行狀, 죽은 뒤 그의 행적을 적은 글)을 짓게 했는데 완성된 행장의 내용을 보고 매우 분노했다. 서인 영수 송시열이 잘못 적용한 예송 논쟁을 빼고 기술했기 때문이다. 숙종은 행장의 기록을 맡은 예조참판 이단하(李端夏)를 꾸짖었지만 이단하는 송시열의 제자였으므로 사실상 송시열을 꾸짖은 것이나 다를 바 없었다. 숙종은 스승의 잘못을 기록하지 않은 이단하에게 예송 문제를 기재하도록 명하고 "너는 스승만 알고 임금은 알지 못하느냐."라고 꾸짖으며 파직시켰다. 당시 송시열은 68세로 정계의 중심일 뿐만 아니라 공자, 맹자처럼 송자라 불린 사상계의 중심인물이었다. 인조, 효종, 현종 3대에 걸쳐 정치·사상계의 중심에 있었으며, 숙종의 할아버지인 효종과 아버지 현종의 스승이기도 했다. 숙종은 이런 인물을 상대로 조금의 망설임도 없이 잘못을 지적하며 신권 중심의 사상가 송시열을 비난한 것이다. 14세 어린 왕이 노회한 정치인을 거침없이 몰아세우는 당당함은 어디에서 나왔을까?

『당의통략』은 숙종에 대해 "이때 숙종의 나이가 14살이었는데 온 조정에서 두려워 떨지 않는 사람이 없었다."라고 기술하고 있다.

한심한 사대부들의 예법 논란

예송 논쟁은 효종이 사망한 1659년 인조의 계비이자 효종의 의붓어머니인 자의대비가 상복을 몇 년 입어야 하는지를 두고 벌인 논쟁이다. 서인과 남인은 각각의 해석으로 첨예하게 대립했다. 이를 1차 예송 논쟁(기해예송)이라 한다. 『주자가례(朱子家禮)』에 의하면 장자는 3년 상, 차남 이하는 1년 상이다. 이를 기준으로 한 서인의 송시열과 송길준은 효종이 차남이기 때문에 기년복(1년복)을 입어야 한다고 주장했다. 인조의 맏아들인 소현세자가 죽었을 때 자의대비가 대공복(3년복)을 입었던 예도 들었다. 하지만 남인의 허목과 윤휴는 효종이 차남일지라도 왕위를 계승했으니 장남과 다를 바 없다고 3년 상을 주장했다. 이는 예의 문제에 그치지 않고 왕위 계승의 정통성 문제를 품고 있는 싸움이기도 했다. 「어부사시사」를 지은 남인 윤선도는 서인의 주장이 그릇되고 효종의 정통성을 인정하지 않는 역모라고 몰아세웠다. 서인은 이런 윤선도의 주장을 서인에 대한 모함이라고 탄핵을 했다. 결국 윤선도를 유배 보낸 현종은 집권당인 서인의 손을 들어주고 논쟁을 일단락 지었다. 이후 정쟁에서 밀려난 남인은 숨을 죽이고 있을 수밖에 없었다.

1차 예송 논쟁 후 15년이 지나 효종의 비 인선왕후가 죽자 시어머니 자의대비가 어떤 상복을 입어야 하는지 2차 예송 논쟁(갑인예송)이 벌어진다. 서인은 이번에도 효종을 차남으로 인정해 효종비도 차자부로 9개월 상을 주장했다. 남인도 마찬가지 논리로 효종이 왕위 계승을 했으니 장자부의 예로 1년 상을 주장했다. 같은 주장이었지만 1차 예송 논쟁 때와 다른 것은 서인이 분열돼 주장이 나뉘었다는 점이다. 현종의 장인 김우명과 그 조카 김석주가 송시열의 주장이 아닌, 남인의 주장에 힘을 실었기 때문이다. 현종은 자신의 즉위년에 벌어진 1차 예송 논쟁 때는 서인의 주장을 수용했지만, 자신이 숨을 거두는 해 벌어진 2차 예송 논쟁에서는 남인의 예법이 옳다고 결론을 내리며 논쟁을 마무리했다.

백성은 굶어 죽는데, 누구를 위한 지도층인가

조선의 사대부들이 백성들과 얼마나 동떨어진 삶을 살았는지 보여 주는 단적인 예가 바로 예송 논쟁이다. 2차 예송 논쟁이 벌어진 1674년은 백성들의 삶이 말할 수 없는 지경이었다. 이로부터 3년 전 무려 100만 명의 목숨을 빼앗아간 '경신대기근(庚辛大飢饉)'의 여파 때문이다. 이런 시국에 민생을 위한 정책을 하나라도 더 생각해야 할 사대부들이 예론에 빠져 나라 전체가 이 문제로 떠들썩했다는 것은 생각해 볼 일이다.

백성들이 굶어 죽는 것에 사회 지도층인 사대부들은 가슴 아프지 않았을까? 책임감을 느끼지 않았을까? 조선 사회를 구성하는 대다수는 백성이다. 그들은 유교, 성리학, 예법보다 살기 위해서 곡식이 중요했다. 그런 백성들의 절실함은 모른 체하고 자기들만의 세상에서 뒷짐 지고 걸으며 유교 경전을 소리 내 읽는 그들을 지도층이라 할 수 있을까? 백성들은 사대부들을 존경하지 않았다. 딴 세상 사람들인 그들을 욕할 뿐이다. 참 한심하기 짝이 없는 조선의 사대부들은 지배 계층으로서 자신들의 권위에만 집착했다.

송시열은 조선을 대표하는 사상가이며, 정치인이었다. 조선 사회에 상당한 영향력을 미치는 지도층이었지만, 그의 삶은 백성들의 삶과 무관했고 동떨어졌다. 특히 예송 논쟁 당시 시름하는 백성들을 생각하면 지도층들의 모습이 너무나도 실망스럽다.

조선의 지배구조 맨 위에 있는 선비(士)가 과거에 급제해 관료로 등용되면 대부(大夫)가 되고, 이렇게 출사한 선비를 '사대부(士大夫)'라고 지칭했다. 왕을 제외한 모든 정치집단이 사대부들인 셈이다.

현재 우리 사회의 인재 등용 방식도 조선 시대와 크게 다르지 않다. 과거 1차 시험인 소과에 합격한 사람 대부분이 성균관에 입학해 대과(2차 시험)를 준비하고, 대과에 합격한 33명이 등용돼 관료가 된다.

현재로 비유하면 소과에 해당하는 수능으로 명문 대학에 입학하고 대과에 해당하는 고시(행시, 외시, 사시 등)를 통해 고위 관료가 되는 것이다. 대한민국 국회의원들은 대부분 이런 코스를 거친 사람들이다. 현대판 사대부들인 셈이다.

사회 지도층이 된 사람들, 이른바 국가를 운영하는 리더들은 팔로워인 백성(국민)들의 삶과 행복에 큰 영향을 미칠 수밖에 없다는 사실을 알면서도, 책임보다 권한에 집착하고, 공익보다 사익에 욕심내는 낮은 도덕성으로 지지와 신뢰를 잃는 경우가 많다. 현재 대한민국을 이끌어 가는 리더들이 깊이 생각해 봐야 할 일이다. 국민들이 원하는 정책은 나 몰라라 하고 당리당략과 개인의 영달만 위해 싸운다면 이때와 무엇이 다르겠는가.

'노블레스 오블리주(noblesse oblige)'가 지도층을 향한 기대와 바람이라는, 선택의 문제라고 생각하는 사람이 지도층이 된다면 대중들을 만족시킬 수 없다. 인간이 조직을 구성하면서부터 사람들은 리더에게 모범을 보일 것을 기대해 왔고, 그런 리더에게 존경과 지지를 표했기 때문이다. 노블레스 오블리주가 선택이 아닌, 기본적인 사회질서가 돼야 한다는 신념을 가진 사람이 이 시대에 어울리는 진정한 사대부일 것이다.

조선 시대 리더십은 유교적 가치에 기반해 신분의 위계질서와 권위에 대한 존중을 큰 가치로 삼았다. 하지만 이제는 팔로워에게 일방적인 희생을 강요할 수 없는 시대를 살아가고 있다. 경쟁이 치열하고 변화가 빠른 현대 사회에서는 혁신적 사고로 성과를 만들어 내는 결과 중심의 가치를 우선시한다. 특히 성공적인 조직은 팀 커뮤니케이션을 활성화시켜 역동적이고 협력적인 작업 환경을 조성해 좋은 결과를 이끌어 낸다. 이런 능동적인 조직을 만들기 위해서는 리더의 헌신이 필수적이다. 리더는 다양성을 존중하고 포용력을 갖춰야 하며, 자기 분야에서 후배들을 지도할 수 있을 만큼 전문성을 가져야 한다.

국가 정책을 이끄는 지도자들도 이제는 기업에서 발휘되는 성공적인 리더십을 눈여겨봐야 한다. 성과를 이끌어 내는 리더십에는 분명한 이유가 존재하기 때문이다.

백성들과의 소통을 통해 정책을 수립하려 했던 세종과 영·정조의 애민을 본받아 국민과 눈높이를 맞추고 진정으로 국민을 위해 일하는 국가 리더가 많아지기를 기대해 본다. 시대는 달라졌지만 국민들의 바람은 한결같다. 본질이 변하지 않는다면 국민들이 정치인이나 지도층에게 박수를 보낼 일은 없을 것이다. 지도층이었지만 백성들과 동떨어진 삶을 산 조선의 사대부들을 반면교사로 삼아 대한민국의 리더십이 올바로 서길 바란다.

Foreign Copyright:
Joonwon Lee   Mobile: 82-10-4624-6629

Address: 3F, 127, Yanghwa-ro, Mapo-gu, Seoul, Republic of Korea
             3rd Floor
Telephone: 82-2-3142-4151
E-mail: jwlee@cyber.co.kr

조선 왕, 그리고 리더십

2023. 3. 29. 1판 1쇄 발행
2023. 11. 1. 1판 2쇄 발행

지은이 | 김윤태
펴낸이 | 이종춘
펴낸곳 | **BM** ㈜도서출판 **성안당**

주소 | 04032 서울시 마포구 양화로 127 첨단빌딩 3층(출판기획 R&D 센터)
      | 10881 경기도 파주시 문발로 112 파주 출판 문화도시(제작 및 물류)
전화 | 02) 3142-0036
     | 031) 950-6300
팩스 | 031) 955-0510
등록 | 1973. 2. 1. 제406-2005-000046호
출판사 홈페이지 | www.cyber.co.kr
ISBN | 978-89-315-5975-0 (03320)
정가 | 19,800원

이 책을 만든 사람들
책임 | 최옥현
진행 | 오영미
기획 | 박보영
교정 · 교열 | 오영미
본문 · 표지 디자인 | 강희연
홍보 | 김계향, 유미나, 정단비, 김주승
국제부 | 이선민, 조혜란
마케팅 | 구본철, 차정욱, 오영일, 나진호, 강호묵
마케팅 지원 | 장상범
제작 | 김유석

■ **도서 A/S 안내**

성안당에서 발행하는 모든 도서는 저자와 출판사, 그리고 독자가 함께 만들어 나갑니다.
좋은 책을 펴내기 위해 많은 노력을 기울이고 있습니다. 혹시라도 내용상의 오류나 오탈자 등이
발견되면 "좋은 책은 나라의 보배"로서 우리 모두가 함께 만들어 간다는 마음으로 연락주시기
바랍니다. 수정 보완하여 더 나은 책이 되도록 최선을 다하겠습니다.
성안당은 늘 독자 여러분들의 소중한 의견을 기다리고 있습니다. 좋은 의견을 보내주시는 분께는
성안당 쇼핑몰의 포인트(3,000포인트)를 적립해 드립니다.
잘못 만들어진 책이나 부록 등이 파손된 경우에는 교환해 드립니다.